이 책에 대한 찬사

UCLA 헬스시스템은 그동안의 성취에 취해있기보다 지금도 스스로에게 계속해서 이렇게 묻는다. '어떻게 하면 더 나아질 수 있는가?' 이 훌륭한 책은 그들이 어떻게 자신들의 방향을 설정하고 더 위대한 기관으로의 변혁을 통해서 미래를 개척해왔는지를 생생하게 보여주고 있다. – 조슬린 엘더 M.D. 전 미합중국 공중위생국장

리더십을 다룬 책의 저자들은 누구나 알고 있는 원칙들을 어떻게 적용하였는지를 보여주는 경우가 대부분이다. 하지만 미첼리는 예외이다. 그는 UCLA 헬스시스템을 변화시킨 매혹적이면서도 흔히 볼 수 없는 리더십을 정교하게 기술하고 있고 그 결과 오늘날 기업의 리더들에게 강력한 교훈을 주고 있다.
– 리 J. 콜란 Ph.D. 《끈질김이 이끄는 성공(Sticking to It)》의 저자

다른 기업들과 마찬가지로 병원 역시 성공을 위해서는 자신의 핵심 가치에 충실해야 한다. 기업의 최고위층에서부터 이 가치에 충실하게 되면 이것이 아래로 흘러서 모든 관련 당사자들이 이를 이해하고 기관의 미션을 자발적으로 수행하게 된다. 이것이야말로 데이비드 파인버그가 UCLA에 가져온 선물이다. 나는 그의 관리 능력에 경외감을 가지면서 그의 넓은 마음에 깊은 감사를 표한다. – 린다 레스닉 폼 원더풀의 소유주

이 UCLA 헬스시스템의 변화에 대한 이야기는 환자와 그 가족들, 의료진, 의료계의 리더들, 그리고 정책 담당자를 포함한 우리 모두를 위한 것이다. UCLA는 복잡한 시스템에서 단기간 내에 극적인 변화를 어떻게 이끌어낼 수 있는지를 잘 보여준다. 명확한 목표와 흔들리지 않는 원칙, 그리고 확고한 리더십을 통해 UCLA의 구성원들은 의료가 할 수 있는 것과 해야 하는 것이 어디까지인지에 대한 새로운 기준을 수립하였다. – 데이비드 로렌스 M.D. 전 카이저 퍼머넌트 CEO

조셉 미첼리는 데이비드 파인버그 박사가 이끈 거대한 조직의 놀라운 변화에 대해서 독자들을 빨아들이는 책을 내놓았다. 데이비드 파인버그의 강력하고 용기 있는 리더십과 그가 이끄는 뛰어난 팀의 활약이 매 페이지마다 흥미진진하게 펼쳐진다. 그의 팀은 고객만족의 비전을 위해서 다음 환자가 더 나은 서비스를 받을 때까지 지치지 않고 자신이 가진 모든 것을 쏟아붓는다. 민간 부문이든, 공공 부문이든 모든 거대 조직에게 이와 같은 변혁은 훌륭한 교훈이 될 것이다. – 윌리엄 사이먼 Jr. 윌리엄 사이먼 & 선스 회장

50년이 넘게 업계에 종사하면서 나는 세계에서 가장 유명한 호텔 및 카지노 회사를 포함한 공공 및 민간 거대 기업들을 운영해왔다. 우리는 하루 24시간, 일 년 365일 극도로 어려운 외부 환경 속에서 영업을 했는데 하루에 한 장소에서 4만 명의 사람을 응대해야 한다고 할 때 고객만족의 중요성을 생각하지 않을 수 없다. 병원을 운영하는 것도 많은 부분 이와 같다고 생각했었는데 이 책은 이들 간에 존재하는 중요한 차이를 잘 보여주고 있다. '인류를 치유한다'는 비전을 항상 가슴에 새겨야 하고 손해를 보더라도 이 목표에 대해서는 타협이 있을 수 없다. – 헨리 글룩 로널드 레이건 UCLA 메디컬센터 이사회 의장

UCLA를 세계 최고의 의료기관으로 만든 5가지 경영원칙
# UCLA 헬스시스템 이야기

**지은이** 조셉A. 미첼리
**옮긴이** 이상규

**펴낸날** 1판 1쇄 2012년 10월 10일
　　　　 1판 3쇄 2017년 1월 20일

**발행처** ㈜청년의사
**발행인** 이왕준 ｜ **대표이사** 양경철
**출판신고** 제313-2003-305호(1999년 9월 13일)
**주소** (121-829) 서울시 마포구 상수동 324-1 한주빌딩 4층
**전화** 02-2646-0852
**팩스** 02-2643-0852
**전자우편** books@docdocdoc.co.kr
**홈페이지** http://www.docdocdoc.co.kr

한국어판저작권 ⓒ 청년의사, 2012

ISBN 978-89-91232-47-1 03320

책값은 뒤표지에 있습니다.
잘못 만들어진 책은 서점에서 바꾸어 드립니다.

PRESCRIPTION FOR EXELLENCE
UCLA를 세계 최고의 의료기관으로 만든 5가지 경영원칙

# UCLA 헬스시스템 이야기

우리는 이 위대한 의료기관에서 무엇을 배울 수 있나?
스타벅스처럼 고객 경험을 향상시키고,
리츠칼튼처럼 고객에게 꿈의 서비스를 하라!

조셉 A. 미첼리 Joseph A. Michelli 지음 | 이상규 옮김

McGraw Hill Education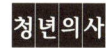

The McGraw-Hill Companies

Prescription for Excellence: Leadership Lessons for Creating a World Class Customer Experience from UCLA Health System, 1st Edition.

Korean Language Edition Copyright © 2012 by McGraw-Hill Korea, Inc. All rights reserved. No part of this publication may be reproduced or distributed in any form or by any means, or stored in a database or retrieval system, without prior written permission of the publisher.

1 2 3 4 5 6 7 8 9 10 KDW 20 12

Original: Prescription for Excellence: Leadership Lessons for Creating a World Class Customer Experience from UCLA Health System, 1st Edition.
By Joseph Michelli
ISBN 978-0-07-177354-6

This book is exclusively distributed by The Korean Doctors' Weekly.

When ordering this title, please use ISBN 978-89-91232-47-1

Printed in Korea

머리말

　　　　　　　오랜 역사를 가지고 있는 미국의 대형 의료기관들 사이에서 UCLA는 어떻게 보면 이제 갓 얼굴을 내민 새로운 기관이라 할 수 있다. 하지만 이제 겨우 50년을 넘긴 짧은 역사에도 불구하고 UCLA는 의학 교육, 환자 진료, 의학 연구에 있어서 혁신적인 업적을 이루어왔다. 같은 맥락에서 그동안 UCLA를 이끌어왔던 위대한 리더들에 비하면 나도 이제 막 리더로서의 역할을 시작한 사람이다. 이 책은 내가 현재의 자리에 앉기 전에 이 기관을 이끌어왔던 리더들이 이룩한 일들을 다루고 있기 때문에 나는 비교적 객관적인 입장에서 이 책의 내용을 바라볼 수 있었다. 물론 이들 리더들의 위대한 업적이 나를 이 기관으로 이끌었다는 사실은 부인할 수 없다.

본질적으로 이 책은 UCLA를 세계 최고의 의료기관 중 하나로 만들었던 요인들에 초점을 맞추고 있지만 모든 분야에 적용될 수 있는 리더십의 본질을 보여주고 있기도 하다. 한마디로 요약하면 이 책은 사람과 협력, 그리고 서비스의 비전에 대한 책이다. 이 책은 뛰어난 재능과 열정을 가진 사람들을 끌어들이고 지역사회의 지원을 얻어내는 것을 통해서 UCLA가 자신만의 경쟁우위를 만들어온 과정을 잘 보여주고 있는데, 이것은 위대한 조직의 운명을 좌우하는 것은 결국 그 조직의 사람들이라는 나의 오랜 믿음과도 부합하는 것이다.

이 책을 읽으면서 알게 되겠지만 UCLA의 리더들은 능력 있는 직원들이 의료기관의 성공을 위한 필요조건일 수는 있지만 충분조건은 아니라는 사실을 잘 알고 있었다. 아무리 능력이 있는 직원들이라 하더라도 서로 협력하지 못한다면 그 성과는 제한적일 수밖에 없다. 이 자리에 앉기 전에 많은 다른 기관들을 경험하면서 나는 매우 뛰어난 개인들이 다양한 수준의 팀 활동에 헌신하는 것을 보아왔다. 그리고 UCLA에서 나는 이들 능력 있는 인력들이 혁신을 현실로 만드는 것을 가능하게 하는 권한 위임의 진가를 알게 되었다.

이 책 전체를 통해서 계속 강조되는 주제이기도 하지만, UCLA 직원들이 가진 능력과 협력정신은 그 리더들이 가지고 있던 최고와 성장을 향한 단호하면서도 명확한 비전을 통해서 지속적으로 강화되어 왔다. 모든 UCLA 구성원들은 항상 현재보다 더 나아지려는 노력을 계속해왔다. UCLA 헬스시스템 어디서나 '최고의 자리에 만족하지 않는다' '미래를 창조한다'는 갈망이 존재한다.

저자는 UCLA 헬스시스템의 리더들이 견지한 원칙들을 잘 보여주고 있을 뿐만 아니라 그 이면에 존재하는 인간적인 측면까지도 잘 보여주고 있다. 병원의 CEO와 환자 혹은 직원들이 복도에서 나누는 대화에서부터 여러분의 실천을 유도하고자 하는 '실천을 위한 요약'에 이르기까지 저자는 UCLA의 성공요인들에 대한 따뜻하고 매혹적이면서 유용한 그림을 그리고 있다. 더욱 중요한 사실은 이 책이 의료계나 기업의 리더들에게 매우 중요한 시기에 출판되었다는 점이다.

이 책은 사람과 기업의 건강을 변모시킬 수 있는 새로운 도구와 지식,

그리고 통찰을 불과 10년 전만 해도 상상조차 하지 못했던 방식으로 제시하고 있다. 의료의 관점에서 생각해보면 우리는 전체 국민들의 건강 수준을 획기적으로 향상시킬 수 있는 전례 없는 기회를 맞고 있다. 하지만 동시에 우리 주위에서 수백만의 사람들이 안타깝게 생명을 잃거나 치료될 수 있는 질병으로 고통받고 있으며 다양하고 광범위한 의료에 있어서의 불평등이 존재하는 것을 목격하기도 한다. 기업의 관점에서 보면 우리는 직원들의 업무 환경과 서비스를 받는 고객들의 경험을 향상시키기 위한 근거에 기반을 둔 접근을 취할 수 있는 기회를 가지고 있다.

나는 여러분이 이 책을 접하게 된 것을 기쁘게 생각하는 동시에 이와 같이 중요한 시기에 내가 UCLA 헬스시스템을 이끄는 기회를 가지게 된 것을 영광으로 생각한다. 오늘날 의료와 기업들이 직면한 시대의 요구와 여기에 잠재해있는 기회들을 살펴보면서 나는 이와 같은 긴박하면서도 절실한 문제들에 대한 해답을 제시할 수 있는 기관들이 얼마 되지 않는다는 것을 느꼈다. 나는 UCLA야말로 다음 세대의 삶을 향상시킬 능력을 갖춘 기관들 중 하나라고 확신했기 때문에 이 자리로 오게 되었다. 이 책에서 얻어지는 내용들이 여러분들 각자가 가진 같은 형태의 중요한 목표를 추구하는 데 도움이 되기를 바란다.

— A. 유진 워싱턴 M.D., M.Sc.
UCLA 의무부총장 겸
UCLA 데이빗 게펜 의과대학장

감사의 글

몇 년 전 나는 데이비드 파인버그 박사와 함께 아직 문을 열기 전이었던 로널드 레이건 UCLA 메디컬 센터를 둘러보고 있었다. 병원 건물의 아름다움과 장중함, 미래지향적인 기술들에 매혹되기는 했지만 사실 그 방문은 명목상으로는 UCLA 경영진들에게 하기로 예정된 강연을 준비하기 위한 것이었다. 강연은 어떻게 하면 기존의 UCLA에서의 환자들의 경험이 곧 문을 열게 될 새 병원에서도 동일하게 유지될 수 있을지에 초점이 맞춰져 있었다.

당시 나는 그 방문이 이 책으로 이어지게 될 것이라고는 전혀 생각하지 못했지만 아마도 파인버그 박사는 이것을 이미 예상하고 있었던 것 같다. 이러한 책의 필요성을 인식하고 실제로 이 책을 세상에 나오게 한 파인버그 박사의 능력에 우선 감사를 드린다. 무엇보다도 서비스 중심의 문화를 만들고 환자(고객)를 우선으로 한다는 것이 무엇인지를 실제로 보여준 그의 능력에 나는 많은 빚을 졌다고 하겠다.

물론 파인버그 박사 이외에도 수많은 UCLA 구성원들의 도움이 없었다면 이 책은 세상의 빛을 보기 어려웠을 것이다. 먼저 이 책을 위해서 그들의 시간과 지혜를 기꺼이 내어준 모든 최고경영진들과 의료진들에게 감사를 드린다. 특히 이 책의 내용에 지대한 공헌을 한 아미르 단 루빈, 제랄드 레비 박사, 톰 로센탈 박사, 마크 스피어에게 감사를 드린다. 이들의 열정이 아니었다면 이 책의 내용은 지금보다 훨씬 빈약하였을 것이다.

UCLA 헬스시스템의 마케팅 책임자인 패티 큐엔과 그녀의 팀(특히 제이크 쉘저와 마리나 로슨)은 이 책을 집필하는 내내 친절한 가이드가 되어주었다. 패티는 내용에 적합한 직원들을 찾는 데 도움을 주었으며 이들과의 미팅을 주선해주었고 경영진들과의 미팅 일정도 조율해주었다. 또한 이 책의 초고 내용을 꼼꼼하게 살피는 등 이 책의 발간과 관련된 모든 과정을 빈틈없이 챙겨주었다. 패티는 이 과정에서 항상 여유와 친절, 웃음을 잃지 않았다. 그녀가 없었다면 이 책은 그냥 머릿속의 개념에 머물렀을 것이다.

사실 내가 작업한 이 책의 표지에 내 이름만 적혀있다는 사실이 나를 불편하게 한다. 오해는 말기 바란다. 표지에 나의 이름이 있는 것이 자랑스러운 일이기는 하지만 혼자 힘으로 이와 같은 프로젝트를 완수한다는 것은 불가능하다. 이 시점에서 나는 세 명의 놀라울 정도로 훌륭한 연구원들의 이름을 이야기하지 않을 수 없다. 라이언 월시, 켈리 머켈, 질 머켈이 이들인데 이들이 수행했던 행정적인 업무들과 인터뷰들이 모여서 이 책이 되었다고 해도 과언이 아니다. 출판 관련 전문 변호사인 로이드 리치는 항상 나의 집필 활동이 아무런 문제없이 진행될 수 있도록 도와주고 있고, 테리 무어는 사진에 대한 그의 재능을 이용해서 내 얼굴의 잔주름들을 숨겨주고 있다. 이들 두 사람에게는 항상 고마운 마음이다.

그녀와 함께 일해본 사람들에게는 이제 비밀이라고 할 것도 없지만,

나의 작업과 관련된 모든 것을 관리해주는 린 스텐테나겔이야말로 이 책이 세상에 나오는 데 가장 큰 역할을 하였다. 사실 이 책은 그녀와 함께 작업한 세 번째 책인데, 그녀의 도움 없이 썼던 처음 두 권의 책을 내가 어떻게 썼는지 잘 모르겠다. 이제 그녀의 도움 없이는 어떠한 책도 쓸 엄두를 내지 못할 것이다. 그녀는 나의 친구이자, 사업의 동반자인 동시에 든든한 지원자이자 프로젝트 관리자이다. 이 책과 나의 다른 모든 사업과 관련된 분야에서 그녀의 이름이 맨 앞에 나와야 할 것이다.

지난 몇 년간은 개인적으로 중요한 도전에 직면했던 시간이었고 사람들과의 관계가 성장하는 시간이었다. 이 혼란과 진화의 시간을 거쳐 오면서 나는 나의 가족과 친구들의 소중함을 더욱 절실하게 느끼게 되었다. 어디에 있든 나에게 따뜻함과 매력을 전해주는 나의 딸 피오나와 어제까지만 해도 소년이었는데 어느새 남자가 되어버린 아들 앤드류에게 고맙다는 말을 전하고 싶다. 아이들이 성장해가는 것을 보면서 많은 영감을 얻고 있다. 강인함과 인내, 용서와 믿음, 그리고 웃음을 전해주면서 누가 알아주지 않아도 묵묵히 집안일을 챙기고 아이들과 나를 성장시켜준 아내 노라에게는 항상 미안한 마음을 가지고 있다.

친구들과 동료들의 지원은 내가 사랑하는 일을 계속할 수 있도록 하는 원동력이다. 특히 데일 맨, 롭 그라프, 폴 프라우티, 팀 호른, 드와이트 고뎃, 마이클 폴라드, 빌 도브, 도우 플리너, 제프 우델에게 감사의 말을 전한다.

그리고 마지막으로 이 책의 독자들에게 감사의 말을 전한다. 독자가 없는 책은 존재할 수 없다는 사실을 나는 너무도 잘 알고 있다. 독자들한 명, 한 명이 나에게는 너무도 소중하며 이들의 지지가 모여서 이 책이 세상에 나오게 되었다고 해도 과언이 아닐 것이다. 이러한 독자들의 은혜에 보답하는 유일한 길은 한 문장, 한 문장이 독자들의 요구를 충족시키도록 하는 것일 것이다. 독자들에 대한 진정한 감사의 말은 이 책을 통해서 독자들이 얻어가기 바라는 그 내용 속에 담겨있다.

― 조셉 A. 미첼리

머리말　유진 워싱턴 M.D.,M.Sc. UCLA 의무부총장 겸
　　　　UCLA 데이빗 게펜 의과대학장 _ 5

감사의 글　조셉 A. 미첼리 _ 8

CHAPTER 1　UCLA 헬스시스템:
　　　　　　우리는 이 위대한 의료기관에서 무엇을 배울 수 있나? _ 15

| 첫 번째 원칙 |　환자를 위해 모든 것을 쏟아라!

CHAPTER 2　진정한 돌봄을 조직 전체에 스며들게 하라 _ 31
CHAPTER 3　서비스 수준에 만족이란 없다 _ 67

| 두 번째 원칙 |　실수가 발생할 틈을 남기지 말라!

CHAPTER 4　안전이 조직문화에 뿌리내릴 수 있는 체계를 만든다 _ 107
CHAPTER 5　과학적 근거에 바탕을 둔 안전 _ 137

| 세 번째 원칙 | **최고의 자리에 안주하지 말라!**

CHAPTER 6 　언제 어디서나 최고의 결과를 보장한다 _ 175
CHAPTER 7 　보다 적은 비용으로 모든 이들에게 양질의 의료를! _ 203


| 네 번째 원칙 | **주도적으로 미래를 창조하라!**

CHAPTER 8 　고부가가치 혁신: 기꺼이 위험을 감수한다 _ 235
CHAPTER 9 　점진적 혁신: 혁신은 직원들로부터 시작된다 _ 267


| 다섯 번째 원칙 | **최고의 서비스는 기업을 살찌운다!**

CHAPTER 10 　최고의 서비스 경험에는 보상이 따른다 _ 303
CHAPTER 11 　서비스에는 경계가 없다 _ 331


**결론** 　스타벅스 같은, 리츠칼튼 같은 서비스를 향해서 _ 363

부록 A _ 373
부록 B _ 377
부록 C _ 380
노트 _ 383

**CHAPTER 1**
# UCLA 헬스시스템:
## 우리는 이 위대한 의료기관에서 무엇을 배울 수 있나?

여러분이 애플Apple에 필적할만한 혁신과 미 항공우주국NASA 수준의 안전, 리츠칼튼 호텔 수준의 고객에 대한 서비스가 동시에 요구되는 기업을 운영해야 한다고 가정해보자. 여기에 더해, 여러분이 종사하고 있는 산업의 후속세대를 위해 세계 최고 수준의 교육을 제공할 의무가 있고, 생산하는 제품이 사람들의 생사를 좌우하며, 연구개발을 통해서 미래 산업을 혁신할 새로운 발견을 해야 하는 책임까지 지고 있다고 가정해보자. 게다가 이 복잡하고 지난한 과업들을 온갖 정부 규제가 끊임없이 도입되면서 수익률은 극히 열악한 업종에서 수행해야만 한다면? 도저히 불가능해보이는 이러한 과업들이 현실에서 실현되고 있는 곳, UCLA 헬스시스템에 오신 것을 환영한다.

보건의료 계통에 종사하는 사람들에게 UCLA 헬스시스템 같은 선도적 의료기관에 대한 책이 적합한 것은 분명하지만 다른 업종에 종사하는 사람들은 다음과 같은 의문을 제기할 수도 있을 것이다.

"저는 은행업(혹은 유통업, 호텔업 등)에 종사하고 있는데 이렇게 복잡하고 골치 아픈 의료산업에서 고군분투하고 있는 UCLA 헬스시스템에서 뭘 배울 게 있을까요?"

사실 이에 대한 답이 곧 이 책의 내용이 되겠지만, 독자들은 이 책을 통해서 UCLA 헬스시스템이 다음과 같은 것들을 어떻게 이룩할 수 있었는지를 간접적으로 경험하고 배우게 될 것이다.

- 상상할 수 없이 짧은 시간에 업계 최고의 위치 달성
- 서비스 중심 접근을 통한 고객만족, 고객참여 혁신
- 경기 침체와 치열한 경쟁 속에서 경이적인 이익 달성
- 수십 년간 품질과 안전에 있어서 최고의 명성 유지
- 직원들에 대한 혁명에 가까운 권한 위임
- 고객 경험 재설계로 사람 냄새나는 서비스 경험 창출

조직개발 전문가로서 나는 UCLA가 이 책의 집필을 의뢰하였을 때, UCLA 헬스시스템이 경영 관련 저술의 소재로서 '적합'할지에 대해 회의적이었다(물론, 수년 전 내가 UCLA 대학원에 지원했고 불합격 통지서를 받았다는 사실이 이러한 부정적인 인식에 영향을 미쳤을 것이라는 점을 부인하지는 않겠다). 시애틀의 파이크플레이스 수산물시장(Pike Place Fish Market)[1]이나 스타벅스, 리츠칼튼 호텔 같이 고객과 직원들에게 멋진 경험을 선사하는 회사들에 대한 책을 저술한 경험을 가진 나에게 UCLA 헬스시스템은 책의 소재로 적합해보이지 않았다. 하지만 이러한 회의를

---

1) 1930년에 미국 워싱턴 주 시애틀에 생긴 수산물시장이다. 1986년에 도산 위기를 맞았으나 사장과 직원들이 합심하여 영업방식을 바꿔 생선 던지기 게임 등에 고객들의 참여를 이끌면서 세계적으로 유명한 수산물시장으로 변신하였다. 특히 직원들이 소비자가 구매한 생선을 포장대로 던지는 묘기는 유명한 관광 상품이 되어 하루 1만 명 이상의 방문객을 유치하고 있다.

가진 채 이루어졌던 UCLA 경영진과의 첫 만남은 나로 하여금 UCLA의 경험을 독자들에게 소개해야겠다는 생각을 품게 하기에 만들기에 충분했다.

4개의 병원과 75개가 넘는 외래 클리닉으로 구성된, 매년 8만 명 이상의 환자가 입원하고 100만 명의 환자가 외래를 방문하는, 1500명의 전문의들과 1500명의 전공의, 3500명의 간호사, 상담사, 의료기사와 지원 인력들, 그리고 1000명의 자원봉사자들이 환자들을 위해서 헌신하는 곳. 이 중 120명의 소속 의사들이 '미국 최고의 의사들 Best doctors in America' 설문에 이름을 올린, 의학연구 모금 부문에서 미국 10위 안에 들어가는, 미국 최고의 의료기관 중 하나인 UCLA 헬스시스템으로부터 교훈을 얻어갈 준비가 되었다면, 우선 이들의 보잘것없는 출발에서부터 현재에 이르기까지 급속한 성장을 살펴보기로 하자.

## 새로운 의과대학의 시작

전통적으로 미국에서 의료를 선도하던 지역은 존스 홉킨스 Johns Hopkins 병원이 위치해있던 북동부 지역과 메이요 클리닉 Mayo Clinic 이 위치해있던 오대호 지역이었다. 제2차 세계대전이 끝나가면서 캘리포니아 주 의사단체들은 캘리포니아 대학 University of California 당국에 캘리포니아 남부 지역에 의과대학의 설립이 필요하다는 것을 역설하였고 1945년 캘리포니아 대학 이사회는 UCLA에 의과대학 설립을 위한 7백만 달러의 기금을 승인하였다. 1947년 뉴욕의 로체스터 의과대학의 교수였던 스태포드 워렌이 1대 학장으로 취임하였고, 변변한 병원이나 연구시설도 없이, 로체스터 의과대학과 존스 홉킨스 의과대학에서 뽑은 소수정예 교수진만으로 UCLA 의과대학의 문을 열었다. 1951년 메디컬센터의 건축이 시작되면서 첫 번째 학생들이 입학하였지만 15명의 교수들과 28명의 학생들은 여전히 학교 예배당 라운지에서 수업을 해야만 했다.

메디컬센터의 건축이 시작되기 직전인 1950년, 〈LA 타임스〉의 기자는 이 건물이 '세계 의학의 메카' 중 하나가 될 것이라는 기사를 작성하였는데, 완벽한 교육시설과 모든 장비와 인력이 갖추어진 진료시설, 최신 연구시설이 메디컬센터 내에 함께 자리 잡게 될 것이라고 전하였다. 기사의 인터뷰에서 스태포드 학장은 새로 건축되는 메디컬센터는 의료 본연의 기능은 물론, 지진 등 재난 대비 기능을 갖도록 설계된 최초의 건물이 될 것이라고 말하였다. 하지만 1955년 완공된 UCLA 메디컬센터는 1994년 LA 인근의 노스리지에서 일어난 지진에 의해 건물이 심하게 훼손되고 말았다. 지진이 발생했을 때 환자들의 안전을 염려한 캘리포니아 주 당국은 법 개정을 통해 모든 병원들이 2008년까지 급성기 병동과 중환자실을 지진에 견딜 수 있도록 설계되고 건축된 건물에 두도록 하였다. 이에 따라 UCLA 최초의 메디컬센터는 새로이 건립된 로널드 레이건 메디컬센터에 그 자리를 물려주게 되었다.

## UCLA 헬스시스템

UCLA 헬스시스템의 중심을 이루는 로널드 레이건 메디컬센터Ronald Reagan UCLA Medical Center는 미국 대통령과 캘리포니아 주지사를 역임한 로널드 레이건의 이름을 따서 명명되었다. 이 센터의 건축에는 장비 구입을 포함하여 10억 달러 이상이 들었는데, 레이건 대통령 이름으로 기부된 1억 5천만 달러를 포함하여 3억 달러가 넘는 재원이 개인들의 기부를 통해서 조달되었고, 4억 3200만 달러가 연방정부의 지진구호기금에서 왔으며 캘리포니아 정부는 4400만 달러를 지원하였다. 9만 제곱미터가 넘는 10층 높이의 건물에는 520개의 병실이 있고 1500명의 의사들과 2500명 이상의 지원 인력들이 있다. 2008년 6월 진료를 시작한 이 건물은 진도 8.0의 지진을 견딜 수 있도록 설계되어 주정부의 강화된 지진 규정을 충족하는 최초의 건물 중 하나였다. 로널드 레이건 메디컬센터 내에는 2개의 별개 병원이 존재하는데 하나는 매텔 어린이병원Mattel Children's Hospital UCLA으로 90개 병상을 구비하고 있으며, 다른 하나는 74개 병상을 갖춘 스튜어트 린다 레스닉 신경정신병원Stewart and Lynda Resnick Neuropsychiatric Hospital이다.

UCLA의 웨스트우드 캠퍼스에 있는 로널드 레이건 메디컬센터 외에도 UCLA 헬스시스템은 산타모니카 지역에 271개 병상의 산타모니카 메디컬센터Santa Monica UCLA Medical Center and Orthopaedic Hospital를 운영하고 있다. 산타모니카 메디컬센터는 지역사회 병원으로 1926년에 설립되어 운영돼오던 것을 1995년 UCLA 헬스시스템이 인수, 로널드 레이건 메디컬센터 수준의 의료를 제공하기 위해 초현대식 시설로 재정비하였다.

로널드 레이건 메디컬센터 옆에는 UCLA 메디컬 플라자라고 불리는 세 개의 빌딩이 있는데 여기에는 75개 이상의 외래 클리닉이 개설되어 모든 진료과의 외래 진료가 제공되고 있다. 이들 클리닉 외에도 UCLA 헬스시스템은 UCLA 의과대학 교수들을 중심으로 구성된

UCLA 메디컬 그룹을 관리한다. UCLA 메디컬 그룹은 LA 인근 지역의 외래 진료소에서 환자들에게 외래 진료를 제공한다. 이들 병원과 외래 클리닉은 환자 진료뿐만 아니라 UCLA 의과대학의 교육 및 연구를 위한 공간으로도 활용된다. 의과대학 학생들과 전공의, 펠로우들에 대한 세계적 수준의 교육을 제공할 뿐만 아니라, 의과대학은 의학 발전을 선도할 연구에도 활발히 참여하고 있다. 이러한 교육과 연구, 진료의 통합은 UCLA 헬스시스템 산하 전 기관과 센터들의 모든 활동에 반영되고 있다. 이들 프로그램 목록은 이 책의 〈부록 A〉에서 찾아볼 수 있다.

## 리더들의 유산

이제 UCLA 헬스시스템의 방대한 규모에 대해 어느 정도 감이 생겼지만 우리 모두는 규모가 큰 것이 항상 좋은 것은 아니라는 것을 잘 알고 있다. 그렇다면 우리가 시간과 관심을 기울여서 살펴볼 UCLA 리더들의 업적은 무엇일까? UCLA 헬스시스템이 시작된 때부터 그 리더들은 모든 기업에 공통적으로 중요한 다음과 같은 네 가지 분야에서 성공을 거두어왔다.

1. 질을 유지하면서 성장을 이룩하기
2. 조직 전체의 일체감을 유지하면서 혁신을 고무하기
3. 기술적 발전과 인간적 측면의 균형 맞추기
4. 직원들의 뛰어난 업적을 인정하고 존중하기

## 위대한 의학적 성과

이 책은 UCLA 헬스시스템에 대한 책이기는 하지만 UCLA가 이룩한 성과나 명성에 대한 이야기보다는 다른 분야의 기업에도 보편적으로 적용할 수 있는 성장, 품질, 혁신, 서비스 우월성 등과 관련된 이슈들을 주로 다룰 것이다. 하지만 UCLA 헬스시스템이 의학 분야에서 이룩한 성과만 가지고도 책 한 권을 만들고도 남을 것이기에, 본격적인 이야기를 시작하기 전에 UCLA가 이룩한 눈부신 의학적 성과들 중 몇 가지만 살펴보기로 하자.

UCLA의 의사들은 1950년대에 미국 서부 지역 최초의 개흉술을 시행하였고 엄마 뱃속의 태아 상태를 관찰할 수 있는 기술을 처음 개발하였다. 60년대에 서부 지역 최초의 모녀간 신장이식 수술을 성공적으로 시행하였고 70년대에는 인공고관절을 개발하였으며 어깨관절 치환 수술을 최초로 시행하였다. 1980년대 UCLA 의사들은 최초로 양전자단층촬영(PET)을 실시하였고 최초의 AIDS 환자를 진단하였다. 1990년대에는 히렐 락스 박사가 세계 최초로 심장이식 수술에 사용될 뇌사자 심장에 관상동맥우회로술을 시행하여 심장이식 수술에 사용될 수 있는 심장의 범위를 획기적으로 넓혔다. 같은 시기에 이식외과에서는 서부 지역 최초로 소장/간장 동시 이식에 성공하였다.

2000년 이후에도 UCLA 헬스시스템의 의사들과 연구자들은 계속하여 획기적인 연구 성과와 세계 최초의 혁신적인 업적들을 내어왔다. 로널드 버스틸 박사는 이식 장기 부족 문제에 대한 대안으로 미국 최초로 비혈연 간 생체 도미노 간이식을 시행하였는데 이를 통해서 하나의 기증 장기로 두 명의 생명을 구할 수 있게 되었다. 비혈연 관계인 기증자의 간의 일부를 절제하여 유전성 간질환을 앓고 있는 수혜자에게 이식하고 유전질환을 앓고 있던 수혜자의 간은 간암을 앓고 있던 두 번째 환자에게 이식된다. 유전적으로 결함이 있던 간은 완벽하게 건강한 간은 아니지만 간암을 앓고 있던 두 번째 수혜자의 수명을 획기적으로 연장시켜주게 된다.

조지 라자레프 박사와 헨리 가와모토 박사가 이끄는 50명의 외과 의사, 간호사, 의료기사들로 구성된 팀은 22시간의 수술 결과 과테말라에서 온 머리가 붙은 두 살짜리 쌍둥이 자매를 분리시키는 데 성공하기도 했다. 샴쌍둥이라고도 불리는 융합쌍생아 중에서도 머리가 붙은 경우는 가장 드문 경우로 전 세계적으로 태어나는 융합쌍생아의 2%에 불과하다. UCLA 헬스시스템 산하 병원들은 신경외과 중환자실에 세계 최초로 환자의 상태를 원격 전송할 수 있는 로봇을 도입하였는데, 의사들은 이를 통해 병원에서 멀리 떨어져있는 경우에도 환자의 상태가 변화하면 바로 보고를 받고 다른 스태프나 보호자들과 의견을 교환하고 조치를 취할 수 있게 되었다.

## 외부로부터의 찬사

그동안 UCLA 헬스시스템의 성과에 대해 수없이 많은 외부 기관들로부터 찬사가 있었는데 그중 일부만 옮겨보면 다음과 같다.

· U. S. News & World Report의 '미국 최고의 병원' 명단에서 로널드 레이건 메디컬센터가 지속적으로 최고의 병원 중 하나로

꼽히고 있으며 21년 넘게 서부 지역 최고의 병원 자리를 지키고 있다. 세부 전문 과목별로도 전체 16개 전문 과목 중 15개가 미국 20위 안에, 12개 과목은 10위 안에 위치하고 있다.

- UCLA 메디컬 그룹은 미국의료의질위원회NCQA의 엄격하고 까다로운 인증심사를 통과하여 인증을 획득하였는데 인증을 받은 기관은 캘리포니아 주에 6개, 미국 전역에서 28개에 불과하다.
- UCLA 뇌졸중센터는 미국심장협회로부터 뇌졸중환자 진료에 대한 최우수 업적상을 수상하였는데 이는 뇌졸중환자 진료에 대한 국가표준 진료지침을 준수하여 우수한 환자 치료 실적을 내는 기관에 수여되는 상이다. 사실 UCLA의 심장내과의인 그렉 포나로 박사는 심혈관질환 환자의 국가표준 진료지침을 개발하는 데 주도적인 역할을 하기도 했다.
- 미국국립암연구소NCI는 UCLA 헬스시스템의 존슨통합암센터 내의 폐암센터를 연구 중심 센터로 지정하여 폐암의 예방, 진단, 치료에 대한 연구비를 지원하고 있는데 연구 중심 센터로 지정받은 기관은 미국 전역에서도 몇 개 되지 않는다.
- 미국국립의학연구소NIH는 UCLA 헬스시스템의 전립선암센터와 신장암센터를 최우수 센터로 지정하였다.
- UCLA 존슨통합암센터는 미국국립암연구소로부터 통합암센터로 지정된 미국 40개 암센터 중 하나이다.
- UCLA 심장이식 프로그램은 미국 보건부로부터 미국 최고의 프로그램으로 인정받았다.
- 미국의료제공자협의회AAHP는 로널드 레이건 메디컬센터를 미국에서 가장 고객 친화적인 병원의 하나로 선정하였다.

- 로널드 레이건 메디컬센터와 산타모니카 메디컬센터는 산모들이 모유만 수유하는 비율이 LA 카운티 지역에서 가장 높은 세 개 병원 중 하나이다.
- U. S. News & World Report는 매텔 어린이병원을 미국에서 가장 우수한 아동병원으로 선정하였다.
- 레스닉 신경정신병원은 U. S. News & World Report에 의해 서부 지역 최고이자 미국 전역에서 여섯 번째로 우수한 병원으로 선정되었다.
- 율리스 스타인 안연구소는 U. S. News & World Report에 의해서 안과병원 부문에서 전국에서 다섯 번째로 우수한 병원으로 선정되었다.

## 최고의 성취

앞서 살펴본 뛰어난 성과나 외부로부터의 인정이 사업의 성공에 중요한 것은 사실이지만, UCLA 헬스시스템의 경영진들이 보다 중요하게 여겼던 것은 UCLA에서 훈련받은 의료인들, 일하는 직원들, 치료받은 환자들이 끊임없이 전하는 진솔한 감사의 이야기들이었다. 사실 UCLA 리더들이 성공의 척도로 삼는 것은 진심에서 우러나온 서비스를 통해 단순히 좋은 치료 결과 이상의 결과에 도달할 수 있느냐에 관한 것이다.

제니퍼 로센달이 그런 UCLA의 우수성에 대해 진심 어린 감사를 보낸 경우이다. 제니퍼는 간성혼수상태에 빠져서 집 근처의 다른 병원에 후송되었었다. 그녀의 간성혼수상태 원인을 진단하지 못한 그 병원 의사들은 그녀를 UCLA로 이송하였고 그녀는 간이식 수술을 받게 되었다.

"이식 수술도 믿을 수 없을 만큼 성공적이었지만 사실 그건 다른 것에 비하면 별것 아니에요. 예를 들면, 중환자실의 간호사들이 내가 평소에 먹던 건강보조식품이 간 기능 부전의 원인일 수 있다는 사실을 발견했죠. 나에게 정성 어린 간호를 제공하는 것만으로는 간호사들 스스로 만족하지 못한 거예요. 내가 왜 그렇게 급격하게 상태가 나빠졌는지를 밝혀낸 거죠. 이건 제 간 기능 부전의 원인을 찾아냈을 뿐만 아니라 다른 사람들에게도 나타날지 모르는 위험을 알게 하는 데 기여한 거예요. 간호사들은 내가 복용하던 건강보조식품에 대해 별도의 조사를 해서 그 내용을 담당 의사들에게 전달했어요. 사실 난 그 전까지 건강한 편이었는데 권장량의 절반 용량의 건강보조식품을 2주간 복용하고 이틀 안에 사망할 수 있는 혼수상태에 빠지게 된 거죠."

"UCLA 간호사들과 의사들의 뛰어난 역량과 진심을 다한 진료가 간이식으로 나의 생명을 구했을 뿐만 아니라 나로 하여금 인생에 대해 다시 생각하고 삶에 대한 태도를 바꾸게 만들었죠. 나 스스로가 죽음의 문턱까지 갔던 다른 사람들에게 자신의 역량을 발휘하면서 의미 있는 삶을 살 수 있는 기회를 주는 일원이 될 수 있다는 사실을 깨달은 거죠. 저는 이제 간호대학을 마치고 간호사 자격시험 결과를 기다리고 있어요. 가능하다면 UCLA 이식 병동에서 일하고 싶어요(제니퍼는 현재 UCLA 병원의 외래에서 수습간호사로 근무하고 있다). 제가 UCLA에서 받았던 것들을 환자들에게 돌려주고 싶어요. 지금도 그때의 기억이 생생해요. 이식을 받은 환자들에게 '저도 그 자리에 있었어요.

환자분과 똑같은 경험을 했고 지금은 여기서 당신을 돌보고 있어요' 라고 말하고 싶어요."

능력 있는 의료진들이 제공한 최상의 진료는 제니퍼의 생명을 구했을 뿐만 아니라 그녀 인생의 큰 전환점이 되었다. 그녀는 이제 간호사로서 새로운 인생을 살고 있고 또한 그녀가 수술을 받았던 바로 그 UCLA에서 일하고 있다.

UCLA 헬스시스템은 이러한 열정적인 직원들 덕분에 역량 있는 인재들을 계속 불러 모으고 있다. 2010년에 UCLA 의과대학의 학장이 된 유진 워싱턴 박사는 서문에서도 말했던 것처럼 다음과 같은 부분을 강조하였다.

"훌륭한 인재 없이는 위대한 조직이 존재할 수 없습니다. 우리 기관에서 일하고 있는 탁월한 인재들 덕분에 우리가 현재 세계 최고 의료기관 중 하나가 되었다는 사실은 의심할 여지가 없습니다."

어떠한 기관이 지역사회의 존경과 아낌없는 지지를 받으면서, 또 역량 있는 직원들이 제니퍼 같은 인재에게 영감을 주어 그 기관에서 일하도록 만들 수 있다면 조직으로서 이보다 더 큰 성취는 없을 것이다.

## 외부인의 시각

이 책은 UCLA 헬스시스템을 통해 여러분들이 얻을 수 있는 교훈들에 대해 이야기하고 있지만, 단순히 경영진과 직원들이 이룩한 경이로운 성과만을 다루지는 않는다. 경영진의 실수와 직원들의 잘못된 서비스로부터도 많은 것을 배울 수 있다. 환자 개인정보 보호가 이루어지지 못해 발생한 일련의 문제들과, 환자만족도가 전국 평균 이하로 떨어졌던 시기에 대해서도 다룰 것이다. 이와 같은 경영진의 문제나 서비스 문제를 다룰 때는 여기서 얻을 수 있는 교훈들도 함께 제시하여 독자들이 비슷한 위기에 처했을 때 이를 극복하고 오히려 전화위복의 계기로 만들 수 있도록 도움을 주고자 한다. 물론, 이 책의 대부분은 UCLA 헬스시스템이 훌륭한 성과를 낸 분야에 대한 벤치마킹에 할애하여 독자들이 이를 자신의 상황에 적용해볼 수 있도록 할 것이다.

독자들의 편의를 위해 이제부터 UCLA 헬스시스템을 간단히 UCLA로 부르기로 한다. 또한 UCLA의 주 고객은 환자들이기 때문에 이 책에서 환자라고 하면 고객을 지칭하는 것으로 생각하면 될 것이다. 모든 대형 의료기관이 그렇듯이 UCLA 헬스시스템도 그 자체로 아주 복잡한 기관이고 의학용어 또한 독자들을 당혹스럽게 할 수 있기 때문에 이 책은 의료산업에 종사하는 사람들과 종사하지 않는 사람들 모두를 염두에 두고 기술하였다. 이 책은 UCLA에서 얻을 수 있는 교훈을 다섯 가지 원칙으로 요약하여 이를 중심으로 구성하였다. 독자들이 이 원칙들을 자신의 분야에 효과적으로 잘 적용한다면 변화의 촉매가 되어 놀라운 성과를 얻을 수 있으리라 기대한다. 다섯 가지 원칙은 다음과 같다.


1. 환자를 위해 모든 것을 쏟아라 Commit to care.
2. 실수가 발생할 틈을 남기지 말라 Leave no room for error.
3. 최고의 자리에 안주하지 말라 Make the best better.
4. 주도적으로 미래를 창조하라 Create the future.

## 5. 최고의 서비스는 기업을 살찌운다 Service Serves Us™

이 다섯 가지 원칙들을 통해서 변변한 병원도 강의실도 없이 시작한 UCLA는 불과 60여 년 만에 세계 초일류 의료기관으로 변모하였다. 이 원칙들은 정부의 수가통제와 각종 규제, 치열한 의료기관 간 경쟁의 틈바구니 속에서도 UCLA를 재정적으로나 사회공헌, 영속가능성 측면에서 초우량 기관으로서의 자리를 확고하게 만들어주었다. 무엇보다도 UCLA는 캘리포니아 주의 환자들을 치료할 뿐만 아니라 미국 전역, 세계 전역에서 찾아오는 수많은 중증 환자들을 치료하고 있다.

현재 의료산업이 직면하고 있는 수없이 많은 도전과 변화, 혼란의 와중에서 UCLA 헬스시스템의 최고경영자인 데이비드 파인버그 박사는 단 하나의 단순하고 일관된 관점을 견지하고 있다.

"우리는 사람들을 보살피는 산업에 종사하고 있습니다. 당신이 의사든지, 간호사든지, 수위든지, 혹은 최고경영자든지 상관없이 우리는 항상 자신이 맡은 자리에서 우리에게 찾아오는 환자를 보살피는 데 매일매일 최선을 다해야 하고 최고가 되어야만 합니다."

병원이든, 금융 회사든, 혹은 동네 미용실이든 간에 모든 사업은 매일 고객에게 최선을 다해 서비스를 제공하는 것에 얼마나 집중할 수 있는지에 성패가 달려있다. 이제 UCLA 헬스시스템의 경영원칙을 찾아 여행을 시작해보자.

첫 번째
원칙

# 환자를 위해
# 모든 것을 쏟아라!

Commit to care

# CHAPTER 2
# 진정한 돌봄을 조직 전체에 스며들게 하라

니콜 드레이퍼는 인생을 살면서 별로 병원 신세를 져본 적이 없었다. 하지만 아들 쌍둥이를 낳으면서 그녀의 인생은 완전히 바뀌었다.

"닉과 네이트는 둘 다 확장성심근병증이라고 하는 희귀한 심장병을 가지고 태어났어요. 의사들은 심장이식 외에는 다른 방법이 없다고 했지요. 하지만 그 당시에 애리조나 주에는 신생아 심장이식을 하는 병원이 없었기 때문에 UCLA로 오게 됐어요. 처음에 신생아 중환자실에서 치료를 받았는데, 의료진들의 실력도 실력이었지만 민감한 사안을 전달하는 그들의 태도에서 진심 어린 마음이 느껴져 감동을 받았어요."

처음에 니콜과 그녀의 남편은 닉은 심장이식 대기자 명단에 오를 수 있지만 네이트는 출생 시 있었던 뇌출혈 때문에 대상에 오르지 못할 수도 있다는 말을 들었다.

"수없이 많은 미팅을 하는 과정에서 의료진들은 정말로 성의를 다해서 우리의 말을 들어주고 궁금증을 해소시켜주려고 변함없이 노력했어요."

결국 닉과 네이트 둘 다 성공적으로 심장이식 수술을 받고 완쾌되었는데, 이 모든 과정은 〈LA 타임스〉에 연재기사로 대서특필되었다.

"아이들이 치료를 받는 전 과정을 통해서 우리는 수없이 감동을 받았어요. 의료진들은 실력이 최고였을 뿐만 아니라 우리를 대하는 태도도 아주 놀라웠어요. 여기서의 경험을 평생 잊지 못할 거예요."

다른 병원에서 포기했던 환자가 기적적으로 치료되는 일은 UCLA에서 흔하게 볼 수 있는 일이지만 '병원에서의 모든 경험이 감동적이었다' 라는 환자의 말을 듣게 되는 것은 흔한 일이 아니다. 사실 UCLA 헬스시스템의 최고경영자인 데이비드 파인버그 박사가 현재의 자리에 올랐을 때, UCLA 병원은 교육, 연구, 임상 모두에서 최고 수준에 올라있었지만 환자만족도는 바닥 수준이어서 엄청난 개선이 필요한 상태였다.

UCLA 헬스시스템의 최고경영자가 되기 전 파인버그 박사는 레스닉 신경정신병원의 임상 부문 책임자로 그곳의 환자만족도를 성공적으로 향상시킨 경험이 있었기에 이것을 전체 UCLA 헬스시스템으로 확산시키려고 하였다.

"솔직히 UCLA 헬스시스템의 최고경영자를 맡기가 두려웠습니다. 물론 수없이 많은 의학적 기적이 일어나는 곳이기는 했지만 환자들과 이야기해보면 그게 다는 아니었거든요. 이 문제를 가지고 경영대학원의 교수들에게 자문을 구했는데 이들은 이구동성으로 고객에 대해서 철저하게 이해해야 한다고 이야기했습니다. 병원으로 돌아와서 직원들에게 많은 질문을 던졌습니다. 고객들과 얼마나 많은 이야기를 나누는지, 왜 우리 병원의 환자만족도가 이렇게 낮은지, 왜 우리 고객들은 가족이나 친구들에게 우리 병원을 추천하려고 하지 않는지…. 이러한 질문을 할 때마다 직원들은 환자만족도가 높은 병원들과 우리 병원을 같은 선상에서 비교하면 안 된다고 이야기했습니다. 그 병원들은 우리 병원처럼 복잡한 수준의 환자들을 치료하지도 않고 전공의들을 교육하지도 않는다는 거였죠. 저는 그 의견을 도저히 받아들일 수 없었습니다."

파인버그 박사는 UCLA 헬스시스템에서 치료받는 모든 환자들이 최고의 경험을 갖게 하고 최고의 만족을 느끼게 하는 것을 사명선언문에 추가하였다. 이를 위해 모든 회의를 환자 사례로 시작하는 것을 필두로 환자들의 생생한 목소리를 UCLA 헬스시스템의 경영 현장에 스며들게 하기 위한 노력을 경주하였다. 그는 병원의 모든 관리자들에게 환자들이 UCLA 병원에서 경험한 것들을 직접 환자들의 목소리로 들을 것도 요구하였다. 마케팅 및 인사 부서의 차장인 마크 스피어는 이 순간을 다음과 같이 기억한다.

"파인버그 박사가 최고경영자가 된 지 얼마 되지 않아서 저한테 병동을 돌아보고 있느냐고 물어보시더라고요. 저는 병동의 직원들을 만나고 있느냐는 질문인 줄 알고 당연히 그렇다고 대답했지요. 그런데 '환자들을 만나나요?'라고 다시 물으시는 거예요. 그 순간 제가 환자를 직접 만난 게 손에 꼽을 정도이고 그동안 환자들과 대화하는 일이 중간관리자로서 저의 업무 밖의 일이라고 생각해왔다는 것을 깨닫게 되었지요. 정말로 무릎을 치게 되는 순간이었습니다. 파인버그 박사는 환자들과 얼굴을 맞대고 대화하는 것을 제가 정말 잘할 수 있을 거라고 격려해주시면서 그동안의 타성에서 벗어나 이제부터라도 적극적으로 환자들을 만나라고 이야기해주셨습니다. 그 후로도 몇 주 동안 지속적으로 저를 격려해주시면서 환자와 그들 가족들과의 만남이 어떻게 되어가는지 물으셨습니다. 물론 환자와의 첫 번째 만남이 편하지는 않았습니다. 제가 처음 환자 병실을 방문하겠다고 했을 때 병동의 간호사들조차 좀 놀라는 눈치였습니다. 하지만 얼마 지나지 않아서 환자들의 이야기를 직접 듣는 것이야말로 그들이 어떠한 서비스를 원하는지를 알 수 있는 유일한 방법이라는 것을 알게 되었습니다. 환자들은 그동안 우리가 그들의 이야기를 들어주기를 바라고 있었다는 것이 명백했습니다. 제가 저를 소개하면서 병실에 들어서면 만나지 않겠다고 하는 환자들은 거의 없었습니다. 몇 년이 흐른 지금 환자들과 환자 가족들을 만나는 일은 너무도 자연스러운 일이 되었습니다. 모든 간부들이 환자 병실을 방문해서 그들의 이야기를 듣고 있고 병동의 간호사들도 저희들이 환자들로부터 들은 이야기를 전해 듣고 이를 통해서 서비스를 개선하는 것을 즐거워합니다. 이제는 우리 모두가 공유해야 하는 소중한 이야기를 해줄 수 있는 사람이 병실에 항상 존재한다는 사실을 너무도 잘 알고 있기 때문에 병실을 방문하는 것을 우리 업무의 가장 소중한 부분으로 인식하고 있습니다."

이와 같이 비공식적으로 환자들의 목소리를 청취하던 과정은 서비스 제공의 일관성을 향상시키고 보다 적극적으로 환자들의 목소리를 청취할 수 있는 시스템으로 진화하였다. 파인버그 박사는 이에 대해 다음과 같이 이야기한다.

"환자만족도를 향상시키기 위해서는 기본으로 돌아가야 한다는 사실을 우리 모두는 잘 알고 있었습니다. 사명선언문에 있는 '최고의 진료와 연구 및 교육을 수행한다' 라는 부분을 진정한 돌봄의 의미를 보다 강조하여 모든 직원들에게 체화시켜야 한다고 생각했습니다. 우선, 비전선언문을 '환자들의 건강을 향상시키고, 고통을 줄이고, 이들에게 친절을 베풂으로써 인류를 질병으로부터 해방시킨다' 라고 다시 썼습니다. 그리고 이 비전선언문의 내용이 우리들이 공유하고 있는 가치에 묻어나고 모든 직원들이 진정한 의미의 돌봄에 헌신할 수 있도록 하는 기본 틀이 되었습니다. 구체적으로는 모든 직원들이 항상 돌봄에 헌신할 것을 천명하는 '헌신적인 돌봄' 이라는 선언문을 만들었습니다. 일단 이러한 토대가 되는 작업들을 완성하고 나서 환자만족도를 향상시키기 위한 구체적인 시스템을 가동할 수 있었습니다."

환자 및 자원봉사 서비스 부서의 책임자인 토니 파딜라는 이 과정에 대해 다음과 같이 이야기한다.

"환자들에 대한 서비스 프로그램이라고 하면 과거에는 최고경영진이 저 같은 사람에게 위임하고 정기적으로 보고받는 정도의 일로 생각했어요. 하지만 이제는 의료산업에 종사하는 모든 사람들에게 서비스는 최고경영자가 반드시 챙겨야 하는 일이라는 게 명백해졌습니다. 환자들을 모든 정성을 다해 돌보는 것이 우리의 가장 중요한 사명이라고 단호하게 이야기하는 최고경영자를 두게 된 것이 UCLA의 모든 구성원들에게 엄청난 변화를 가져오게 하였습니다."

"파인버그 박사는 우리는 최고 수준의 의료를 제공하고 세계에서 손꼽히는 병원 시설을 가지고 있지만 정작 명심해야 하는 것은 우리가 환자들과 그들의 가족에 대한 열정과 끈끈한 인간애에 있어서 세계 최고가 되어야 한다는 것임을 항상 강조하였습니다. 어떤 회사의 최고경영자가 이러한 메시지를 지속적으로 직원들에게 전달하고 이에 맞추어 행동한다면 이미 그 회사는 목표를 반쯤은 달성한 것이죠. 만약 조직에 능력 있는 고위관리자들이 있어서 중간관리자들이 환자들에 대한 최고의 서비스 제공에 우선순위를 두도록 영감을 불어넣을 수 있다면 더할 나위 없이 좋겠죠. 사실은 이게 저희의 성공 비밀입니다. 리더십이 어디에 우선순위를 두느냐의 문제라는 거죠. 최고경영자가 말하는 것과 행동하는 것이 일치하고, 지속적으로 하나의 분명한 메시지를 전달하면서 이를 지속적으로 챙기는 것, 이게 바로 우리가 30% 수준이었던 모든 부문의 환자만족도를 95%로 끌어올린 비결이었습니다."

이 같은 눈부신 향상은 UCLA를 환자만족도 측면에서 미국에서 첫손 꼽히는 대학병원으로 자리매김하게 하였다. 환자만족도의 급격한 상승은 입원과 외래 모든 부문에서 지속적이면서도 급격하게 이루어졌다. 사실 불과 몇 년 만에 고객만족도를 35% 수준에서 동종 업계 1위 자리까지 끌어올린 사례는 다른 어떤 산업에서도 찾아볼 수 없다. 파인버그 박사는 환자만족도와 환자들에 대한 돌봄을 극대화하는 것을 그의 리더십의 핵심으로 삼고 있다. 이 장의 나머지 부분에서는 이처럼 급격하고 지속적인 변신을 가능케 한 체제와 세부 실천 방안들에 대해 이야기할 것이다.

여러분이 어떤 산업에 종사하고 있든지 고객을 즐겁게 하는 것은 고객의 관심을 받고 고객 충성을 유도하기 위해서 매우 중요한 요소이다. 다음에서 살펴볼 사례들을 통해서 고객 중심의 사고를 유도하는 운영체계 확립으로 어떻게 고객만족을 극대화할 수 있는지 배울 수 있을 것이다.

## CICARE와 '세계 최고 수준의 서비스' 탄생

지시와 통제를 통해서 효과적인 리더십을 발휘하기는 불가능하다. 리더가 일관된 말과 행동으로 조직원들의 생각과 행동에 영향을 미치게 될 때 진정 효과적인 리더십이 발휘된다. 또한 리더가 조직의 미래에 대해서 조직원들이 공감할 수 있고 동참하고자 하는 욕구가 일어나는 매력적인 비전을 제시할 수 있을 때 이러한 영향력이 현실화된다. 혈액종양내과의 과장인 빈두 다니는 여기에 대한 생각을 이렇게 이야기한다.

"제가 볼 때 우리 최고경영진은 중간관리자들에게 UCLA에서 환자를 진료하고 돌보는 방식에 혁명이 일어나야 한다는 것을 계속 강조했다고 생각됩니다. 아니, 더 중요한 것은 이러한 혁명을 달성하기 위해서 필요한 구체적인 행동지침을 만들고 그러한 행동들이 가능할 수 있도록 병원의 구조를 바꾸어나갔다는 것입니다."

이러한 지침들은 아주 구체적인 분야로 나뉘어 만들어졌는데, 예를 들면 CICARE('씨-아이-케어'라고 발음한다)라고 불리는 지침은 환자들과의 커뮤니케이션에 대한 행동지침을 담고 있다. CICARE는 다음 여섯 단어의 머리글자를 딴 약어이다.

- 환자나 환자 가족들과 접촉할(Connect) 때는 반드시 존칭을 사용하거나 그들이 불리고 싶어 하는 이름을 불러준다.
- 항상 본인에 대해 먼저 소개(Introduce)한다.
- 본인이 환자와 관련하여 하고 있는 일과 그것이 환자에게 어떤 영향을 미치게 될지, 그리고 기타 환자에게 필요한 정보에 대해서 이

야기한다(Communicate).
- 환자나 환자 가족들에게 요구사항이나 의문사항, 혹은 걱정되는 점이 있는지 물어본다(Ask).
- 환자와 환자 가족들의 질문이나 요구에 대해서는 즉각 답한다(Respond).
- 다음에는 누가 무엇 때문에 찾아올 것이고 본인은 다음에 언제 방문할 예정인지 설명한 후, 예의를 갖추고 병실을 나선다(Exit).

CICARE는 환자들의 급식을 담당하는 직원이나 청소원, 행정직원, 자원봉사자, 간호사, 의사 등 병원의 모든 구성원들에게 적용할 수 있는 행동지침이다. UCLA 병원은 이를 더욱 발전시켜 아래와 같은 내용들을 포함시킨 '세계 최고 수준의 서비스 지침 World Class Practices'을 만들었다.

### 환자에 대한 예의(Courtesy)
- 환자와 환자 가족들, 방문객들에게 항상 예의를 갖춘다. 진료 공간뿐만 아니라 식당, 대기실, 병원의 복도, 엘리베이터 등에서도 마찬가지이다.
- 환자와 방문객, 직원들끼리 만나게 되면 눈을 맞추고 웃으며 "안녕하세요"라고 인사한다.
- 엘리베이터를 타고 내리거나 출입구, 통로 등을 지나갈 때 환자와 방문객에게 양보한다.
- 방문객이 위치를 물어볼 때는 정확하게 가는 길을 알려준다.
- 항상 목소리의 크기를 염두에 두고 너무 크거나 작지 않게 이야기

한다.

### 투철한 직업의식(Professionalism)
- 환자들이나 직원들과의 대화에 있어서 그들의 개인정보 보호에 유의한다.
- 안전한 진료를 위해서 영어나 환자의 모국어만을 사용하고 필요하면 통역을 요구한다.
- 개인 휴대 전화는 휴식시간에, 지정된 장소에서만 사용한다.
- 근무시간 중에는 지정된 복장을 착용하고 외모를 단정히 한다.
- 정해진 근무시간을 정확히 지킨다.
- 주변 환경을 깨끗하고 안전하게 유지한다.

### 상호존중(Respect)
- 개인의 프라이버시와 품위를 존중한다.
- 병실을 방문하고자 할 때는 노크를 하고, 들어가는 것에 대해 허락을 받는다.
- 환자를 검사하기 전에 진행될 검사나 처치에 대해 설명하고 동의를 받는다.
- 환자 앞에서 다른 부서나 직원을 폄하하는 말을 하지 않는다.
- 개인의 성향 차이나 문화적인 차이를 존중한다.

이와 같은 행동지침은 '세계 최고 수준의 서비스 지침: 헌신적인 돌봄'이라는 제목으로 문서화되었으며 UCLA에 처음 입사하는 모든 직원들은 이에 대해서 설명을 듣고 이를 준수할 것을 서명하고 있다.

물론 이 지침에 서명하는 것만으로 모든 직원들이 이 지침을 준수하게 되는 것은 아니겠지만, 경영진 입장에서는 이러한 서명을 통해 다음과 같은 몇 가지 긍정적인 효과를 기대하고 있다.

1. 환자를 돌보는 데 있어서 병원이 직원들에게 기대하는 수준이 어느 정도인지를 알게 한다.
2. 고객을 돌보는 것에 병원이 높은 우선순위를 두고 있다는 것을 명확히 한다.
3. 직원들로부터 지침에 따라서 행동을 하겠다는 약속을 확보한다.
4. 환자나 다른 직원들을 대하는 행동에 대해서 동료들이 같이 책임을 지게 된다는 메시지를 전달한다.

위의 네 가지 효과 중 처음 두 가지 효과는 매우 분명해보이지만 세 번째 효과는 조금 생각해볼 여지가 있다. 사람이 항상 자신이 약속한 것을 실천에 옮기는 것은 아니지만, 심리학자들의 연구에 의하면 사람은 스스로 자신의 말과 행동을 일치시키려고 하는 내적인 압박을 받는다고 한다. 다시 말해서 자신이 말한 것과 일치하는 행동을 하려고 무의식중에 노력을 한다는 것이다. 직원들로 하여금 지침에 따라서 행동하겠다는 서면 약속을 받음으로써 직원들이 이러한 약속에 따라 행동을 할 확률을 높일 수 있는 것이다. 또한 이 행동지침은 직원들이 환자들을 대할 때뿐만 아니라 직원들 상호간의 관계에도 적용된다. 이 지침에는 '이와 같은 커뮤니케이션, 환자에 대한 예의, 투철한 직업의식, 상호존중에 있어서의 기대수준을 만족시키겠다는 나의 약속은 동시에 나 역시 환자나 동료로서 같은 방식으로 대우받고 싶다는 것을 천명하는 것이다. UCLA 헬스시스템에 대한 나의 맹세는 나 스스로 함께 일하는 동료들에 대해서도 같은 방식으로 행동하겠다는 맹세이기도 하다' 라고 명시하고 있다. 어떠한 조직이든지 리더의 경영 방침이 성공적으로 수용되기 위한 핵심 요소는 '그 방침이 나한테 어떤 의미가 있는가?' 라는 질문을 구성원들 스스로 던지게 만드는 데 있다. UCLA는 이처럼 모든 구성원들이 스스로 환자들 혹은 직원들 상호간의 돌봄에 헌신하도록 유도함으로써 환자들에게 진심 어린 진료를 제공하게 되었고, UCLA 자체를 보다 강건한 조직으로 만들었으며 이러한 혜택을 모든 직원들이 서로 누릴 수 있는 환경을 갖추었다.

UCLA 경영진은 지침에 기술된 행동양식을 모든 직원들의 직무기술서에 구체적으로 반영하였다. 이 직무기술서에는 '모든 직원들은 매일 일상에서 자신의 업무를 수행하는 과정에서 이와 같은 기대수준을 충족시킬 책임이 있으며 업무 성과를 측정하는 과정에서 기대수준 충족 여부가 평가될 것이다' 라고 명시되어있다.

마케팅 및 인사 부서의 차장인 마크 스피어는 이렇게 말한다.

"병원의 기대수준을 충족시켜야 한다고 명시하였지만 이는 그렇게 하지 못하는 사람들에게 불이익을 주겠다는 것이 아니라 최선의 돌봄을 제공할 수 있도록 모든 직원들의 능력을 길러주겠다는 것입니다. 물론 직원들이 이러한 기대를 일부러 무시하면 곤란하겠지만 우리가 보다 관심을 기울이는 것은 직원들이 서비스 측면에서 더욱 성장할 수 있도록 격려하는 것입니다."

흔히 사람들은 감화되거나 좌절을 겪으면서 변한다고 한다. UCLA의 경영진은 구성원들 스스로 자신의 서비스 능력을 향상시키도록 지지하고 격려함으로써 조직 전체의 서비스 수준 향상을 이끄는 방식을 택했다.

> **Check Up  당신의 기업은?**
>
> - 서비스 향상이라는 비전에 최고경영진들 간에 의견일치가 이루어지고 있는가? 의견일치를 이루기 위해서 당신은 무엇을 할 수 있는가?
> - 모든 경영과 관련된 논의 과정에 '고객의 목소리'를 반영하고 있는가? 고객의 경험 사례를 가지고 회의를 시작하는가? 고객에게 마음에서 우러나는 서비스를 제공하는 것을 조직의 비전에 담고 있는가?
> - 직원들이 고객과 대화를 할 때 기대하는 행동양식을 어떻게 도출하였는가?
> - 고객이나 동료들과의 관계에서 기대하고 있는 다양한 영역의 서비스 행동지침을 정의하였는가?
> - 고객 서비스 행동지침이 모든 직원들의 직무기술서에 반영되어있는가?

## CICARE의 실행

CICARE와 같이 브랜드 이미지에 부합하는 커뮤니케이션 및 서비스 행동지침을 만드는 것은 최고경영진이 직원들에게 기대하는 바를 알리는 데 필수적인 첫 단계이다. 직원들에게 이를 지키겠다는 약속을 받는 것은 이러한 기대를 보다 구체화시키고 직원들로 하여금 이러한 방향으로 행동하도록 동기부여를 하는 것이다. 많은 기업들의 서비스 향상 전략은 불행하게도 이 단계에서 그치는 경우가 대부분이지만 UCLA에서 이 단계는 재능 있는 사람을 선발하여 교육하고 성장시키는 전체 과정의 시작이라고 할 수 있다.

### 직원 선발

마케팅 및 인사 부서의 차장인 마크 스피어는 서비스에 재능이 있는 사람을 객관적으로 선발하는 체계를 만들고 훈련을 통해 길러질 수 있는 서비스 재능의 개념을 구체적으로 정의하는 일이 매우 중요하다는 것을 조직 내에 인식시키는 데 핵심적인 역할을 했다.

"서비스 재능이라는 것은 운동 재능에 비유할 수 있습니다. 두 사람이 어떤 운동에 대해 동일한 훈련을 받았다고 가정해봅시다. 만일 한 사람이 운동에 더 재능이 있다면 그 사람이 훨씬 발전 속도가 빠를 겁니다. 우리도 직원을 선발함에 있어서 발전과 성취 속도가 훨씬 빠른 서비스에 재능이 있는 사람을 찾고 있는 것입니다."

리츠칼튼 호텔 같이 선도적인 서비스 기업들이 그랬던 것처럼 UCLA도 서비스에 재능이 있는 사람을 선발할 확률을 높일 수 있는 과학적인 도구와 서비스를 제공하는 탤런트 플러스Talent Plus라는 회사에 도움을 요청하였다.

Talent Plus에서 UCLA를 담당하고 있는 레이첼 렘카우는 그 과정을 다음과 같이 이야기한다.

"Talent Plus는 지난 수년간 UCLA가 새로운 직원을 선발할 때, 지원자의 생각과 감정, 행동 등에 기초해서 서비스에 재능이 있는 사람을 선발하고 교육시키는 데 많은 도움을 주었습니다. 이 과정에서 간호사와 행정직 직원들에 대한 면접과 교육에 사용할 수 있는 객관적인 도구가 개발되었고 이 도구의 과학적 타당성에 대한 검증도 이루어졌습니다. 초점그룹 면접을 통해서 높은 직무 성과를 내는 사람들이 나타내는 특성들을 지표화했고 이러한 특성들을 측정할 수 있는 구조화된 질문들을 만들었습니다. 이런 질문들을 다시 검증하고 조합해서 UCLA가 본인들이 원하는 직원을 객관적으로 선발하는 데 사용할 수 있는 도구를 완성하였습니다."

Talent Plus에 의해서 개발된 도구는 UCLA가 '서비스 마인드'를 가진 직원을 선발하는 전체 과정 중 한 부분일 뿐이다. 일단 입사지원자가 해당 직무를 수행하는 데 필요한 능력과 기술을 갖추었는지에 대한 평가가 이루어지고 나면 본격적인 면접이 시작된다. 1차 면접은 다음과 같이 구체적인 서비스에 대한 질문으로 구성된다.

"우리 병원의 세계 최고 수준의 서비스에 대해서 들어본 적이 있나요?"

"이전 직장에서 이러한 세계 최고 수준의 서비스에 부합하는 서비스를 제공한 예를 들어주실 수 있나요?"

"지금 지원하는 직무를 수행하는 데 있어서 가장 중요한 자질은 무엇이라고 생각하시나요?"

지원자들이 이 1차 면접을 통과하고 나면 Talent Plus의 면접도구를 이용한 2차 면접이 이루어진다. 우선 컴퓨터를 이용해서 20개의 질문에 답을 하게 한 뒤, 45분 정도가 걸리는 행동면접을 실시한다. 얻어진 자료를 통해서 지원자의 업무몰입도, 가치관, 긍정적 사고, 사회성 등의 잠재 능력을 분석한 보고서를 만들고 분석 결과를 토대로 지원자의 채용 과정을 계속 진행할지 탈락시킬지에 대한 의견도 경영진에게 제시한다. 이 시점에서 UCLA의 경영진은 채용 과정을 계속 진행할 사람들에게 직접 면접을 실시하게 된다.

인력기획 부서의 책임자인 로빈 엡스타인 루드비히는 이 과정에 대해 다음과 같이 이야기한다.

"우리 병원의 채용 과정은 사람들의 재능을 찾아나가는 과정이라고 말할 수 있습니다. 사실, 원장님을 포함한 최고경영진은 우리 병원이 원하는 인재상을 확립해놓고 계시죠. 저희 부서에서는 모든 중간관리자들이 자신의 부하 직원들이 가진 재능에 초점을 맞추어서 이를 더욱 발전시킬 수 있도록 하는 리더십 역량을 갖추도록 돕고 있습니다. 재능을 가진 사람을 선발하는 것도 중요하지만 서로 격려해주는 문화를 만들고, 직원들의 재능을 인정하고 칭찬해주고, 서비스 정신과 팀워크가 개발되도록 하는 조직문화를 조성하는 것 역시 매우 중요한 일이니까요."

물론 일부 기업의 리더들은 최근 실업률이 높아지고 구직을 원하는 사람들이 많아지면서 우수한 인재를 확보하고자 하는 기업들의 노력이 덜 필요하다고 생각할 수도 있다. 하지만 의료산업 내부를 들여다보면 이는 사실이 아님을 알 수 있다. 한 웹사이트(Healthmedia.com)에 발표된 병원 재무책임자들에 대한 설문 결과를 보면 우수한 인력을 채용하고 고용을 유지하는 것이 향후 병원의 성패를 좌우할 가장 중요한 이슈로 선정되었다(비용 절감과 환자 중심 서비스가 그 다음으로 중요한 이슈로 선정되었다). 우수한 인력을 확보하고 유지하려는 의료계의 추세는 다른 모든 산업에 동일하게 적용될 수 있을 것이다. 실업률이나 경기와 상관없이 우수한 인력이 회사를 떠나지 못하게 하는 것은 모든 기업의 성공에 핵심적인 요소이다. 우수한 직원은 다른 우수한 직원들과 함께 일하고 싶어 한다. 우수한 직원이 우수한 직원을 불러오는 것이다.

서비스 마인드를 가진 직원을 조직에 불러 모으는 일은 어찌 보면 닭이 먼저냐 달걀이 먼저냐의 문제일 수 있다. 서비스 마인드를 가진 직원은 서비스 문화가 조성되어있는 조직으로 모여들게 된다. 그렇다면 서비스 마인드를 가진 직원들이 일하고 싶어 하는 조직문화를 만들려면 경영자는 무엇부터 시작해야 할까?

신경외과 과장인 닐 마틴 박사의 이야기에서 그 방향을 찾을 수 있다.
"최고경영진이 일관되게 서비스의 중요성을 강조하고 직원들로 하여금 CICARE 개념에 집중하도록 하면서, 직원들이 환자를 대하는 것뿐 아니라 서로를 대하는 태도에도 많은 변화가 일어났습니다. 사실 과거에는 가령 제가 급하게 입원시킬 환자가 생겨서 원무과에 갔는데 담당 직원이 동료들과 잡담을 하고 있으면 그 잡담이 끝날 때까지 기다려야 하는 게 이상하지 않은 분위기였습니다. 그렇게 기다리고 나서도 원무과 직원이 응급 입원은 자기 담당이 아니라고 하면 그냥 돌아 나와야 하는 일도 많았지요. 무슨 일이 되게 하려면 마치 가슴까지 차오른 늪에서 헤매는 느낌이었어요. 직원들의 복장 상태는 엉망이었고 복장만으로는 어떤 일을 하는 사람인지 전혀 알 수 없었습니다. 간호사들조차 입고 싶은 대로 입고 근무를 했으니까요. 서비스 마인드라고는 찾아볼 수 없어서 많은 환자들에게 '병이 나아서 고맙지만 다시는 UCLA에 오고 싶지 않네요'라는 말을 들을 정도였습니다."

환자들이 인내심으로 불편을 견뎌야 하고 동료들의 협조를 받기 위해서 악전고투를 해야 하는 병원을 세계 최고 수준의 서비스가 제공되는 곳으로 만드는 것은 결코 쉬운 일이 아니었다. 하지만 서비스 개선을 위해 병원이 총력을 기울이면서 환자들의 변화된 생각은 만족도 수치로 나타나기 시작하였다.

소방서에서 아이를 출산하고 UCLA로 응급 후송되었던 알리샤 웨인트럽의 말에서 이러한 변화를 느낄 수 있다.

"첫 번째 아이를 다른 병원에서 출산했고 그곳의 진료가 너무 만족스러웠기 때문에 UCLA로 후송된다는 사실을 알고 구급요원에게 첫째 아이를 출산했던 병원으로 가줄 수 없냐고 물었어요. 그런데 구급요원이 '아니요, UCLA로 갑니다. 우리가 장담하건데 만족하실 거예요'라고 말하더군요. 그 후 UCLA에서의 경험은 정말로 최고였어요. 시설도 최고였고요. 모든 사람들이 우리에게 정말 많은 신경을 써주더군요. 마치 자신이 하는 일에 자부심이 넘치는 사람들만 모아놓은 것 같았어요. 딸애가 신생아 중환자실에 잠시 있었는데 거기 사람들 역시 너무나 좋은 사람들이었어요. 모든 사람들이 우리를 존중해주었고 적절한 시기에 내가 필요로 하는 것이 무엇인지 파악해서 도와주었는데 그 과정이 전혀 불편하지 않았어요. UCLA의 모든 직원들은 내 요구사항이 무엇인지 항상 경청하고 있다는 느낌이었습니다."

신규직원을 선발하는 과정을 개선한 것도 중요했지만 UCLA의 조직문화에 변화를 가져온 핵심은 모든 중간관리자와 환자접점 부서 직원들에게 CICARE가 몸에 배도록 만들어준 구조화된 프로그램과 이를 지속적으로 추진한 경영진의 집념이었다.

## 모든 직원들과 함께 만든 CICARE

서비스 개선 프로그램이 그냥 구호에서 그치는 경우를 아주 흔하게 볼 수 있다. 이렇게 구호에 그치는 서비스 개선 프로그램을 들여다보면 외부에서 이러한 프로그램을 제공하는 회사에 의해 만들어진 경우가 거의 대부분이다. 반면 CICARE는 UCLA의 경영진과 모든 직원들이 합심하여 만들어낸 조직 내에서 살아 움직이는 프로그램이다. CICARE의 개념을 소개하는 교육용 비디오만 해도 병원의 각 직종에 맞추어 해당 직종 직원들이 직접 출연하여 개별 제작하였다. CICARE 자체는 어떠한 직종에 근무하든 같은 수준의 서비스가 제공되어야 한다는 개념을 가지고 있지만, 직종에 따라 실제 이를 행동으로 옮기는 방식은 상황에 따라 다를 수 있기 때문이다. 직종별로 제작된 교육용 비디오는 이러한 차이를 반영하면서 각 직종 사람들에게 적합한 사례로 구성되어 있다. 이러한 직종별 교육 외에도 개인별로는 '버디 buddy'라고 불리는 선배가 지정되어 개인 상황을 반영한 개별 교육을 제공한다.

신경외과 중환자실의 수간호사인 바바라 앤더슨은 여기에 대해 이렇게 이야기한다.

"저는 CICARE에서 이야기하는 행동지침들을 대부분의 의료진들이 이미 알고 있었다고 생각합니다. 다만 지금 저희가 하는 것처럼 이를 지속적으로 흔쾌히 받아들이지 못했을 뿐이지요. 업무에 치이다보면 처음 간호사가 되려고 했던 시절의 봉사와 헌신 같은 순수했던 생각을 잊고 지내는 경우가 많은데 CICARE는 이러한 것들에 대해서 생각하고 서로 대화할 기회를 제공해줍니다. 수간호사로서 저는 환자들과 모든 직원들이 우리 모두가 서로를 진심으로 보살피고 서로가 요구하기 전에 필요로 하는 것을 충족시켜주기 위해 항상 고민하고 노력하고 있다는 것을 깨달았으면 합니다. CICARE는 우리 모두가 원하는 결과에 다가가기 위해서 함께 노력해가는 방식이니까요."

바바라의 말처럼 직원들이 머리로는 이미 알고 있던 행동양식들을 가슴으로 느껴서 실행에 옮기게 해준다는 CICARE의 접근방식은 교육의 본질에 대해 생각하게 한다. 교육education이라는 말은 끄집어낸다는 의미를 가지는 라틴어, educere에서 온 말이다. 단순히 의미나 개념을 전달하는 것은 진정한 의미의 교육이 될 수 없으며 전달된 개념을 개인이 자신에게 내재화할 때만 진정한 의미의 교육이 되는 것이다.

CICARE를 만드는 데 핵심적인 역할을 했으며 UCLA 헬스시스템의 운영책임자였던 아미르 루빈은 CICARE에 대해 다음과 같이 이야기한다.

"우리가 모든 직원들이 CICARE의 개념을 익히고 체화해야 한다고 생각했던 것은 이것이야말로 지속적으로 최선의 서비스를 제공하기 위한 토대가 된다고 생각했기 때문입니다. 대부분의 의료인들이 그렇듯이 우리 직원들도 자신이 제공하는 서비스가 최고 수준이었으면 하는 막연한 동경을 가지고 있었습니다. 우리는 이러한 동경을 구체적인 서비스 표준으로 만든 것이지요. 이렇게 함으로써 최고경영자부터 말단 직원에 이르기까지 조직 내의 모든 구성원들이 서비스 수준을 올리는 데 책임감을 갖게 된 것입니다."

신입직원이 CICARE 행동지침에 대해 교육을 받고 나면 그가 실제 상황에서 CICARE를 수행할 수 있다는 것을 병원이 인정한다는 수료증을 수여한다. 이처럼 신규직원이 CICARE의 지침에 부합하게 행동할 수 있다는 판단을 내린 뒤에도 해당 부서의 관리자들은 정기적으로 이들의 CICARE 행동을 관찰하고 지도하여 회사가 원하는 수준을 유지하도록 돕는다. 모든 중간관리자들은 새로 부서에 배치된 신입직원이 처음 업무에 배치된 일주일 동안 CICARE에 대해 점검할 의무를 가진다. 그 후에도 중간관리자들은 한 달 간격으로 이들 신입직원들을 점검하게 된다. 이러한 점검 과정을 통해 얻어진 의견들은 즉각적인 피드백 형태로 직원들에게 전달되기도 하고 연중 수시로 실시되는 점검회의에서 토의되기도 한다. 점검회의에서는 입사부터 그 시점까지의 CICARE 점검 결과의 추이가 논의되며 이외에도 환자들로부터 얻어진 해당 직원에 대한 정보 등, 다른 업무 성과 측정 결과도 함께 논의된다. 물론 직원들은 궁금한 점을 항상 질문할 수 있으며 해당 직원이 환자나 다른 직원들에게 서비스 제공 능력을 향상시킬 수 있도록 하는 데 초점을 두고 진행된다.

최고경영진이 중간관리자들에게 정기적으로 부하 직원들의 태도와 행동을 점검하고 부하 직원들과 자주 접촉할 것을 지시한다고 해서 모든 중간관리자들이 그대로 하지는 않는다는 것을 우리 모두는 잘 알고 있다. UCLA에서는 모든 중간관리자들에게 부하 직원들에 대한 점검 횟수를 문서로 작성하여 보고하도록 하고 있으며 이것을 모든 관리자들이 볼 수 있도록 각 부서의 환자만족도 점수와 함께 웹상에 공개하고 있다.

아미르 루빈은 다음과 같이 덧붙인다.

"흥미로우면서도 매우 중요한 점은 대개 부하 직원들을 많이 점검하는 부서일수록 환자만족도가 높았다는 점입니다. 이를 통해서 우리는 중간관리자들로 하여금 자신이 맡고 있는 부서의 서비스 수준을 높이기 위해 더욱 열심히 부하 직원들에 대한 점검과 지도에 나서게 하는 동기를 부여할 수 있었습니다."

산타모니카 UCLA 병원의 행정 부문 책임자인 포시 카펜터도 이러한 의견에 동의한다.

"저는 한 달에 한 개 병동을 정해서 매주 금요일마다 그 병동을 방문했습니다. 다음 달에는 또 다른 병동으로 가고요. 관련 직원들에게 제가 환자들과 만날 것이라고 이야기하고 병실에서 직원들이 환자들을 보살피는 현장에 함께하고 싶으니 저를 반갑게 맞아주면 좋겠다고 말했습니다. 직원들은 나를 볼 때마다 이제 환자에게 투약을 할 것이다, 방을 청소할 것이다 하면서 정말로 반갑게 맞아주었습니다. 저는 물론 이를 통해서 직원들이 CICARE의 지침을 준수하고 있는지 면밀히 관찰하였습니다. 그 후 관찰에서 얻어진 결과를 가지고 해당 직원과 어떤 점이 정말로 훌륭했고 보완이 필요한 부분은 어떤 것이었는지에 대해 개별 면담을 실시하였습니다."

회사의 최고경영자가 직접 현장에 나타나서 직원들과 서비스에 대해 토론을 하면 직원들은 서비스가 회사에서 정말로 중요시되고 있다는 명확한 메시지를 전달받게 된다. 많은 리더들은 이러한 방식을 불편하다고 느낄 수도 있고 직원들이 불편해할 것이라고 생각할 수도 있지만 포시의 생각은 조금 다르다.

"저는 이 과정이 우리 모두에게 정말로 긍정적인 영향을 미쳤다고 생각합니다. 예를 들어서 하루는 어느 부서의 비서가 전화를 응대하고 업무를 처리하는 것을 관찰하고 있었습니다. 그녀는 물론 CICARE 지침을 매우 훌륭하게 이행하고 있었는데 한 가지 점에서 조금 보완이 필요하다는 생각이 들었습니다. 그래서 즉시 그 점을 지적해주었더니 바로 효과가 나타났습니다. 전화 응대가 훨씬 부드러워졌죠. 저와 그녀 모두에게 매우 기분 좋은 날이었습니다."

물론 포시의 전화 응대에 대한 지적은 즉각적인 효과를 가져왔지만 그녀 역시 이러한 지도가 항상 잘 받아들여지는 것은 아니라는 것을 인정한다.

"하루는 병동에서 한 간호사를 관찰하고 있었습니다. 자기가 하는 일에 몰두해있었는데 다른 직원이 뭔가를 물어보는데 쳐다보지도 않더군요. 전화가 울리는 것을 받고는 '여보세요' 한 마디만 하고 아무 소리 없이 전화를 끊어버렸고요. 제가 그녀에게 몇 가지 지적을 하고 행동을 고쳐보려고 했는데 '네가 뭔데 나한테 잔소리야?' 하는 표정으로 저를 바라보더군요. 그녀의 상사에게 어떻게 이런 직원이 우리 UCLA에 근무하고 있느냐고 물었습니다. 그 상사가 말하기를 아주 오래전부터 병원에 근무한 직원인데 CICARE를 따르게 하려고 많은 노력을 했지만 아무런 관심을 보이지 않았다고 했습니다. 며칠 뒤, 그녀가 제 사무실로 찾아왔습니다. '그때 병동에 오셨고 저를 관찰하셨지요? 죄송합니다. 그때보다 더 잘할 수 있습니다. 행동과 태도를 조심하고 주변의 충고도 받아들이겠습니다' 최고경영진부터 적극적으로 서비스를 챙기지 않았다면 우리 병원은 정말로 어떻게 되었을까, 하는 생각을 하였습니다."

많은 회사에서 '서비스 개선 전략'을 시행하지만 최고경영자가 직접 서비스 개선에 참여하는 경우는 매우 드물다. UCLA에서는 CICARE를 중심으로 한 서비스 개선 활동이 최고경영진은 물론 중간관리자, 말단 직원들 모두에게 가장 중요한 대화의 주제가 되었다. 또한 이러한 직원들 간의 대화는 더 확장되어서 서비스 제공의 가장 중요한 이해 당사자인 환자들까지 포함하게 되었다.

> **Check Up**  당신의 기업은?
>
> - 당신은 당신 회사에서 제공하는 서비스에 적합한 인재를 뽑고 있는가? 서비스에 재능을 가진 인력을 뽑을 확률을 높이기 위해서 과학적인 방법의 도움을 받고 있는가?
> - 직원들의 리더십 역량을 기르는 과정이 단순히 직원들의 부족한 부분을 채워주는 데서 나아가 기존 직원들의 재능을 더욱 신장시키는 데 초점을 맞추고 있는가?
> - 직원들이 회사가 원하는 서비스 행동을 수행할 수 있는지에 대해서 검증받고 정기적으로 재점검을 받고 있는가?
> - 고객접점 부서 직원들의 태도에 대해서 관리자들이 어떠한 방식으로 책임을 지고 있는가?
> - 서비스에 대한 지도가 최고위층부터 말단까지 모든 계층에서 시행되고 있는가? 당신이 마지막으로 서비스에 대해 지도하거나 지도를 받은 게 언제인가?

## CICARE 카드

서비스 기업에 대한 평가는 결국 그 서비스를 받는 고객들의 인식에 의해서 이루어지게 된다. UCLA에서도 고객의 소리 Voice of the Customer, VOC를 정기적으로 수집하는데 다른 기업에서 사용하는 방법과 다르지 않지만 UCLA만의 뭔가 특별한 것이 있다. 우선 고객들이 본인이 받은 서비스에 대한 의견을 적을 수 있는 고객의 소리 카드가 병원에서 사람들로 가장 많이 북적대는 곳에 잘 보이도록 비치되어있다. 카드들은 서비스에 대해 묻는 간단한 질문들로 구성되어있는데 이 질문들은 각 부서별 CICARE 행동지침에 따라 만들어져 있다. 예를 들어 중앙 식당의 출구 근처에는 방금 식당에서 받은 서비스에 대해 질문하는 고객의 소리 카드가 비치되어있는 식이다. 오른쪽 페이지에 제시된 고객의 소리 카드는 식당에서의 CICARE 행동지침을 반영하여 작성된 것이다.

식당 직원들은 CICARE라는 관점에서 그들이 행동으로 옮겨야 하는 구체적인 내용에 대해 지속적으로 교육과 지도를 받는다. 고객들은 직원들의 이러한 구체적인 행동들에 대해 평가를 하게 되는 것이다. 고객의 소리 카드는 고객들이 본인이 받은 서비스에 대해 어떻게 생각하고 있는지를 실시간으로 알 수 있는 방법이지만 실제로 이를 활발하게 사용하고 있는 기업은 그리 많지 않으며 이를 사용하더라도 최고경영진이 이를 정기적으로 체크하는 경우는 더 드물다. UCLA에서는 CICARE를 통해서 서비스 수준의 혁신을 이루었을 뿐만 아니라 환자와 그 가족들에게 그들의 의견을 정말로 소중하게 생각하고 있다는 인식을 심어주었다.

보안요원인 버질 존스의 사례는 UCLA가 고객의 소리를 들으려고 얼마나 많은 노력을 하고 있는지를 생생하게 보여준다.

"처음 CICARE 프로그램이 시행되었을 때, 저한테 딱 맞는 프로그램이라고 생각했습니다. 간단히 말하면 환자와 방문객들, 직원들과 의사들을 성의를 다해 보살피자는 거잖아요. 여기 오는 환자들은 최고의 의료 서비스를 원해서 세계 각지에서 오는 사람들이고 제 의무는 그들을 돕는 것입니다. 행정 팀에서 우리 병원을 방문하는 모든 방문객의 의견을 듣고 싶다고 해서 저는 2000장이 넘는 고객의 소리 카드를 고

### UCLA 헬스시스템

저희 식당의 모든 직원들은 고객님의 식당에서의 경험이 최고였기를 바랍니다. 저희들이 어떠한 서비스를 제공하고 있는지를 파악하기 위해 잠시 시간을 내어 아래 질문에 '예' 혹은 '아니요'로 대답해주시기 바랍니다.

감사합니다!

**CICARE**

저희 직원들이:

- Yes ☐ No ☐ 고객님에게 존댓말을 사용하였습니까?
- Yes ☐ No ☐ 주문을 받을 때, 충분한 주의를 기울였습니까?
- Yes ☐ No ☐ 드신 음식이 기대하신 만큼 맛있었습니까?
- Yes ☐ No ☐ 고객님의 요구에 즉시 응대하였습니까?
- Yes ☐ No ☐ 계산원이 영수증을 드렸습니까?
- Yes ☐ No ☐ 계산원이 마지막으로 즐거운 식사를 하셨는지 물었습니까?

날 짜: _____  전화번호: _____
작성자: _____
부 서: _____
비 고: _____

객들에게서 받았습니다. 솔직히 말해서 카드 작성을 도와줄 수 있는 사람이 한 명만 있었어도 4000장은 받을 수 있었을 겁니다."

여러분 회사의 보안요원이 수천 장의 고객의 소리 카드를 들고 당신을 찾아온다면, 여러분 회사는 고객의 생각과 의견을 듣는 것이 매우 중요한 일이라는 것을 직원들에게 아주 명확하게 인식시킨 것이다.

## 고객의 의견을 실행에 옮기다

고객의 의견을 듣는 데 우선순위를 두고 있다는 것을 직원들에게 인식시키기 위해서 말보다는 행동으로 보여주는 것이 효과적이라는 것을 대부분의 리더들은 직관적으로 알고 있지만, 파인버그 박사만큼 이를 몸소 보여주는 이를 찾는 것은 쉽지 않을 것이다. 파인버그 박사의 하루 일과를 따라다녀 보면 고객들의 의견을 청취하는 방법에 대한 집중코스를 이수하는 것 같은 느낌이 들 정도이다. 직원들이건, 환자나 그들의 가족들이건 그는 누군가로부터 끊임없이 의견을 들으려고 한다.

"저는 제가 극단적으로 관계 지향적인 사람이라고 생각합니다. 가능한 사무실에 혼자 앉아있지 않고 병원 곳곳을 돌아다니려고 노력합니다. 관계라는 것은 결국 다른 사람의 이야기를 얼마나 잘 듣느냐에 많은 부분이 좌우되거든요."

환자의 병실을 방문할 때 스스로 CICARE 행동지침에 따라서 행동하고(노크를 하고, 들어가도 되는지 허락을 받고, 자신을 소개하는 등), 병실에서 환자들에게 UCLA에서의 경험에 대해 듣는 것 외에도 파인버그 박사는 병원 직원들의 의견을 청취할 수 있는 방안을 다각도로 마련하여 적극적으로 그들의 의견을 듣는다. 가령 매주 무작위로 선정된 직원들을 식사에 초대해서 그들의 의견을 청취한다.

파인버그 박사는 이렇게 직원들의 의견을 청취하는 일조차도 점진적인 개선이 필요했다고 이야기한다.

"처음에는 직원들을 점심에 초대하는 것이 훌륭한 아이디어라고 생각했습니다. 그런데 어느 날 한 직원이 야간 근무를 하고서 집에도 못가고 저와의 점심 자리에 나왔다는 것을 알게 되었습니다. 야간 근무를 마치고 점심때까지 집에 갔다 올 시간이 마땅치 않아서 병원에서 한두 시간 정도를 자고 저와의 점심 자리에 나온 거였어요. CEO인 저와 점심을 같이할 기회를 놓치고 싶지 않았던 모양입니다. 그 일 이후로 저는 제 시간에 맞추어서 직원들을 초대하지 않고 직원들의 시간에 제 시간을 맞추고 있습니다."

파인버그 박사가 직원들과 식사를 같이하는 것은 그가 UCLA의 전체 7000명 직원들을 다 만나기 위해 기울이는 노력의 일부에 불과하다.

"한 번에 10명 정도를 만납니다. 레스닉 신경정신병원의 원장으로 있었을 때에는 400명이었던 모든 직원들의 이름을 다 기억했는데 여기서는 그게 힘들더군요. 비록 이름을 다 기억하지는 못하지만 직원들과 함께할 때는 정말로 그들 개개인에게 저의 성의를 다해서 집중합니다."

모든 경영자들은 7000명의 직원들을 모두 만나서 그들의 이야기를 경청하려고 하는 파인버그 박사의 원대한 목표에서 많은 것을 얻을 수 있을 것이다. 고객 한 명, 한 명에게 감동을 주고자 한다면 직원 한 명, 한 명에게도 감동을 줄 수 있어야 한다.

UCLA에서는 모든 최고경영진이 정기적으로 환자들을 만나기 위해 병동을 방문한다. 중간관리자나 더 낮은 직위의 관리자들도 예외가 적용되지 않는데, UCLA에는 이렇게 모든 관리자들로 하여금 직접 환자들을 만나 그들의 목소리를 듣게 하는 체계가 갖추어져 있다. 그 한 예로 PCAT 도구를 이용한 환자면담을 들 수 있다. PCAT는 '관리자Peer CICARE 평가Assessment 도구Tool'의 약자인데 이 도구를 이용한 환자면담에 모든 관리자가 참여하도록 되어있다. PCAT 도구는 환자들이 제공받은 서비스가 CICARE 지침이나 UCLA가 추구하는 세계 최고 수준의 서비스에 부합했는지를 물어보는 문항으로 구성되어있다. 또한 환자들이 가지고 있던 다른 중요한 요구에도 부합했는지를 물어보는 문항도 포함되어있다.

UCLA의 간호부원장인 하이디 크룩은 PCAT 환자면담의 긍정적인 측면에 대해 다음과 같이 이야기한다.

"저는 PCAT 환자면담이 정말 독창적인 방식이라고 생각해요. 우리 병원에 가져온 이익은 헤아릴 수 없을 만큼 큽니다. 모든 관리자들은 지정된 외래나 병실을 방문해서 환자들과 만나고 구조화된 질문을 하게 됩니다. 환자들과의 면담이 끝나면 다시 모여서 환자들로부터 얻은 정보에 대해 함께 토론하며 의견을 공유합니다. 이는 관리자들로 하여금 어떤 문제를 자신의 관점에서 단순하게 해석하고 풀어나가던 타성에서 벗어나 고객들의 다양한 관점에서 문제를 다시 바라보게 만듭니다."

나도 PCAT 환자면담에 동참했었는데 이 독특한 경험에 대해 이야기해보겠다. 당신이 병원 급식 부서의 관리자이고 PCAT 환자면담에 참여하고 있다고 가정해보자. 면담을 실시하기 전에 다른 동료 관리자들과 함께 강당에 모여서 면담을 형식적으로 진행하지 말고 환자와 환자 가족들이 진정 마음속에 담고 있는 이야기를 청취할 수 있도록 최선을 다하라는, 처음에는 편안하지 않을 수 있지만 극복해야 한다는 사전 교육을 받는다. 이후 소그룹으로 나뉘어서 정해진 병동으로 간다. 당신은 다른 한 명의 동료와 짝을 이루어서 병동의 책임자와 어떤 환자들이 사전에 면담에 동의하였는지 확인하고 이들의 병실을 차례로 방문하게 된다. 병실에 들어가기 전에 손을 소독하고, 노크를 한 뒤 병실에 들어와도 좋다는 허락을 얻는다. 병실에 들어가면 자신을 소개하고 간단한 인사말로 어색한 분위기를 없앤 뒤, 환자와 환자 가족들과 대화를 하게 된다. 사전질문 목록이 만들어져 있기는 하지만 환자들과의 대화의 핵심은 환자들과 그 가족들이 UCLA에서 경험한 것들에 대한 생생한 이야기를 듣는 데 있다. 대화를 통해서 환자의 전체 진료 과정에서 매우 중요한 이슈로 생각되는 것들이 도출되면 여기에 대해 보다 적극적으로 질문을 한다. 무수히 많은 이슈들이 이야기되는데 여기에는 통증관리가 제대로 되었는지, 간호사들은 요구에 항상 즉각적으로 응대하였는지, 의사들을 만나는 데 어려움은 없었는지 같은 이슈부터 주차요금은 적절하다고 생각하는지와 같은 세부적인 내용들이 포함되기도 한다.

대화 중에 당신과 당신의 파트너는 환자의 요구사항 중 즉각적인 대응이 필요한 이슈가 파악되면 바로 행동에 옮기기도 한다. 예를 들어, 내가 관찰한 한 행정 직원은 아래층에 가서 그녀가 보고 싶어 하던 신문을 사다주기도 했고 다른 이는 책임간호사에게 통증관리에 대한 환자의 요구를 전달해주기도 했다. 면담이 끝나고 나면 환자에게 감사의 마음을 전하고 병실을 나와 다시 손을 소독한다. 그리고 나서 다시 같은 방식으로 다음 병실을 방문하여 또 다른 이야기를 듣게 된다. 정해진 병실 방문이 모두 끝나면 그날 환자면담에 참여했던 모든 관리자들은 다시 강당에 모여 자신들이 들었던 환자와 환자 가족들의 이야기를 서로 공유하면서 이를 바탕으로 서비스 개선을 위해 필요한 조치들을 토론하게 된다. 정리 모임이 끝나갈 때쯤이면 각각의 관리자들이 수집한 환자들의 생생한 사례들을 모든 관리자들이 공유하게 되는 것이다.

PCAT 환자면담 과정은 관리자들로 하여금 사무실에서 나와서 고객들의 소리를 듣게 만들고, 각자가 담당하고 있는 팀 전체의 행동과 태도를 바꾸고, 자신이 담당하지 않는 다른 업무들에 대한 환자들의 생각을 듣게 한다는 측면에서 많은 핵심적인 리더십 교훈을 주고 있다.

동료 관리자들과 함께 환자면담을 실시하는 것 이외에도 UCLA의 각 부서는 부서별로 직원들이 해당 부서의 CICARE 행동지침을 얼마나 준수하고 있는지를 평가하기 위해서 CICARE 환자면담을 실시하고 있다. 직원 한 명과 그 직원의 직속 상사가 짝을 이루어서 병실을 방문하고 해당 직원이 담당하고 있는 환자들로부터 직접 의견을 청취한다. 직속 상사가 보는 앞에서 직접 서비스를 제공하고 이에 대한 환자들의 평가를 그 자리에서 피드백 받는 과정을 통해, 직속 상사는 자기 부서 서비스에 대한 환자들의 만족도에 대한 지속적인 추적이 가능하고 직원들은 환자들로부터 직접적인 피드백을 받는 기회를 가지게 된다.

병원 직원들에 의한 환자면담 외에도 UCLA에서는 자원봉사자들도 독립적으로 환자면담을 실시한다. 학부생들로 구성된 자원봉사자들은 이 면담을 통해서 환자들에게 수련의들이 CICARE 지침에 따라 업무를 수행하는지를 확인한다.

자원봉사 학생 중 한 명인 티모시 벤은 이 과정을 이렇게 설명한다. "병실 앞에서 노크를 하고, 우리를 소개한 뒤, 우리가 수련의들의 업무에 대해 간단한 설문을 하려고 하니 5분 정도 시간을 내주실 수 있냐고 물어봅니다. 물론 설문은 선택사항이고 비밀이 보장되며 답변 내용은 수련의들이 보다 나은 업무를 수행하게 하는 데 도움이 된다고 설명합니다. 일단 환자가 동의하면 담당하고 있는 수련의의 이름을 알고 있냐고 물어봅니다. 만일 이름을 기억하지 못하면 사진이 있는 수련의 명단을 주고 거기서 찾을 수 있냐고 물어봅니다. 그리고 나서 해당 수련의가 CICARE의 행동지침을 얼마나 잘 따르고 있는지 질문합니다."

"자신을 담당하고 있는 수련의에 대해서 물으면, 환자들은 대부분 정말로 예의 바르고 훌륭하다고 이야기합니다. 진심으로 그들이 받는 진료에 대해 만족하는 것 같았습니다. 간혹 불만이 있는 경우도 있는데, 그 내용은 바로 수련의에게 전달되어 의사소통 방식이나 진료 태도를 향상시키는 데 활용됩니다."

티모시는 거의 대부분의 환자들이 이렇게 말할 수 있는 기회를 매우 좋아했으며 이것이야말로 모두에게 이득이 되는 일이라고 말하였다. "환자에게도 이익이고, 수련의에게도 이익이고, 인터뷰를 한 저조차도 많은 것을 배울 수 있었습니다. 저는 장래에 의사가 되고 싶은데 이러한 인터뷰를 통해서 의료라는 것이 단순히 지식이나 기술만을 가지고 되는 것은 아니라는 사실을 깨닫게 되었습니다. 제 경험에 의하면 훌륭한 의료의 기본은 기본적인 의사소통 기술이었는데 지속적으로 관심을 기울이지 않는다면 이러한 사실을 간과하기 쉽습니다."

산타모니카 UCLA 병원의 행정 부문 책임자인 포시 카펜터도 여기에 동의한다.

"산타모니카 병원의 환자만족도를 향상시키기 위해서 노력하던 중, 환자만족도가 더 이상 상승하지 않고 정체되어 고민을 많이 하던 시기가 있었습니다. 원장이셨던 파인버그 박사와 이 문제에 대해 이야기하는데 원장님께서는 CICARE 프로그램을 더욱 강화해야 한다고 말씀하셨습니다. 그래서 저는 CICARE 프로그램을 다시 한 번 면밀히 검토하면서 어떤 부분을 더욱 강화해야 할지에 대해 고민했습니다. 그 결과 CICARE 환자면담 횟수를 더 늘렸고 모든 관리자들에게 PCAT 환자면담에 더욱 많은 시간을 할애하도록 주문하였습니다. 그리고 실제 이행 여부를 보다 많은 관심을 가지고 추적하였습니다. 더욱 중요한 것은 이 과정을 통해 얻어진 많은 환자들의 의견을 토대로 진료 과정을 개선하고, 시설을 재배치하고, '초응급 환자 전용라인'과 같은 이전에 없던 새로운 서비스를 개발하였다는 것입니다. 이러한 변화에 힘입어서 10% 수준이던 환자만족도가 99% 수준으로 올라가게 된 것입니다."

### Check Up 당신의 기업은?

- 고객들의 소리를 반영하는 실시간 정보를 어떠한 방식으로 수집하고 있는가? 고객들에게 질문하는 사항들이 직원들에게 기대하는 서비스 방식과 수준을 반영하고 있는가?
- 관리자들과 말단 직원들이 고객의 목소리를 직접 들을 수 있는 체계를 갖추고 있는가?
- 직원들이 고객들로부터 피드백을 받을 수 있도록 PCAT 개념을

당신의 조직에 맞게 수정해서 적용할 수 있는가?
  – 고객의 요구사항을 즉시 반영하여 고객만족도 향상을 위한 시스템 개선에 활용할 수 있는가?
  – 고객의 소리를 토대로 프로세스 개선이나 서비스 재디자인이 이루어진 것이 있는가?

## 형식적인 프로그램을 넘어서

UCLA의 CICARE 프로그램에 대해 처음 들었을 때, 나는 내가 병원의 조직개발 전문가로 활동하던 1980년대를 생각했다. 당시 병원계에는 제공하는 서비스를 정형화해서 이를 문서화하는 것이 유행이었는데 CICARE도 이러한 것의 일종일 것이라고 생각했다. 하지만 UCLA에서 시행되는 CICARE는 수십 년 전에 실패한 그 방식과는 근본적으로 다른 접근방식이었다. UCLA는 직원들에게 기대하는 행동양식을 문서화하였을 뿐만 아니라 재능 있는 직원을 선발하고, 직원 교육에 사용할 자료를 직원들의 직접적인 참여를 통해 개발하고, CICARE 행동지침에 대해서 매일 토론하고, 관리자든 말단 직원이든 모두 환자면담에 참여하여 환자들의 의견을 청취하고, 최고경영진이 지속적으로 환자면담에 관심을 기울이고, 이렇게 얻어진 환자들의 의견에 기초한 서비스 질 향상 활동을 추진하는 등, 상상할 수 없을 정도로 많은 새로운 요소들을 여기에 추가하였다. 뿐만 아니라 환자면담을 조직 전체의 만족도 향상이라는 일관된 목표와 효과적으로 연결시킴으로써 병원 전체의 성과도 향상시킬 수 있었다.

물론 CICARE가 기계적인 과정으로 전락할 가능성도 배제할 수 없다. 모든 직원들이 정해진 행동양식을 기계적으로 따르지만 그들의 행동에 열정과 인간애가 결여되어있을 수 있다. 3장에서는 UCLA의 최고경영진이 CICARE가 인간애가 결여된 형식적인 과정으로 전락하지 않고 환자들에게 최고의 경험을 제공하는 시발점이 될 수 있도록 만든 과정에 대해서 기술할 것이다. 이를 위해서 병원 깊숙이 들어가, 이 변혁과 열정의 과정에 함께했던 수많은 UCLA 직원들의 고군분투를 살펴볼 것이다.

### 실천을 위한 요약

- 서비스 문화의 변혁을 위해서는 조직의 리더가 핵심적인 역할을 해야만 한다는 사실을 인식하라.
- 비전선언문에 서비스 우선주의에 대한 내용이 포함되어있는지, 보강할 점은 없는지 검토하라.
- 조직의 모든 구성원들이 따랐으면 하는 핵심 서비스 표준을 정의하라.
- 핵심 서비스 표준을 직원들에게 전달할 수 있는 문서를 작성하라.
- 재능 있는 직원들을 선발할 수 있도록 과학적인 도구를 활용하라.
- 직원들의 재능을 개발하는 과정에 관리자들이 적극적으로 참여하도록 하라.
- 사무실에 앉아있기보다는 현장에 나와 고객들의 목소리를 들어라.
- 관리자들이 현장에서 직원들의 서비스를 관찰하고 고객들의 의견을 청취할 수 있는 체계를 마련하라.
- 사전에 정의된 목표와 기대수준에 맞추어서 서비스 성과를 측정하라.
- 가능한 많은 직원들과 식사를 같이하라.
- 직원들이 고객의 문제를 즉시 해결하고 지속적으로 불만족이 발생하는 프로세스를 개선할 기회를 가질 수 있도록 권한을 위임하라.

CHAPTER 3
# 서비스 수준에 만족이란 없다

캔디 골드브론은 UCLA의 여러 과에서 진료를 받았는데 UCLA에서 진료를 받은 다른 사람들이 그랬던 것처럼 그녀 역시 한 차원 높은 서비스를 느낄 수 있었다고 말한다. "UCLA에서 라식 수술도 받았고 등근육의 통증으로 응급실 치료도 받았어요. 직원들은 항상 웃으며 맞아주었고 의료진은 자신을 먼저 소개한 후 시행하려는 검사에 대해 설명해주었어요. 언제나 제 말을 귀담아 들어주었고, 질문에 친절하게 답해주었지요. 모든 과정에서 앞으로 어떤 일이 진행될지를 미리 알려주었습니다. 이런 느낌을 주는 병원은 처음이었어요. UCLA는 마치 좋은 호텔이나 레스토랑에서 진료를 받는 것 같은 느낌이었습니다. 이런 종류의 서비스는 다른 어떤 곳에서도 받아본 적이 없습니다."

2장에서 소개한 CICARE 프로그램은 원래 항상 일관된 서비스를 제공하기 위해 시작된 것이었지만 서비스 수준을 고객의 경험을 중시하는 단계로 업그레이드시키고자 하는 더 큰 전략의 일환이기도 했다. 일관성은 진료를 예측 가능하게 하고 궁극적으로는 고객의 만족을 높이게 된다. UCLA의 경영진은 단순히 환자들의 만족도를 향상시키려고 한 것이 아니라 환자들과 UCLA 사이에 어떤 감정적 연결고리를 만들고자 한 것이다.

고객과의 관계에서 감정적인 연결고리가 생기게 되면, 고객들은 자신의 가족이나 친구에게 소개를 하고 본인 스스로도 오랜 기간 동안 고객으로 남는다. 환자들과의 관계를 중시한 UCLA의 노력은 UCLA로 하여금 의료계에서 훌륭한 서비스를 제공하는 기관이라는 수준을 뛰어넘는 목표를 설정할 수 있도록 해주었다. UCLA의 경영진이 원했던 것은 최고의 서비스를 제공하는 병원이라는 수준을 넘어 캔디 골드브론과 같은 환자들이 UCLA에서 받은 서비스를 최고급 호텔의 서비스와 비교할 정도로 환자들에게 기억에 남는 경험을 만들어주려는 것이었다.

이번 장에서는 UCLA의 경영진이 어떻게 직원들에게 환자들과 깊은 감정적인 연결고리를 만들도록 독려했는지를 살펴보고자 한다. 또한 진정한 관계에 대한 UCLA 직원들의 생각도 들어볼 것이다.

## 관계에 초점을 맞춰라

셀프주유소에서 기름을 넣는다든지, 인터넷에서 물건을 구매하는 것처럼 일부 상거래에서는 사람 간의 만남이 없을 수도 있다. 반면에 의료와 같은 하이터치high-touch 산업에서는 사람과 사람의 만남이 매우 중요하며 직원들이 고객들과 신뢰 관계를 형성할 수 있는 능력을 가지고 있느냐가 성공을 좌우한다. 상품 판매를 주로 하는 기업일지라도 고객과의 관계를 공고히 쌓는 것이 브랜드를 차별화하고 긍정적인 사업 결과를 가져오는 데 도움을 준다. 스타벅스와 리츠칼튼 호텔의 경영진들 역시 그들의 회사를 고객들에게 사랑받는 브랜드로 키워나가는 과정에서 직원들에게 고객과의 관계 형성을 지속적으로 강조하였다. 고객들의 사랑을 측정하기 위해서 리츠칼튼 호텔은 갤럽이 개발한 CE11이라는 도구를 활용하고 있는데, 이 도구는 고객들에게 해당 브랜드가 본인에게 완벽한 정도나 고객이 해당 브랜드를 자랑스럽게 생각하는 지지자인지 등을 묻는다. '저희가 제공한 서비스에 만족하십니까?' 같은 질문보다 훨씬 더 고객의 내부 깊숙이 들어가서 해당 고객이 당신의 회사에 얼마나 열정적인지를 측정한다.

고객으로 하여금 다른 사람들에게 당신의 회사를 추천하게 하고 궁극적으로는 당신의 영업사원의 일원이 되도록 하기 위해서는 당신과 그 고객 사이에 다음에서 레이첼 볼머가 이야기하는 수준 정도의 관계가 형성되어야 한다.

레이첼의 아들 아이덴은 UCLA에서 중요한 수술을 받았는데, 그녀의 이야기에는 CE11과 같은 도구로 측정하고자 하는 핵심적인 내용이 그대로 담겨있다.

"사실 병원에 온다는 것이 즐거운 일은 아니잖아요. 그런데 이상하게 들릴 수도 있겠지만 저는 퇴원 후 UCLA에 다시 가는 날을 손꼽아 기다렸어요. 직원들이 너무너무 보고 싶었어요. 이제 UCLA가 없는 세상은 상상할 수 없어요."

모든 리더들은 자기 직원들이 고객들과 좋은 관계를 형성해서 고객들이 레이첼처럼 끔찍하게 아끼는 마음으로 자기 회사를 생각해주기를 원하지만, 많은 리더들은 높은 수준으로 고객들의 감정적 이입을 이끌어낼 수 있는 관계가 어떠한 것인지를 직원들에게 명확히 알려주는 데 실패한다. 사실 일부 리더들은 고객 경험이나 고객 관계에 대한 직원들과의 깊은 대화는 고사하고 CICARE와 같은 행동지침이 제대로 시행되고 있는지조차 확인하지 않는다.

UCLA의 경영진은 고객과의 건강한 관계 형성을 직원들이 알아서 하도록 내버려두지 않았다. 경영진은 고객들과 건강한 관계를 형성하기 위해 필요한 사항들에 대해 지속적으로 직원들과 깊이 있는 대화를 나누는 한편 여기에 대한 직원들의 토론을 독려한다. 예를 들면 UCLA 간호부는 크리에이티브 헬스케어 매니지먼트사에 의해 발전된 '관계에 기반을 둔 진료relationship-based care' 모형을 채택하여 적용하고 있다. 이 모형은 유명한 간호학자인 진 왓슨 교수가 1970년대 말에 진료를 제공자와 수용자 양측의 시각에서 바라보고자 했던 연구들을 시작하면서부터 발전된 이론에 기초하고 있다.

이 모형에 바탕을 두고 UCLA는 직원들에게 자기관리, 동료들 간의 지지, 환자들에 대한 서비스의 중요성에 대해 교육하고 이를 주제로 한 대화에 지속적으로 노출되도록 하고 있다. 이러한 토론과 자기계발 프로그램, 능력개발 도구 등을 통해서 UCLA의 간호사들은 스스로 치유 환경을 조성하고, 팀으로서 서로에게 도움을 주고, 실제 서비스 리더십을 수행해볼 수 있는 기회를 갖게 된다. 이와 같은 '관계 기반 진료' 모형을 통해 UCLA 간호부는 단순히 환자에게 진료를 제공하는 차원을 넘어서 직원들 각자와 팀에게, 그리고 환자 모두에게 도움이 되는 진료를 제공할 수 있는 바탕을 모색하고 있다. 또한 경영진은 환자들이 평안함을 느끼게 할 수 있는 여러 가지 차별화된 서비스를 제공하도록 돕고 있기도 하다.

이 장은 UCLA의 경영진이 직원들로 하여금 직원들 상호 간이나 환자들에게 헌신하고 이를 바탕으로 건강한 관계를 형성할 수 있는 다양한 방법들을 이해시키기 위해서 오랜 시간 동안 수정 보완해온 모형에 따라 구성되었다. 워싱턴 대학교 간호학과의 크리스텐 스완슨 교수에 의해 처음 고안된 이 모형은 아래와 같은 다섯 가지 핵심적인 프로세스를 담고 있다.

- 믿음의 유지 Maintaining belief : 환자를 믿고 존중함.
- 이해하기 Knowing : 환자에 대해서 완벽하게 파악하여 진료를 그에게 맞춤.
- 함께하기 Being with : 여유를 가지고 함께함.
- 무엇인가 해주기 Doing for : 위로하고 보호하며 기대를 가짐.
- 권능감 부여하기 Enabling : 알려주고 설명하며 지지하고 대안을 제시해줌.

UCLA의 경영진은 직원들이 건강한 관계를 만들어갈 수 있는 다양한 방법을 이해하도록 도움으로써 직원들이 기존에 해왔던 관습적인 방식에서 탈피해서 보다 적극적으로 환자 개개인의 요구에 맞춘 관계를 형성하도록 독려하고 있다. 예를 들면 어떤 권위적인 직원이 기존에는 주로 환자를 '보호 doing for'하는 방식에 기반을 두고 환자와의 관계 형성을 해왔다면, 그 환자가 '지지 enabling'를 받았을 때 더 좋은 결과를 나타낼 수 있다는 사실을 일깨워주는 것이다. 이 장에서 제시될 많은 사례들은 이와 같이 위에서 제시된 다섯 가지 프로세스에 바탕을 두고 있다.

이 장을 읽어나가다 보면 여러분은 자신의 서비스를 거래에 기반을 둔 것이 아니라 관계에 기반을 둔 것으로 진화시키기 위해 어떤 노력을 했는지, 별도의 모형을 만든 적은 있는지에 대해 생각하게 될 것이다. 그리고 그동안 직원들 스스로와 팀, 그리고 고객의 안녕을 지향하는 서비스가 되도록 직원들을 효과적으로 독려하였는지도 생각하게 될 것이다. 그 외에도 직원들의 서비스 행동을 향상시킬 수 있는 방법에 대한 통찰도 제공해줄 것이다. 경영진은 직원들에게 보다 다양한 서비스 도구들을 제공해줌으로써 모든 직원들이 상호 간에 그리고 고객들과 충성도 높은 건강한 관계를 형성할 수 있는 가시적인 전략을 마련해준다.

### Check Up | 당신의 기업은?

- '서비스'와 '경험'을 구분해본 적이 있는가?
- 보다 많은 소개와 보다 많은 고객을 불러오는 관계를 형성하기 위해서 직원들에게 필요한 요소는 무엇인가?
- 얼마나 많은 고객들이 당신 회사의 서비스를 경험하고 '이제 당신네 회사가 없는 세상은 상상할 수 없어요'라고 말할 정도로 자랑스러워하는가? 얼마나 많은 고객들이 당신 회사의 서비스 수준을 당신 회사가 속한 산업에서 최고라고 생각하는가? 이 비율을 올리기 위해서는 어떤 변화가 필요한가?

- 관계에 기반을 둔 건설적인 서비스에 대한 토론을 위해 어떤 모형이나 접근방식을 이용하는가?

## 믿음 유지하기

대부분의 경영자들은 서비스를 일종의 거래 행위라고 생각하지만 UCLA의 경영진은 서비스의 근본은 환자를 믿고 존중하며 희망이 유지될 수 있는 환경을 만들어나가는 데 있다는 것을 직원들이 인식하도록 지속적으로 노력해왔다. 이 '믿음의 유지 maintaining belief' 과정은 개인의 가치를 존중하고 희망과 긍정의 중요성을 강조한다.

UCLA 헬스시스템의 운영 부문 부책임자인 폴 왓킨스는 이에 대해 다음과 같이 이야기한다.

"제가 데리고 있는 직원들 중에는 직접적으로 환자 진료에 참여하지 않는 직원들이 많습니다. 하지만 환자들을 직접 만나든 만나지 않든 간에 직원들 각자가 자신이 동료와 환자, 그리고 스스로에게 도움이 되는 진료 환경을 만드는 데 중요한 역할을 맡고 있다는 사실을 인식하는 것은 아주 중요합니다. 병원 앞의 차량 출입구나 병원 식당에서 직원들이 환자들과 마주칠 때 하는 행동 하나하나가 환자들의 치료에 중요한 가치를 부여합니다. 사생활 보호나 인간으로서의 존엄성 같은 가치가 지켜지기 어려울 수도 있는 병원이라는 환경에서, 식당에서 일하는 한 명의 직원이 환자들이 보다 평안함을 느끼게 하는 데 일조할 수도 있고 오히려 불안감을 느끼게 할 수도 있습니다. 환자들로 하여금 자신의 존엄성이 존중되고 있다는 느낌을 가지도록 하려면 직원들이 어떻게 행동해야 하는지를 직원들에게 이해시키는 것이 제가 해야 하는 역할입니다. 아마 차량 출입구 같은 곳에서 일하는 직원이 보여준 정중함이나 유쾌함에 대해서 환자들로부터 제가 얼마나 자주 편지를 받는지를 아시면 놀라실 겁니다."

CEO인 파인버그 박사는 다음과 같이 이야기한다.

"환자의 병실에 들어가기 전에 노크하기, 자신을 먼저 소개하기, 환자의 신체를 검사하기 전에 허락을 구하기 등과 같이 CICARE에 포함되어있는 것들 중 일부는, 서비스가 반드시 개인의 존엄성을 존중하는 환경에서부터 시작되어야 한다는 근본적인 이해에 바탕을 두고 있습니다. 아무리 선한 의도를 가지고 있는 사람이라도 바쁘다보면 이러한 기본적인 예의를 잊어버리는 경우가 많기 때문에 CICARE 같은 형식이 중요한 것입니다. 물론 CICARE 자체가 목적이 될 수는 없습니다. 당신이 다른 이들에 대해 얼마나 많은 가치를 부여하고 있는지 보여주려는 의식적인 노력을 통해서 서비스의 수준을 향상시켜야 합니다. 저희가 정형화된 모형을 만들어서 환자들과 우리 모두의 존엄성을 다시금 확인하게 하고 직원들 서로 간에 그리고 환자들에게 항상 같은 행동을 하도록 하는 것도 그러한 이유 때문입니다."

동료들의 존엄과 가치를 존중하는 정신을 고양하기 위해서 간호부의 책임자들은 크리에이티브 헬스케어 매니지먼트사에서 개발한 '동료들에 대한 헌신commitment to my coworkers' 카드를 도입하였다. 주머니에 들어갈 만한 크기로 만들어져서 모든 직원들에게 배포된 이 카드에는 다음의 예와 같이 동료들의 가치를 확인시켜주는 많은 서약들이 포함되어있다.

나는 여러분의 동료로서 그리고 최고의 환자 진료를 제공하고자 하는 우리 기관의 목표에 부응하기 위해서 다음과 같이 서약합니다.

- 나는 당신과 우리 팀의 모든 구성원들과 건강한 관계를 만들고 유지하기 위해 필요한 나의 역할을 다할 것입니다.
- 나는 당신을 지금 당신의 모습 그대로 받아들일 것이며, 과거의 문제들은 잊어버릴 것입니다. 당신에게도 같은 행동을 부탁합니다.
- 나는 우리 누구도 완벽하지 않으며 실수는 언제나 일어날 수 있다는 것을, 그렇기 때문에 이를 부끄러워하거나 죄책감을 느낄 것이 아니며 용서하고 성장의 발판으로 삼아야 한다는 것을 기억할 것입니다.
- 나는 다른 사람들과의 관계에 있어서 말다툼, 험담, 비난을 하지 않을 것이며 돌봄, 헌신, 협조를 생활화할 것입니다. 당신에게도 같은 행동을 부탁합니다.

UCLA 간호 부문 책임자인 캐시 로저스 워드 박사는 여기에 대해서 다음과 같이 이야기한다.

"일단 최고의 재능을 가진 사람을 채용하고 나면, 상사들과 동료들은 이들이 환자들에게 최고의 진료를 제공할 수 있도록 도와줘야 합니다. 동료들은 서로 존중하는 분위기를 만드는 데 최선을 다해야 하고 경영진은 이들 직원들의 행복을 위해 할 수 있는 것들을 다해야 합니다."

이와 같이 인간의 존엄과 희망, 긍정에 초점을 맞추는 것은 환자에 대해서든, 팀에 대해서든, 혹은 직원들 개인의 행복에 대해서든 병원에서 이루어지는 돌봄의 모든 측면에 적용될 수 있다. 이를 위해서 워드 박사 같은 리더들은 간호사들이 스스로를 돌볼 수 있도록 하는 데 많은 노력을 기울여왔다.

"일반 사람들은 간호사들이 매일 직면하는 일들이 얼마나 힘든지 가늠하기 힘들 겁니다. 가령 소아 중환자실 간호사의 예를 들면, 그들은 자신이 보살피는 아이들이 죽어갈 때의 슬픔과 회복되는 아이들로부터 얻는 기쁨이 항상 공존하는 환경에서 일을 하고 있습니다. 우리는 오랜 기간에 걸쳐서 간호사들의 자기 돌봄에 대한 지원이 필요하다는 것을 인식하게 되었습니다. 간호학 문헌들을 보면 간호사들이 극도의 신체적 정신적 피로에 의해 소진되는 것을 방지하는 것이 얼마나 중요한지에 대해 강조하고 있습니다. 간호부의 책임자로서 우리는 우리 간호사들의 자기 돌봄을 혁신하기 위해 지속적으로 노력해왔습니다. 우선 매년 부서별로 재충전을 위한 단체 야유회를 떠나는 것부터 시작하였습니다. 하지만 일부 인원들에게는 이와 같은 하루 정도의 연례 야유회를 가지고는 그들의 소진된 열정을 되살리기에 부족하였습니다. 그래서 우리는 산에서 진행하는 3일짜리 프로그램도 만들었습니다. 이러한 프로그램들은 우리 간호사들이 자신과 간호직에 대한 믿음을 유지하도록 하는 데 많은 도움을 주었습니다. 이들 프로그램을 통해서 간호사들은 재충전의 시간을 얻었을 뿐만 아니라 간호직에 들어서고자 했던 자신들의 선택을 다시금 돌아볼 수 있는 기회를 가지게 되었습니다."

급박하게 돌아가는 진료 현장과 이에 수반되는 많은 서류작업, 환자들의 울음소리와 하루가 다르게 발전하는 의료기술 등을 생각한다면,

의료인들은 자신이 돌보는 환자들과의 관계를 생각하기보다는 당장 눈앞에 닥친 업무를 해결하는 데 급급하게 될 위험에 항상 처해있다. 이러한 상황을 맞지 않기 위해서 리더들은 직원들이 희망의 감정을 다시 불러일으킬 수 있도록 기회를 제공하고 조언을 해주어야 한다.
워드 박사는 이에 대해서 다음과 같이 이야기한다.
"간호사들이 자신들을 간호사의 길로 들어서게 했던 동기들을 다시 생각하게 되면서 환자들과의 관계나 보살핌, 협력에 있어서 모두 더 잘할 수 있게 됩니다. 우리는 '간호사라면 누구나, 언제나Every nurse, Every time!'라는 구호를 강조합니다. 본질적으로 우리는 사람들이 자신의 존엄성이나 가치를 상실한 상황일지라도 그들을 신뢰하고 이들에게 보살핌을 제공하는 비즈니스에 종사하고 있는 것입니다. 우리는 언제나 희망을 잃지 않고 인간의 존엄성을 존중해야만 합니다. '간호사라면 누구나, 언제나' 라는 구호는 환자에게 최고의 경험을 제공하고자 하는 우리의 목표를 달성하기 위해 우리 스스로가 외우는 중요한 주문입니다."
워드 박사는 직원들이 자기 스스로와 동료들 그리고 고객들을 잘 돌보도록 하기 위해서 리더가 해야 하는 중요한 역할에 대해 말하고 있는 것이다. 또한 그녀는 직원들에게 아주 높은 기대치('믿음을 유지' 하는 것과 같은 관계 기반 서비스 요소를 100% 실행에 옮기기)를 설정하는 것도 리더들이 직원들에게 같은 방식으로 충분한 돌봄을 제공한다면 직원들이 충분히 받아들일 수 있다는 것을 보여주고 있다.
UCLA의 입원환자 재활 팀에서 일하고 있는 신디 재거는 환자들에 대한 믿음을 지속적으로 유지하는 것이 관계를 형성하는 데 아주 중요하다는 것을 잘 이해하고 있다.

"우리가 치료하는 환자들 중 많은 이들은 삶의 희망을 포기하거나 예후가 안 좋은 환자들입니다. 물리치료사로서 우리는 이들 환자들에게 매일 지금보다 조금만 더 앞으로 나아가자고 용기를 북돋우는데 이렇게 하루하루 조금씩 앞으로 나아가다 보면 불가능할 것이라고 생각했던 회복 목표에 환자들 스스로 도달해있곤 합니다."

환자들이 희망을 유지할 수 있도록 서비스를 제공한다는 것이 환자들로 하여금 비현실적인 기대를 하게 하거나 지나친 낙관을 하게 만든다는 것을 의미하지는 않는다. 임상심리사인 사라 드바니는 이에 대해서 다음과 같이 이야기한다.

"저는 병원에 입원하고 있는 아이들이 사망하였을 때 가족들에게 심리적 지지를 제공하는 프로그램을 맡고 있습니다. 긍정적인 믿음을 유지하는 것만으로 심리적 충격에서 벗어날 수 없는 것은 사실입니다만 이러한 긍정적인 믿음을 유지함으로써 우리는 보다 평안한 마음으로 죽음의 문제에 다가갈 수 있습니다. 많은 경우 저는 가족 구성원들이 각자가 가진 서로 다른 종류의 낙관주의(마음의 평화를 찾고 현재 진행되고 있는 과정의 의미를 찾고자 하는 긍정적인 사고)를 유지할 수 있도록 돕는 역할을 합니다. 환자가 곧 사망에 이를 것이라는 사실을 알게 되면 저와 저의 동료는 모든 가족들과 함께 그 상황에 대처합니다. 가족 각자가 가진 슬픔과 상실감을 서로 이야기하게 하고 자신의 감정을 표현할 수 있는 기회를 제공합니다. 경우에 따라서는 옷과 담요 같은 것들을 준비해서 부모들이 죽은 아이를 안을 수 있게 하기도 합니다. 아이들과 부모들이 인간으로서의 존엄성을 유지한 상태로 서로에게 작별을 고할 수 있도록 돕는 것입니다. 제가 하는 일 중에서 가장 중요한 것은 이들에게 위안과 존엄, 희망을 주는 것이라고 생각합니다."

관계에 기초한 돌봄은 대개의 경우 다른 사람의 가치와 존엄에 대한 믿음에서 출발한다. 이는 또한 바라는 결과가 얻어지지 않은 상황이라 하더라도 희망과 긍정의 정신을 통해서 파급될 수도 있다. 사실 고객들을 존중하고 희망의 메시지를 전하는 것은 조금만 노력하면 누구나 할 수 있는 서비스이기 때문에, 경영진은 직원들이 고객에 대한 긍정적인 배려를 유지하는 것만으로도 고객과 의미 있는 관계를 형성할 수 있는 기회를 발견할 수 있다는 사실을 인식하도록 해야 한다. 모든 서비스 관계의 밑바탕에는 '당신이 중요하기 때문에 제가 여기에 있습니다. 무엇을 도와드릴까요?' 라는 의미가 담겨있다. 관계에 기초한 돌봄의 강력한 근간에 대해 이야기하는 것은 리더의 몫이다.

## 환자 이해하기

감정적인 애착을 갖게 되는 관계를 만들기 위해서 서비스 제공자는 고객들의 원츠wants와 니즈needs 그리고 욕구desire를 이해해야만 한다. 크라이슬러 자동차의 전 CEO였던 리 아이오코카는 다음과 같이 말한 적이 있다.

"사람들에게 경청하는 방법을 가르치는 기관이 있었으면 좋겠다는 생각을 많이 합니다. 기업에서 일하는 사람들은 사람들의 이야기를 잘 들어야만 합니다. … 너무 많은 사람들이 진정한 의사소통은 양방향이라는 사실을 망각하고 있습니다."

서비스를 제공하는 과정에서 다른 사람의 말을 듣는 것은 고객이 가지고 있는 니즈를 충족시켜주기 위한 듣기와 감정적인 애착을 만들기 위한 듣기의 두 가지 차원이 있다. 고객이 가지고 있는 니즈를 충족시켜 주기 위해서 듣는다는 것은 내가 베개를 원한다고 이야기하고 당신이 그 이야기를 듣고 베개를 나한테 주는 것과 같이 당신이 거래에 기반을 둔 서비스를 제공하는 것을 의미한다. 이보다 깊은 관계를 만들기 위해서는 고객이 말하지 않은 니즈까지 충족시켜줄 수 있는 기회를 찾기 위해서 고객의 말을 더욱 면밀히 듣고 이를 토대로 고객에게 잊을 수 없는 경험을 하게 만들어야 한다. 고객에게 잊을 수 없는 경험을 제공하는 전문가들은 지나치다 싶을 정도로 고객에게 관심을 기울이고 아주 세밀한 부분까지 그들을 이해하려고 노력한다. 직원들이 고객들에게 세심한 주의를 기울이는 것과 마찬가지로 훌륭한 리더들은 자신의 직원들에게 세심한 주의를 기울인다. 관리자에게 직원들에 대해서 얼마나 아는지 몇 가지 단순한 질문을 던져보면, 직원들이 고객과의 관계에 얼마나 신경을 쓰고 있는지 대략적으로 알 수 있다. 직속 부하가 몇 명의 자녀를 두고 있는지? 그 사람에게 동기를 부여하는 것이 어떤 것들인지? 영업책임자가 정말로 원하는 것은 무엇인지? 직원들이 가지고 있는 가치관과 동기부여 요인들을 이해하기 위해 지속적으로 세밀한 관심을 기울이는 관리자는 대개 그 부하 직원들도 같은 방식으로 고객들에게 진정한 관심을 기울이는 경우가 많기 때문이다. 산타모니카 메디컬센터 응급실 책임자인 엘리자베스 조지는 그녀 부서의 직원들이나 환자들이 말로 표현하거나 표현하지 않는 니즈를 파악하기 위해서 경청하는 것이 얼마나 중요한지를 자신의 경험을 통해 보여준다.

"우리 부서에는 자신의 업무에 만족하지 못하는 직원들이 있었고 이들이 사직을 하기도 했습니다. 제가 부서의 책임을 맡은 이후, 부서 내에서 공식적, 비공식적으로 직원들과 환자들의 의견을 듣는 기회를 늘렸습니다. 처음에는 환자들의 만족도가 하위 15%라는 사실에 놀라기도 했지만 책임자들이 더 많은 이야기를 들을수록 서비스를 개선할 수 있는 여지도 늘어났습니다. 직원들도 보다 적극적으로 참여하게 되었고 환자들과의 관계도 개선되었습니다. 직원들이나 환자들이 가진 니즈에 적극적으로 대응할 수 있도록 프로세스도 혁신하였습니다. 예를 들면 '패스트 트랙fast track' 보증 제도를 만들었는데 패스트 트랙의 조건에 부합하는 환자에 대해서는 90분 이내에 응급실에서 필요한 모든 조치를 마치고 집으로 돌아갈 수 있게 보증하는 것입니다. 환자들이 가진 니즈에 귀를 기울이게 되면서 환자만족도 점수도 하위 15% 수준에서 급속도로 상승해서 지금은 상위 1% 수준에 이르게 되었습니다. 저에게 '경청'은 서비스 그 자체라고 생각됩니다. 또한 어떠한 비즈니스도 변화시킬 수 있는 행동의 토대라고 생각합니다."

신생아 중환자실의 책임자인 보니 쉠 박사는 불과 수년 전만 해도 환자들이 가지고 있는 니즈를 파악하려는 시도가 전혀 없었던 분야에까지 환자들의 목소리를 들으려는 노력이 진행되고 있다고 말한다.

"우리 부서에는 신생아 개인의 발달 상태를 평가하여 이들이 가진 니즈를 파악하는 관계 기반 프로그램을 이수한 간호사들이 있습니다. 이들 간호사들은 우리가 미숙아 개인이 가진 각자의 니즈에 맞추어 이들을 보살피는 데 아주 중요한 역할을 하고 있습니다. 이들 연약한 아이들을 기존의 간호사들이 하는 방식대로 보살피는 대신, 미숙아들이 보내는 아주 미세한 신호들을 통해서 이들이 가진 니즈를 파악하고 여기에 맞추어 보살핌을 제공하는 것입니다. 행동발달을 위해서 시행되는 운동의 속도나 자극의 정도가 이들 개개인에 대한 평가에 기초해서 조절됩니다. 전문 간호사들은 아기가 보내는 미세한 몸짓을 통해서 심지어는 기저귀를 가는 빈도까지 조절하고 있습니다. 일부 사람들에게는 이러한 것이 새로운 것일 수도 있지만 환자의 발달 상황에 따라 맞춤 진료를 제공하고 위험에 처한 환자가 보내는 단서들을 읽어내는 능력을 갖추는 것은 이미 우리가 해오던 것입니다. 환자에 대한 예리한 평가는 개인별 맞춤 진료의 근본을 이루는 것입니다." UCLA의 소아 심리전문가인 힐러리 간은 경청을 위해서는 세심함과 새로운 것에 기꺼이 적응하고자 하는 마음가짐이 필요하다는 것을 강조한다.

"저는 지금도 어떻게 하면 더욱 잘 들을 수 있는지 배우고 있습니다. 중환자실에 2년 동안이나 입원해있던 소녀를 담당한 적이 있었습니다. 제가 처음 그녀를 만났을 때, 이미 오랫동안 기도 삽관이 되어있는 상태였지만 의식은 또렷했고 거의 대부분의 말을 이해했습니다. 기도 삽관을 제거한 다음에도 그 후유증으로 말을 하는 데 어려움을 겪었습니다. 그녀를 집으로 보내야 할지 UCLA에서 계속 치료를 해야 할지에 대해 의료진과 함께 긴 시간 토론을 하였습니다. 문제는 그녀가 병원 밖의 환경에서 살 수 있느냐는 것이었습니다. 결국 집으로 돌아가는 것이 그녀에게 가장 좋은 것이라는 결론을 내렸고 저는 아주 많은 시간 동안 그녀가 집으로 돌아가서 엄마, 아빠와 자매를 만나는 것에 대해 어떻게 생각하는지 알기 위해서 대화를 나누었습니다. 제 생각으로는 그 대화를 통해서 그녀가 가진 생각을 잘 파악했다고 생각했고 이제 집으로 돌아갈 준비가 되었다고 생각했습니다. 집으로 가던 날 저는 그녀가 구급차에 탈 때까지 그녀 옆에서 그녀가 탈 구급차에 대해 이야기해주었습니다. 구급차에 도착해서 그녀와 같이 갈 직원들을 소개해주고 마지막 포옹을 한 뒤, 구급차를 내려서는데 그녀가 공포에 가득 찬 얼굴로 저를 바라보는 것이었습니다. 그 순간, 제가 그동안 그녀를 잘 이해하고 있다고 생각했던 것이 착각이었다는 사실을 깨달았습니다. 그녀에게는 이미 오랫동안 UCLA가 집이었고 저의 관점에서 그녀가 돌아갈 집에 대해서 이야기했지만 그녀에게는 그것 자체가 공포였을 수도 있었다는 사실을 말입니다. 이런 모든 것들을 그녀의 관점에서 생각했어야 한다는 사실도 깨달았습니다. 마음이 너무 아팠습니다."

환자가 말하지 않는 것들까지도 듣고 이해할 수 있는 방법을 배우려고 하는 힐러리의 열정에서 진정한 서비스 전문가의 모습을 볼 수 있다. 결과적으로 그 소녀는 집으로 돌아가서 가족들과 행복한 시간을 보내게 되었음에도 불구하고 힐러리는 그녀의 환자들이 이야기하지 않는 니즈까지도 파악할 수 있는 능력을 향상시키기 위해 지금도 계속 노력하고 있다.

UCLA의 리더들은 직원들이나 환자들의 소리를 듣기 위한 공식적인 과정들을 지속적으로 개발하고 있다. 모든 관리자들로 하여금 환자들의 병실을 방문하도록 한 것이나 CICARE 코멘트 카드를 도입한 것이 그 예가 될 것이다. UCLA의 환자접촉 프로그램의 관리자인 버지 모슬리는 경청이 최고의 서비스를 위한 핵심 요소일 뿐만 아니라 서비스 회복에 있어서도 핵심 요소라고 이야기한다.

"제가 하는 일의 대부분은 환자들의 원츠와 니즈를 듣고 파악하는 것입니다. 물론 병원 자체로 규칙이 있고 절차 같은 것들이 있지만 환자가 되면 그런 것들에 신경을 쓰고 싶어 하지 않습니다. 그냥 누군가 자신의 입장을 이해해주었으면 합니다. 제가 하는 일은 환자들이 처해있는 상황을 파악하고 그들에게 우리 병원의 상황을 고려할 때 어떠한 것들이 가능한지를 알려주는 것입니다. 환자들에게 진료를 제공하는 과정에서 환자들이 의료진이 급하게 서둘고 자신의 입장에서 생각해주지 않는다고 느낄 때 서비스 실패가 발생합니다. 이러한 상황이 발생했을 때 그들의 이야기를 귀 기울여 들은 다음에 저는 단지 '죄송합니다'라고만 말합니다. 그러한 일이 다시 일어나지 않을 것이라고 말하지 않도록 주의하는데 이는 그것이 제가 할 수 있는 범위를 벗어나는 일이기 때문입니다. 하지만 환자들에게 그러한 상황이 불편을 주었다는 것을 잘 이해하고 있다는 것을 보여주고, 사과하고, 환자들을 보다 편하게 만들어줄 수 있는 조치를 취합니다. 환자들의 말을 경청하고 환자의 입장을 이해하려고 노력하는 것을 통해서 현실적으로 가능한 해결책들이 많이 도출됩니다. 만약 제가 미리 정해진 어떤 대책을 가지고 환자에게 갔다면 실제로 환자의 만족을 이끌어내기가 힘들었을 겁니다."

버지는 경청을 통해서 환자의 경험을 파악하는 것만으로도 이미 문제의 절반은 해결한 것이라고 말한다. 고객들이 경험한 것을 경청하기 위해서 시간을 들이는 것 자체가 고객과 서비스 제공자를 적대적인 관계에서 협력적인 관계로 만들어주는 것이다. 조지타운 대학의 언어학 교수인 데보라 타넨은 이렇게 이야기한다.

"어떤 사람이 자신의 말이 경청되고 있다고 느끼는 것은 단지 자신의 생각을 다른 사람이 듣고 있다는 것을 넘어서 아주 많은 의미를 가집니다. 그것은 일종의 존중의 표시이고 사람들로 하여금 자신이 가치 있는 사람으로 대우받고 있다는 생각을 하게 만듭니다."

일단 사람이 자신이 가치 있는 사람으로 대우받고 있다는 생각을 하게 되면 문제를 해결할 수 있는 대책들이 도출될 수 있을 것이다. 힐러리 간이 소녀 환자를 집으로 보내는 과정에서 깨닫게 된 것들과 버지의 이야기는 환자를 이해하고 경청하는 것은 기존에 가지고 있던 생각이나 편견들을 기꺼이 버리고 고객이 가지고 있는 니즈를 정확히 파악하고자 하는 마음가짐에서 출발한다는 것을 보여준다.

무언가에 불만을 가진 고객에 대해서든, 미숙아로 태어난 아기에 대해서든 기업의 리더는 직원들이 경청이라고 하는 것이 매우 중요하면서도 잘 시행되지 않는 서비스라는 것을 이해하도록 도와야 한다. 또한 직원들의 이야기를 경청하는 것을 통해서 직원들 스스로 경청의 중요성을 깨닫도록 하여야 한다. 매일의 일상에서 여러분은 직원들과 고객들의 소리에 귀를 기울이고 직원들에게 고객을 이해하는 것이 지닌 힘을 알게 함으로써 그들과의 관계를 강화시킬 수 있는 기회를 가지고 있는 것이다.

## 여유를 가지고 함께하기

그동안 고객의 소리에 귀를 기울이고 그들이 가진 니즈를 적극적으로 파악하는 것이 간과되어왔다고 할지라도, 대부분의 직원들은 약간의 설명만으로도 이러한 것들이 고객 서비스에 있어서 핵심적인 부분이라는 것을 금방 이해하게 된다. 반면 고객들과 시간을 함께 보내는 것이라든지 고객들에게 당신이 항상 옆에 있다는 사실을 느끼게 만드는 것과 같은, 어떻게 보면 수동적으로 보이는 행동들이 고객 서비스에서 중요하다는 사실을 인식시키는 것은 쉬운 일이 아니다. UCLA에서 수화통역사로 일하는 클라라 후에르타가 자신의 경험을 들려준다.
"일을 하면서 가장 보람 있다고 생각되는 순간은 제가 단순히 환자나 그 가족들과 함께 있으면서 특별히 밖으로 드러나지는 않지만 제 스스로 그들을 위해서 무엇인가를 하고 있다고 느낄 때입니다. 환자들이 가장 평안함을 느낀다고 제 스스로 생각될 때가 바로 이렇게 밖으로 드러나지 않는 순간들입니다. 제가 만나는 환자들과 가족들은 아주 심한 감정의 기복을 겪고 있는 경우가 많기 때문에 특히 더 그렇습니다. 언젠가 점심시간에 중환자실에서 호출이 온 적이 있었는데 젊은 아내가 심부전으로 죽어가고 있었습니다. 의사들은 그날 밤을 넘기기 힘들 것이라고 생각하고 심장이식 대기자 명단에 올리려고 하였습니다. 아내와 남편 모두 청각장애였는데 이들의 이야기를 가족들에게 통역해서 전달했고 가족들은 계속 울면서 지쳐가고 있었습니다. 이야기는 저녁 늦게까지 계속되었고 가족들은 근처 식당에 가서 식사를 하기로 하고 저한테 함께 갈 수 있냐고 물어보았습니다."
클라라는 처음에는 조금 주저하였지만 그 가족들과 함께 있어주는 것이 중요하다고 느꼈다.
"그렇게 많은 대화를 한 것은 아니었지만 제가 있음으로 해서 그들이 마음의 평온을 찾고 있다고 느껴졌습니다. 저녁을 먹고 나서 다시 병원으로 돌아왔고 남편은 아내에게 마지막이 될지도 모를 인사를 했습니다. 하루 종일 지속된 이들과의 만남으로 육체적, 정신적으로 지친 상태로 퇴근을 위해 차로 가는데 호출기가 다시 울렸습니다. 다행히 이식할 심장을 찾았다는 소식이었습니다! 저는 환호를 하며 주차장을 뛰쳐나와 가족들에게 달려가 이 소식을 알렸습니다. 현재 그녀는 건강하게 아이들을 키우며 살고 있습니다. 지금 생각해보면 이 환자와 가족들에게 급박한 진료 상황의 변화를 통역해서 전달하는 것도 중요했겠지만 그냥 그들과 그 시간을 함께한 것이 어쩌면 더 중요한 일이었을지도 모릅니다."

UCLA의 간호사인 엘레인 세베라는 환자들이 필요로 하는 시간에 환자와 함께 있어줄 수 있는 능력이야말로 진정한 의료인과 의료 기술자를 구분하는 기준이 된다고 말한다.

"저희 부서에서는 소화기 계통에 문제가 있는 환자들을 진료하는데 짧게는 몇 달에서부터 길게는 몇 년 동안 저희에게 오게 됩니다. 어느 순간엔가 이들 중 많은 이들에게 우리가 가족이라는 사실을 깨닫게 되었습니다. 우리는 그들을 둘러싸고 있는 일종의 사회인 것이죠. 그들에게 우리는 단순히 정해진 치료를 제공하는 간호사 이상의 많은 의미를 가지고 있습니다. 수액주사를 놓고 상처 치료를 하는 것은 누구나 할 수 있지만 진정한 치료자는 환자나 가족들이 원하는 한 항상 최선을 다해 그들과 함께해주어야 합니다. 환자들의 장례식에 참석하곤 하는데 이는 제가 그 가족들과 깊은 정서적 교감을 가지고 있고 그 가족들도 당연히 제가 장례식에 참석해서 슬픔을 함께해야 한다고 생각하기 때문입니다."

간호사인 바바라 에이브람스도 여기에 동의한다.

"모든 서비스는 결국 인생의 중요한 순간에 당신이 그 사람과 함께할 수 있는지 그리고 그것이 당신이 서비스를 제공하는 사람에게 어떤 의미인지로 귀결됩니다. 환자들은 당신이 거기에 함께했다는 것을 기억합니다. 그들과 얼마나 깊은 정서적 교감을 가지고 있느냐의 문제이지요. 무엇인가 슬퍼해야 할 일이 있다면 그 가족들과 함께 울고, 즐거워할 일이 있다면 함께 기뻐하면 됩니다. 그냥 그들과 함께해서 그 상황에 같이 몰입하면 되는 것이죠."

다른 많은 비즈니스와 마찬가지로 의료도 지나치게 기술적인 측면에 몰입되어서 직원들이 환자들과 함께하는 것의 치료적 가치를 망각하게 될 수 있다. 오늘날 빠르게 변화하는 비즈니스 환경을 감안할 때, 리더들은 직원들로 하여금 고객들은 그들이 필요로 하는 순간에 직원들의 도움을 바로 받기를 원한다는 사실을 인식하도록 만들어야 한다. 고객들은 너무 서두르지 않고 충분한 시간을 그들과 함께하면서 자신에게 주의를 기울여주는 인간미 넘치는 서비스를 간절히 원하고 있다. 훌륭한 리더는 직원들이 고객과 함께할 때, 그리고 단순히 함께하는 것 이상의 무언가가 있을 때 진정한 서비스가 이루어진다는 사실을 직원들이 인식할 수 있도록 많은 노력을 기울인다.

### Check Up  당신의 기업은?

- 당신은 '고객에 대한 믿음 유지하기' '고객 이해하기' '여유를 가지고 고객과 함께하기'와 같이 다양한 서비스 제공 방법에 대한 명확한 지침을 가지고 있는가?
- 이와 같은 서비스 행동들을 직원들과 고객들에게 어떠한 방식으로 보여주는가?
- 긍정적으로 생각하기, 희망 품기, 항상 고객 가까이에 있기와 같은 것들이 당신의 리더십 스타일의 핵심을 이루고 있는가? 이러한 것들이 고객들의 경험과 직원들과 고객들과의 관계에 어떠한 영향을 미치는가?

## 무엇인가 해주기

환자들을 치료함에 있어서 희망과 진실성을 가지고 환자의 소리에 귀를 기울이고 항상 환자 옆에서 지지를 해주는 것과 같이 눈에 드러나지 않는 부분에 중점을 두는 것이, UCLA에서 적극적인 서비스가 제공되지 않는다는 의미는 아니다. CEO인 파인버그 박사는 다음과 같이 이야기한다.

"사실 저는 하루 종일 환자와 그 가족들과의 연결의 끈을 놓지 않고 있습니다. 우리 직원들이 환자들을 위해 최선을 다해 끊임없이 노력하고 있는 사례들을 얼마든지 이야기해드릴 수 있습니다. 이러한 사례들이 대단한 것은 이 사례들을 통해서 우리 직원들과 환자들 간의 관계의 단면을 들여다볼 수 있을 뿐만 아니라, CICARE라는 정해진 틀을 넘어서 UCLA에서의 경험을 훌륭한 정도가 아닌 경이로운 것으로 만드는 크고 작은 일들을 보다 창조적으로 하도록 우리 모두에게 열정을 불어넣어 준다는 것입니다."

소아종양 병동의 간호사인 데니스 곤잘레스는 다음과 같은 이야기를 들려준다.

"저는 우리 직원들이 환자들에게 훌륭한 서비스를 제공한 사례를 계속 듣고 싶습니다. 이러한 이야기들을 통해서 저도 같은 행동을 하도록 동기부여를 할 수 있기 때문이지요. 한번은 환자를 위해서 애쓴 어떤 간호사의 이야기를 듣고, 집에서 가져온 냉동식품이 다 떨어졌는데도 병원에서 나오는 식사를 한사코 거부하던 한 젊은 환자가 생각났습니다. 이 불쌍한 환자가 집에서 냉동식품이 오기를 기다리고 있기에 제가 건강에 좋은 냉동치킨 몇 개와 음료수를 사서 그의 병실에 가져다놓고 담당 간호사에게는 비밀로 해달라고 했습니다."

무슨 돈으로 샀느냐는 질문에 데니스는 아무렇지도 않게 대답했다.

"물론 제 돈이었죠. 하지만 그게 중요한 게 아닙니다. 중요한 것은 병원에 입원하고 있는 어찌 보면 즐겁지 않은 상황을 기억에 남을 특별한 순간으로 만들기 위해서 제 동료들이 매일 크고 작은 일들을 하고 있다는 사실이 저로 하여금 더 나은 서비스를 제공해야겠다는 생각을 하게 만들었다는 것입니다."

작업치료사인 리넷 드프란시아는 데니스가 이야기한 '환자들에게 고통스럽고 적대적일 수 있는 병원에서의 시간을 기억에 남는 특별한 순간으로 만들기 위해 노력하는' 것의 중요성에 대해서 공감한다.

"일을 하다보면 현대 의학의 한계 같은 것을 느끼게 되는 경우가 많습니다. 하지만 이런 경우 포기하기보다는 환자의 입장에서 해줄 수 있는 다른 것들을 찾아야 합니다. 17살짜리 여자 환자가 있었습니다. 아무런 문제없이 건강했는데 어느 날 바이러스성 심근병증으로 진단받고 이식 심장을 기다리는 상황에 이르게 되었습니다. 병원에 입원해있는 동안 갑자기 척수경색으로 하반신 마비가 와서 다리를 쓸 수 없게 되었습니다. 휠체어를 이용해서 그녀가 할 수 있는 여러 가지 것들을 할 수 있게 하려고 했는데 삶의 의욕을 잃은 그녀는 전혀 하려고 하지 않았습니다."

하루는 리넷이 병원학교 교실에 그녀와 함께 있었는데 선생님으로부터 그날이 그녀의 고등학교 졸업식이라는 말을 듣게 되었다. 리넷은 그녀에게 병원에서 졸업파티를 하는 것이 어떠냐고 물어보았다.

리넷은 그 상황을 이렇게 기억한다.

"그녀는 졸업파티를 한다는 말에 한껏 고무되었습니다. 그날은 휠체어를 타는 연습을 정말 열심히 하였습니다. 하지만 불행하게도 그 다음 날 심한 뇌경색이 왔고 우리는 다시 제자리로 돌아와버렸습니다. 심신의 상태가 매우 불안정했기 때문에 다시 휠체어에 앉을 수 있기까지 몇 주가 걸렸습니다. 특히 뇌경색이 너무 심했기 때문에 심장이식 대기자 명단에서도 빠지게 되었습니다. 하지만 우리는 졸업파티를 포기하지 않았습니다. 그 졸업파티를 위해서 우리 모두는 정말로 열심히 준비했고 다른 주에 사는 그녀의 오빠도 파티 날 병원을 찾았습니다. 직원들은 근무가 아닌 날인데도 파티에 참석해서 선물을 주고 그녀의 건강을 기원해주었습니다. 의사들도 함께 참여했고요. 그녀는 자신이 다시 보통의 십대로 돌아간 느낌을 가지고 싶어 했고 파티가 진행되는 동안 정말로 그렇게 보였습니다. 제 생각에 그 파티가 그녀가 병원에서 보낸 가장 행복한 시간이었던 것 같습니다. 그날 아주 힘들었을 텐데도 오랜 시간 휠체어에 앉아서 파티를 한 것이죠."
그녀는 파티가 끝난 지 며칠 지나지 않아 세상을 떠났다.
"제가 그녀의 어머니를 위로하기 위해 갔을 때, 그녀의 어머니가 저한테 이렇게 말했습니다. '파티를 열어주어서 고마웠어요. 그 파티는 우리 아이와 가족들 모두에게 세상의 그 어떤 것보다도 더 중요한 의미를 가졌어요'"

리넷 드프란시아와 동료들이 열었던 감동적인 파티와 같은 서비스 사례를 접할 때마다 데니스 곤잘레스 같은 동료들은 자신들도 더욱 감동적인 서비스를 제공해야겠다는 열의를 다지게 되는 것이다. 리더들은 주목할만한 방식으로 고객을 위해서 일하는 직원을 발굴하고 그 직원의 사례를 더 나은 서비스를 제공하기 위한 교재로 활용해야 한다. 리더의 관점에서 보든, 말단 직원의 관점에서 보든, 서비스라고 하는 것은 다른 사람에게 무엇인가를 선사하고 다른 사람을 위해서 무언가를 해주는 것이다. 훌륭한 리더는 크든 작든 다른 사람을 위해 무엇인가 해준 사례를 제시할 수 있어야 한다.

## 권능감 부여하기

서비스를 제공한다고 한 행동이 서비스가 아닌 경우는 언제일까? 바로 그 행동으로 인해 상대방이 스스로 할 수 있었을 일을 오히려 하지 못하게 되는 경우이다. UCLA의 경영진은 서비스를 받는 사람들 스스로 할 수 있다는 느낌을 가지게 하고 자신이 주도적으로 자신의 문제를 해결하게 하는 것에 대해서도 많은 이야기를 한다. UCLA 매텔 어린이병원의 사회사업사인 라나 월쉬레겔은 스스로 할 수 있다는 느낌을 가지게 만드는 것을 서비스를 제공하는 사람이 반드시 수행해야 할 의무라고 말한다.

"제가 하는 일 중 일부는 환자의 가족들이 자신의 지역사회에서 제공하는 여러 가지 지원 프로그램의 도움을 받도록 하는 것입니다. 많은 경우 이들은 이와 같은 일을 해본 경험이 없기 때문에 어떻게 도움을 받아야 하는지 전혀 모릅니다. 중요한 것은 그런 일을 제가 대신해주는 것이 아니라 필요한 정보를 그들에게 알려주고 그들이 직접 하게 만드는 것입니다."

임상사례 관리를 담당하고 있는 간호사 댄 알리비아 역시 같은 생각을 사례를 들어 이야기한다.

"제가 만나는 환자들은 그들이 앓고 있는 질병과는 별도로 많은 어려움을 당합니다. 이러한 어려움들은 대개 그들이 겪어보지 못한 것들이지만 저는 이미 많은 경험이 있는 것들이지요. 많은 경우 제가 관여하기는 하지만 제가 하는 일은 환자와 가족들에게 필요한 정보와 방법을 알려주는 것뿐입니다. 이웃한 주에서 와서 한 달간 입원해있던 여자 환자가 있었습니다. 신장암 환자였는데 암 때문에 요실금과 극심한 통증을 호소하였고 이미 뇌로 암이 전이된 상태였습니다. 뇌에 전이된 암 때문에 간혹 정신착란을 겪기도 했지만 자신의 치료 과정에 적극적으로 참여하고자 하는 의지가 강했습니다. 제가 한 일은 이러한 과정을 부분적으로 지지해주는 것이었습니다."

댄에 따르면 환자의 보험회사가 캘리포니아 주에 있는 회사가 아니었기 때문에 UCLA에서의 진료를 상당 부분 제한하였고 이로 인해 가족들이 어려움을 겪고 있었다.

"그녀의 치료와 관련된 여러 대안들을 듣고 나서 환자와 가족들은 본인들이 살고 있는 동네의 호스피스 시설로 가기로 결정하였습니다. 환자가 자신의 예후에 대해 실망한 것은 사실이지만 그 과정에서 자신에게 필요한 정보를 모두 제공해주고 그러한 중요한 결정을 내리는 과정에 함께해준 데 대해 많은 고마움을 표현하였습니다."

환자의 보험회사는 UCLA에서 퇴원해서 지역의 호스피스 시설로 옮겨가는 것에 대해 동의했지만 이동을 위한 앰뷸런스 비용을 지불하는 것은 거절하였고 환자는 일반 차량으로 이동하기에는 너무 위중한 상태였다.

"앰뷸런스 비용은 대략 3000달러 정도였는데 이 비용을 조달하기 위해서 우리는 할 수 있는 모든 방법을 동원했습니다. 주치의를 통해 보험회사의 의사에게 전화를 하도록 했고 사회사업사와 제가 보험회사 담당자와 상황에 대해 계속 이야기를 나누었습니다. 하지만 저희가 했던 대부분의 일은 가족들이 호스피스 프로그램과 보험회사와 상대하는 것을 옆에서 도와주는 것이었습니다. 이러한 노력의 결과로 호스피스 프로그램과 보험회사, 그리고 가족이 전체 비용을 나누어 부담하게 되었습니다. 그녀가 원했던 대로 그녀는 집에서 가까운 곳에서 가족들과 친구들이 보는 앞에서 임종을 맞았습니다. 아무리 어려운 상황에 처해있더라도 사람들로 하여금 그들이 원하는 것을 성취할 수 있도록 옆에서 돕는 것은 보람 있는 일입니다."

UCLA 신경과 병동의 간호사인 컬렌 토스니는 이것을 조금 다르게 표현한다.

"성공적인 의료를 제공한다는 것은 모든 환자들과 같은 입장이 되어 본다는 것을 의미합니다. 병원에 입원해있다는 것이 얼마나 공포심을 불러일으키는지, 외래에서 여러 차례 시술을 받는 것이 병원에 처음 온 환자들에게 얼마나 낯선 것인지를 당신이 이해하게 된다면 당신의 역할이 그들이 가진 공포와 낯섦을 극복하도록 돕는 것이라는 것을 알게 될 것입니다. 저는 이 병원이라는 환경에 익숙하기 때문에 환자들이 낯섦과 공포를 극복할 수 있도록 도와주어야 합니다."

주인의식을 가진 직원들의 행동은 이들이 고객들과 공감하고 회사가 가진 자원을 어떻게 이용할 수 있는지를 고객들에게 알려줄 능력을 갖추고 있고 또 기꺼이 그렇게 하려고 하는지를 통해 알 수 있다. 관계에 기반을 둔 진료는 권한 위임과 많은 관련을 가진다. 권한 위임은 리더가 직원에게 감동적인 서비스를 제공하는 데 필요한 도구와 신뢰를 부여하는 것으로 시작된다. 이러한 도구가 CICARE와 같은 구조화된 서비스 행동지침일 수도 있고, 이 장에서 지금까지 이야기한 다섯 가지 진료 프로세스일 수도 있다. 능력 있는 직원을 선발하여 이들에게 이와 같은 도구를 부여하고 교육, 훈련을 시행하고, 적절한 권한 위임을 하게 되면 고객들에게 다른 어떤 곳에서도 경험하지 못한 서비스가 제공될 것이고 고객들 스스로도 자신의 니즈를 충족시키기 위한 기술을 갖추어나가게 될 것이다.

## 최고의 서비스를 향한 집념

이 장의 시작 부분에서 UCLA의 서비스 수준이 다른 어떤 의료기관보다 훌륭했다고 확신에 차서 말한 캔디 골드브론의 사례를 소개했었다. 사실 이러한 사례들은 UCLA 산타모니카 지역사회 모자보건 프로그램의 책임자인 린 설리반과 같은 이들이 의료 이외의 산업에서 이루어지는 최고 수준의 서비스를 끊임없이 벤치마킹한 노력의 결과라고 말할 수 있다. 린은 여기에 대해서 다음과 같이 이야기한다.

"어디를 가든 저는 최고의 서비스와 관련된 아이디어나 사례를 찾고 이것으로 동료들과 토론을 합니다. 그리고 이것을 우리가 하고 있는 일에 최대한 적용하려고 노력합니다. 리조트 호텔에서 많은 아이디어를 얻는데 가령 예를 들면, 그들이 음식이나 음료를 제공하는 방식이라든지 간단하지만 예쁜 간식을 제공하는 것과 같은 것들 말입니다. 환자들이 제기하는 불만 중에 가장 많은 부분을 차지하는 것이 급식 부문이었기 때문에 영양 팀과 함께 보다 많은 유기농식을 메뉴에 포함시키고 환자들이 마치 호텔에서 룸서비스를 주문하듯이 그들이 원하는 음식을 주문할 수 있도록 바꾸었습니다. 이제는 저희 급식 부서 직원이 직접 환자에게 가서 그들이 주문한 음식을 제공하고 있습니다. 과거에는 컵에 커피나 차를 미리 따라서 환자에게 가지고 갔다면 지금은 환자의 침대 옆에서 바로 따르고 있습니다. 오후에 가족 식당에 간단한 다과를 놓아두었는데 환자들이 별로 이용하지 않았습니다. 지금은 직원이 그 자리에 있으면서 환자들이 오면 직접 차나 커피를 따라주고 아주 예쁜 간식도 제공하고 있는데 환자들의 호응이 아주 좋습니다. 리조트 호텔의 수영장에서 작고 예쁜 도시락 박스를 제공해주는 것을 보고 영양 팀 책임자에게 이야기했는데 바로 벤치마킹을 한 것이죠. 앞으로는 아이를 출산한 산모에게도 작은 도시락을 제공할 계획을 가지고 있습니다. 가령 새벽 3시에 아이를 출산한 경우 아침식사까지 기다리기에는 너무 배가 고플 것입니다. 그때 출산을 축하하는 예쁜 카드와 함께 작은 도시락을 제공하는 것이죠."

린은 비용이 들지 않는 서비스 아이디어들도 많이 얻을 수 있다고 이야기한다.

"아주 근사한 호텔에 묵은 적이 있었는데 모든 직원들이 제 기분을 좋게 해주는 인사말을 한마디씩 하는 거예요. 단순히 '안녕히 주무셨습니까?' '식사는 괜찮으셨습니까?' 같은 판에 박힌 말이 아니라 저를 세심히 관찰하고 하는 말이었습니다. 이 호텔이 저를 전체 손님 중 한 명 정도로 생각하는 것이 아니라 아주 소중하게 생각하고 있구나, 하는 느낌을 받았습니다. 그래서 저희를 찾아오는 산모와 가족들에게 이런 느낌을 갖게 만들어야겠다는 새로운 목표를 설정하였습니다."

외래 수술센터의 책임자인 로리 존슨도 비슷한 경험을 이야기한다.

"저희 외래 진료소 직원들은 다른 서비스 업종에서 세계 최고 수준의 기업에 필적할만한 수준의 서비스를 제공하고 있습니다. 직원들이 하는 일 중 많은 부분이 환자들의 예약을 잡아주고 이들과 접촉하는 일입니다. 최고 수준의 서비스를 제공하기 위해서는 의료가 아닌 다른 산업을 벤치마킹해야 할 필요를 느꼈고 다른 산업 중에서 저희가 하는 일과 비슷한 일이 중요한 부분을 차지하는 곳을 찾아보게 되었습니다."

외래 진료소의 운영책임자인 안나 에스퀴발도 같은 이야기를 한다.

"벤치마킹을 통해서 세계 최고 수준의 고객 응대 기술을 우리 직원들의 공식 교육 훈련 과정에 포함시키게 되었습니다. 이러한 교육 훈련은 UCLA 전체로 확산되었고 모든 외래 클리닉에서 환자들은 동일한 경험을 할 수 있게 되었습니다. UCLA라는 이름을 쓰는 모든 클리닉에서 UCLA라는 이름에 상응하는 같은 수준의 서비스가 제공되게 된 것이죠."

UCLA 내과의 운영책임자인 릴리안 마르티네즈는 다음과 같은 말을 덧붙인다.

"이와 같은 교육 훈련은 저희가 모든 클리닉에 대해서 실시하는 평가와 밀접하게 연관되어있습니다. 고객만족, 예약 프로토콜, 예약 확인 전화 등 고객을 응대하는 모든 부문에 있어서 교육을 실시하고 이를 평가하고 있습니다. 세계 최고 수준이 되기 위해서는 의료가 아닌 다른 서비스 산업 중 최고 수준 기업의 직원들에게 부과되는 것과 같은 수준의 교육을 실시하고 같은 수준의 책임을 부과해야 합니다."

리더들은 서비스에 대한 기대수준을 정하고 직원들의 성과를 측정할 수 있는 표준을 확립해야 한다. UCLA에서는 이러한 것들이 다른 병원들이 제공하는 최고 수준의 서비스를 능가할 뿐만 아니라 다른 서비스 산업의 최고 수준 기업에 필적할 수 있도록 정해져있다. 여러분은 자신의 기업이 제공하고 있는 고객 경험을 향상시키기 위한 아이디어나 측정 방법을 찾기 위해 어떤 사업을 들여다보고 있는가?

## 인정이 인정을 낳는다

UCLA의 리더들은 앞에서 언급한 여러 가지 방법을 통해서 서비스 수준을 지속적으로 향상시키는 한편 그러한 훌륭한 서비스 사례를 만든 직원들을 격려하는 것을 잊지 않는다. UCLA에서 귀감이 될만한 서비스 사례의 주인공에게 보상과 인정을 해주는 방법으로 '이달의 직원' 'STAR Service and Teamwork Achieve Result의 약자' '병원의 영웅' 같은 프로그램들을 들 수 있다. 이달의 직원으로 뽑혔던 신경과 병동의 한 간호사는 훌륭한 서비스를 제공한 직원들을 인정받게 해줌으로써 회사가 서비스에 높은 가치를 부여하고 있음을 다시 한 번 인식하게 된다고 말한다. 신경외과 중환자실의 책임간호사인 메이 렌저는 '병원의 영웅'으로 뽑혔었는데, 당시의 소감을 묻는 말에 그 공을 동료들에게 돌린다.

"경영진이 훌륭한 서비스 사례를 만든 직원을 인정해주는 것은 아주 좋은 일입니다. 하지만 우리는 모두 팀으로 일을 하고 있기 때문에 사실 저희 동료들 모두가 칭찬을 받아야 합니다. 전형적인 사례로 저희 팀에서 경험했던 그리스 환자를 들 수 있습니다. 그리스계 여자 환자였고 나이 많은 어머니와 함께 살고 있었습니다. 계단을 올라가다가 넘어져서 뇌출혈로 저희 병원 응급실로 오게 되었는데 환자의 어머니가 영어를 거의 할 줄 몰랐습니다. 마침 저희 병원의 신경외과 여의사인 아레티 틸로우 박사가 그리스계여서 어머니와 그리스어로 대화를 할 수 있었고 좋은 관계를 형성할 수 있었습니다. 출혈이 악화되면서 딸의 의식 상태가 점차 더 나빠져서 의식불명 상태에 빠졌고 기도 삽관을 하고 중환자실로 오게 되었습니다. 그 환자를 제가 담당하게 되었는데 옆에서 그 환자의 기록을 같이 검토하던 동료 간호사가 갑자기 울기 시작했습니다. 제가 '왜 울어?'라고 물었더니 제 동료가 '너무 감동적이야'라고 말하더군요. 환자 쪽을 바라보니 정말 뭉클한 감정이 느껴졌습니다. 너무도 연약하고 연로한 환자의 어머니가 의식을 잃은 딸의 주변을 계속 맴돌고 있었습니다. 그녀는 병실에서 거의 살다시피 하면서 계속 딸을 위해 기도를 했습니다. 휴식시간에 저희들이 그 어머니에게 먹을 음식을 사다드렸고 틸로우 박사는 담당이 아니면서도 이틀에 한 번씩 그녀를 본인의 집으로 모시고 가서 샤워를 할 수 있도록 하였습니다. 틸로우 박사는 어머니가 필요한 약을 처방받을 수 있도록 돕기도 하였고 저와 동료들은 약을 제대로 복용하실 수 있도록 도와드렸습니다. 이러한 노력에도 불구하고 환자는 결국 사망하였고 저는 장례식에도 참석하였습니다. 어머니는 다른 딸과 함께 집으로 돌아가셨고 우리 팀은 다시 새로운 환자에게 매일 하던 대로 최선을 다하고 있습니다."

무엇이 그녀로 하여금 이와 같이 환자를 위해서 매일 열성적으로 일할 수 있는 힘을 주느냐는 질문에, 메이는 여러 가지 대답을 하였는데 자신에게 헌신적이셨던 어머니의 교육, 환자들이 가지고 있는 삶에 대한 열의, 뛰어난 동료들, 그리고 UCLA 전체에 스며있는 섬기는 리더십을 이야기했다.

"저는 CEO이신 파인버그 박사조차도 우리 팀의 일원이라고 생각합니다. 교통사고로 폐를 다쳐서 호흡곤란을 겪고 있는 환자가 있었는데 스스로 호흡을 재개하는 데 어려움을 겪어서 계속 기도 삽관을 하고 있었고 스스로 호흡을 다시 하겠다는 의지도 점점 약해져 가고 있었습니다. 그래서 저희 팀들이 모여서 어떻게 하면 그에게 다시 의지를 불어넣어 줄 수 있을지 논의했습니다. 당시 그는 하루에 겨우 20분 정도만 스스로 호흡을 할 수 있었기 때문에 우리는 그가 자신의 발전을 눈으로 확인할 수 있도록 호흡 훈련 그래프를 벽에 붙이기로 했습니다. 그런데 그가 자전거 타는 것을 좋아한다는 사실을 알게 되었고 우리 팀의 일원이었던 뇌파검사를 담당하는 동료가 자전거 회사에 전화를 걸어서 자전거 포스터를 보내달라고 하면 어떻겠느냐는 제안을 하였습니다. 점심시간에 두 군데 자전거 회사에 전화를 걸었고 양쪽 회사 모두 포스터와 달력, 잡지 같은 것들을 보내주었습니다. 환자의 허락을 받고 그 포스터들을 환자의 호흡 훈련 그래프와 함께 환자의 눈에 잘 띄도록 벽에 붙였습니다. 파인버그 박사에게도 연락을 해서 한번 보시라고 했고 당연히 병실을 방문하셨습니다. 그는 환자를 격려하면서 많은 시간을 함께했고 환자가 시카고 컵스 야구단의 팬이라는 사실을 알고 지인에게 연락을 해서 시카고 컵스의 포스터와 연필 같은 것들도 구해주셨습니다. 이러한 열정이 저에게 항상 새로운 에너지를 주고 이러한 것들이 모여서 환자들에게 다른 곳에서는 상상할 수 없는 서비스가 제공되는 것이죠."

고객을 직접 상대하는 직원들이 최고경영진을 자신의 서비스 팀의 일원이라고 생각할 때, 서로가 서로를 인정할 때, 조직의 수준은 더욱 향상되고 고객들에게는 강렬한 경험을 제공하게 된다. 반면 리더들이 말로만 서비스를 강조하고 이를 실천에 옮기지 않을 때, 관계에 기반을 둔 돌봄이라는 것도 그저 구호에 그치게 된다.

> **Check Up**  당신의 기업은?

- 당신은 감동적인 서비스 사례를 발굴하고 관련 직원들을 칭찬하기 위해서 어떠한 방법을 사용하고 있는가?
- 고객을 위해서 무엇인가를 하는 것과 고객이 스스로 무엇을 할 수 있도록 돕는 것을 직원들에게 어떻게 구분해서 설명하는가? 당신 사업의 어떤 부분에 이들 각각의 서비스가 적합하다고 생각하는가?
- 서비스 제공의 탁월성에 대한 기준을 높이기 위해서 다른 어떤 업종의 기업을 벤치마킹하고 있는가?
- 고객을 직접 상대하는 직원들이 최고경영진을 서비스 팀의 일원이라고 생각하는가? 만약 그렇지 않다면, 그렇게 생각하도록 하기 위해 어떤 변화가 필요하다고 생각하는가?

## 관계에 기반을 둔 진료와 고객 중심주의

결국 탁월한 서비스를 제공하고 있느냐 아니냐는 서비스 수혜자인 고객들이 어떻게 생각하느냐에 달려있다. UCLA에 대한 고객들의 평가는 고객만족도 점수가 그저 그런 수준에서 세계 최고 수준으로 향상된 것이나 대학병원 중에서 고객만족도가 가장 높다는 명성 등을 통해 일부 확인할 수 있다. 하지만 이러한 것들 이외에 고객들의 생각을 들여다볼 수 있는 중요한 지표가 있다. 나는 오랫동안 브랜드라는 것은 결국 그 회사 관계자가 없을 때 고객들이 그 브랜드에 대해 말하는 것 이상도 이하도 아니라는 생각을 가지고 있다. UCLA 헬스시스템은 점점 더 많은 사람들에게서 좋은 평을 받고 있는데 그 예로 고객들이 자신의 경험을 공유하는 인터넷 사이트에 다음과 같은 글들이 올라오고 있다.

작성자: 톰

"경쟁 병원에서 한 달 정도 치료를 받다가 UCLA 병원으로 옮기게 되었습니다. 제 생각에는 블로거 빅토리아 씨가 아주 적절한 비유를 하셨다고 생각되는데 그대로 옮겨보면 '망망대해에 썩은 목재와 낡은 타이어로 만들어진 뗏목을 타고 표류하고 있다가 갑자기 호화여객선으로 구조된 기분' 입니다."

"그 차이를 느끼는 데 채 하루가 걸리지 않았습니다. 경쟁 병원에서는 몇 주는 걸렸을 것들이 단 하루 만에 다 해결되었습니다."

"여기서 살라고 해도 살 수 있을 것 같습니다. 정말입니다."

작성자: 린다

"첫 번째 아기를 UCLA에서 출산하였는데 글 솜씨가 부족해서 제가 받았던 감동을 다 표현할 수 없는 게 아쉽네요. 병원에 들어선 순간부터 떠날 때까지 모든 의료진이 제가 이 병원에서 가장 중요한 사람인 것 같은 느낌을 가지게 해주었어요. 항상 친절했고 저를 존중해주었어요. 출산을 하고 나서 병실에 처음 들른 간호사는 출산을 하던 시간에 근무가 아니라서 바로 축하 인사를 못했다고 하면서 진심으로 축하한다고 하더군요. 병원을 아주 싫어하는 제 남편도 감동을 받았을 정도예요. 이제 다른 병원에 가는 것은 상상도 할 수 없어요."

세상 모든 기업의 리더들은 자신의 회사가 제공하는 서비스와 경쟁자가 제공하는 서비스의 차이를 호화여객선과 낡은 뗏목 정도의 차이로 인식하게 만들고 싶을 것이다. 또한 판에 박힌 서비스를 싫어하는 고객들이 당신이 제공하는 서비스를 신선하다고 생각하면서 다른 사람에게도 추천하고 '다른 곳에 가는 것은 상상도 할 수 없다'고 말하는 즐거운 상상을 하기도 할 것이다.

CICARE 같은 서비스 프로토콜을 지속적으로 적용하고, 관리자들의 병실 방문 등을 통해서 고객의 소리에 귀를 기울이고, 서비스에 자질을 가진 직원을 선발하고, 자기계발을 독려하고, 다양한 돌봄의 형태들을 구분해서 알려주고, 훌륭한 서비스를 제공한 직원을 공개적으로 칭찬하고, 최고경영자의 솔선수범을 통해서 UCLA의 서비스 혁명은 가속이 붙었다. 이러한 전략들을 여러분의 사업에 적용한다면 어떤 변화가 일어날까? 이러한 전략들을 적용함으로써 여러분의 사업은 어떤 이득을 볼 수 있을까?

다음 장부터 세계 최고 수준의 서비스를 제공하기 위해 반드시 필요한 조직의 세부 구성 요소들을 하나하나 살펴볼 것이다. 그중에서도 가장 중요한 것은 안전에 관한 한 절대로 타협하지 않는 문화를 만드는 것이다.

### 실천을 위한 요약

- 고객의 경험과 관계에 기반을 둔 돌봄에 대해 이야기하라.
- '믿음 유지하기' '고객 이해하기' '고객과 함께하기' '무엇인가 해주기' '권능감 부여하기' 등과 같이 고객에게 서비스를 제공하는 다양한 방식을 도출하라.
- 당신과 경영진이 이러한 서비스 제공 방식을 직원들에게 어느 정도로 잘 알리고 있는지 평가하라.
- 동료와 고객들을 돌보는 다양한 방식에 대해 정기적으로 대화를 나누어라.
- 직원들이 자기계발과 재충전에 노력하게 할 수 있는 방법을 찾아라.
- 다른 산업에서 최고의 서비스를 제공하는 기업을 찾아서 벤치마킹하라.
- 훌륭한 서비스를 제공한 직원들을 찾아서 칭찬해줄 수 있는 체제를 만들어라.
- 고객을 직접 상대하는 직원들이 회사의 최고경영진을 서비스 팀의 일원으로 생각하도록 만들어라.

두 번째
원칙

# 실수가 발생할 틈을 남기지 말라!

Leave No Room for Error

# CHAPTER 4
# 안전이 조직문화에 뿌리내릴 수 있는 체계를 만든다

UCLA에서 이루어진 서비스 혁신은 병원 내부의 모든 부문이 원활하게 운영되면서 유기적으로 상호작용을 할 수 있는 체계가 확립되지 않았다면 불가능한 일이었을 것이다. 또한 UCLA의 이와 같은 서비스 부문에서의 성공은 환자들의 안전은 물론 그 가족들과 직원들의 안전에까지 세심한 주의를 기울이는 조직문화에 바탕을 두고 있다. 사실 기업체를 운영하는 모든 리더들은 고객뿐만 아니라 기업체와 관련된 여러 이해 당사자들의 안전을 확보해야 한다는 사명을 공유하고 있다. 일부 기업에서는 종종 이러한 안전문제가 간과되기도 하는데, 이 장에서는 안전이라는 측면이 왜 일상의 경영 의사결정에서 항상 최우선 순위에 놓여야 하고 지속적으로 관찰되어야 하는지를 UCLA의 사례를 통해 살펴보기로 한다.

의료산업이나 자동차산업, 식품산업, 항공산업 등에서 다른 산업들

보다 안전문제가 더욱 중요하게 취급되어야 한다는 점은 의심의 여지가 없다. 특히 의료에서는 안전문제에 더욱 큰 관심을 쏟는다는 점을 감안하면, 안전문제가 그리 큰 이슈가 되지 않는 산업에 종사하는 독자들은 이 장의 내용이 자신과는 관계없는 사안이라고 생각할 수도 있을 것이다. 만일 그런 생각을 가지고 있는 독자라면 이 장을 다른 관점에서 읽으면서 변화관리나 직원들의 성과관리에 적용할 수 있는 교훈을 얻을 수 있을 것이다.

원칙적으로 말하자면 안전이라고 하는 것은 기업을 운영함에 있어서 다른 어떤 것보다도 우선되어야 하는 부분이다. 1943년 심리학자인 에이브라함 메슬로는 인간의 욕구에는 계층이 있다는 이론을 발표하였는데, 이에 따르면 안전에 대한 욕구는 인간의 존재를 위한 가장 기본적인 욕구로 다른 어떤 욕구보다도 선행한다고 하였다. 물론 이 이론은 어떠한 욕구가 인간의 행동과 동기부여를 이끌어내는가 하는데 초점을 맞춘 이론이기는 하지만, 이 이론을 통해 우리는 성공적인 기업 운영을 위한 통찰을 얻을 수 있다.

기업의 경영자들은 권한 이양이나, 고객 경험 관리, 고객 충성도, 혁신, 소셜네트워킹 등의 중요성에 대해 많이 이야기하곤 한다. 하지만 메슬로의 이론은 직원들이나 고객들이 자신들이 일하거나 진료를 받는 환경이 항상 안전하게 보호되고 있다는 생각을 가질 수 없다면 경영자들이 이야기하는 이와 같은 고차원의 목표는 절대로 성취될 수 없다고 말하고 있다. 18개월 된 딸 엘라가 UCLA의 중환자실에서 치료를 받았던 제니퍼 파인의 사례를 보면 이것이 더욱 명확해질 것이다.

"우리 애가 받은 치료도 훌륭했지만 의료진이 우리 아이에게 쏟은 정성은 정말로 감동적이었어요. 격리실에 있었던 우리 아이를 생각해서 의료진은 아무도 아이를 접촉하지 못하도록 했어요. 아이에게 간의 일부를 떼어주었던 저희 남편조차 아이를 면회하지 못했는데 당시에는 그렇게까지 해야 하나 하는 생각도 들었어요. 하지만 지금 돌이켜 보면 아이의 안전을 위한 최선의 선택이었다고 생각해요."

'안전 최우선주의'라는 구호는 어디서나 볼 수 있는 흔한 구호가 되었지만 실제 이를 실천하는 기업을 찾아보기는 쉽지 않다. 경기가 안 좋을 때, 기업들이 고객들의 눈에 보이지 않는 안전과 관련된 예산을 우선적으로 삭감하는 것은 흔한 일이다. 미국 안전공학학회 회장인 워렌 브라운은 이러한 기업들의 행태에 대해서 다음과 같이 이야기한다.

"만일 기업들이 그들의 직원들이나 고객들, 더 나아가 기업이 위치한 지역사회의 안전문제를 등한시함으로써 비용을 절감할 수 있다고 믿는다면 큰 착각을 하고 있는 겁니다. … (안전문제에 세심한 주의를 기울이는 것이) 회사에 실질적인 이익을 가져올 뿐만 아니라 기업의 평판을 유지하고, 직원들의 안전과 건강을 지킴으로써 의료비나 직원의 이직에 따른 재교육 비용 등을 절감하게 됩니다. 고객들을 지속적으로 유지할 수 있음은 물론이고요. 안전이라는 것 자체가 훌륭한 사업전략인 셈이죠."

2010년 도요타 자동차가 잇단 안전문제로 그들의 명성에 치명적인 흠집을 남긴 것이 극명한 사례가 될 수 있을 것이다.

'안전을 우선하는 문화'와 '안전을 확보하는 체계에 대한 투자'의 중요성에 대한 브라운 회장의 견해는 UCLA 경영진이 가진 생각과 일치하는 것이었다. UCLA의 경영진은 안전 자체가 '훌륭한 사업전략'이 될 수 있다는 사실을 잘 이해하고 있었다. 마케팅 및 인사 부서

차장인 마크 스피어는 이러한 견해에 전적으로 동의한다.

"병원 여기저기를 다니면서 환자들과 마주칠 때마다, 저는 우리 병원이 신뢰를 바탕으로 크고 있구나 하는 생각을 계속하게 됩니다. 환자들은 그들의 안전과 행복을 우리가 최우선으로 생각하고 있다는 것을 확인하고 싶어 합니다. 우리가 환자들에게 이러한 확신을 심어줄 수만 있다면 성공은 저절로 따라오는 것이지요."

환자들의 신뢰에 보답하기 위해서 UCLA의 경영진은 모든 조직 구성원들이 '실수가 발생할 틈을 남기지 말라'는 구호를 항상 생각하고 행동에 옮길 수 있도록 지속적으로 노력해왔다.

## 안전을 중시하는 문화
### - 문제가 발생하기 전에 적극적으로 대처한다

나는 어떤 회사에 가게 되면 그 회사의 조직문화를 (1) 최고경영자가 생각하는 조직문화, (2) 직원들 사이에서 나타나는 조직문화, (3) 고객이 인식하는 조직문화의 세 가지 차원에서 살펴보고 있다. 스탠포드 대학의 사라 싱어와 아니타 터커는 안전을 중시하는 조직문화에 대해 다음과 같이 잘 정의하고 있다.

"안전을 중시하는 문화는 업무를 수행하는 과정에서 직원들이나 고객들이 아무런 물리적 해를 입지 않는 것이 다른 어떤 것보다 중요하다는 가치와 신념을 직원들과 중간관리자들, 그리고 최고경영진 모두가 공유하는 것이다."

싱어와 터커의 이러한 정의는 '모든 구성원들 사이에 공유된 가치와 신념'이라고 하는 모든 성공한 기업들이 가지고 있는 핵심적인 요소를 담고 있다. 기업의 비전에 안전을 포함시키는 것만 가지고는 안전을 중시하는 문화를 이룩할 수 없는데, 조직의 문화는 조직 구성원들에게 그 비전이 공유되고 있는 정도를 반영하기 때문이다.

UCLA 병원의 진료부원장이면서 환자 안전 전문가인 톰 로젠탈 박사는 안전을 중시하는 문화를 만들어가는 과정에서 있었던 일들을 들려준다.

"'안전에 보다 주의를 기울입시다' 라는 편지를 직원들에게 보내는 것만으로는 당연히 아무런 변화도 일어나지 않습니다. 우리는 의사들과 고위 행정직들로 책임자 그룹을 구성하고 이들로 하여금 안전을 확보하기 위한 노력을 지속적으로 독려하고 감독하도록 했습니다. 이들 그룹은 안전과 관련된 대내외적인 자신들의 지식과 경험을 서로 공유하였습니다. 이들은 병원 환경을 잘 이해하고 있었을 뿐만 아니라, 병원에서는 언제나 500여 가지 이상의 안전과 관련된 문제들이 끊임없이 발생하고 처리되고 있지만 그중에서 핵심적인 몇몇 안전 목표에 집중해서 이를 추적하고 실수 없이 해결해야 한다는 사실을 잘 알고 있었습니다."

로젠탈 박사가 말하는 핵심은 안전을 중시하는 조직문화를 확립하기 위해서 경영진은 전체 문제들을 관통하는 주제와 핵심 목표들을 설정해야만 한다는 것이다.

로젠탈 박사의 견해에 따르면 안전 목표를 단순하게 만들고 집중시키는 것을 통해 조직 전체에 일관된 메시지를 전달할 수 있다. 로젠탈 박사는 UCLA의 환자 안전을 위한 핵심 목표에 대해 아주 간단명료하게 설명한다.

" '나를 죽이지 마세요. 나에게 병원 감염이 일어나지 않게 해주세요. 엉뚱한 부위를 수술하지 마세요. 나에게 해가 되는 약을 주지 마세요' 입니다. 환자들이 그들의 입장에서 자신들을 보호하는 데 가장 중요하다고 생각하는 것들로부터 출발해서 안전 목표의 우선순위를 정하는 겁니다."

로젠탈 박사 이야기처럼 안전 목표가 중요하다는 것은 의심의 여지가 없지만 이러한 안전의식이 조직의 문화로 정착되기 위해서는 조직이 가지고 있는 기존의 가치, 사명과 밀접하게 연결되어야 한다. 그렇지 않으면 안전이라고 하는 것이 기존 조직의 목표와는 별개인 일시적인 지시사항으로 인식되기 때문이다. 여기에 대해서 로젠탈 박사는 다음과 같이 이야기한다.

"안전과 관련된 목표를 설정할 때, 기존에 가지고 있는 핵심 가치에 기초해서 만들면 더 성공적일 것입니다. 병원에 근무하는 사람들 중에서 다른 사람에게 해를 입히려는 의도를 가진 사람은 없습니다. 'Primum non nocere(라틴어로 '절대 해를 입히지 말라')' 라는 말은 우리 조직문화에 이미 깊이 배어있으며 UCLA의 모든 구성원들 가슴속에 깊이 자리 잡고 있는 핵심 가치입니다. 안전을 중시하는 우리의 조직문화도 이러한 가치에 기반하고 있습니다."

내과 및 신경외과의 의료의 질 관리 책임자인 나심 압사 박사는 안전을 중시하는 조직문화의 개념들을 모든 구성원들이 자신의 업무에서 실천할 수 있는 명료하고 구체적인 행동지침으로 만들었다.

"제가 보기에 안전을 중시하는 조직문화라는 것은 우리들 각자가 하루하루 하는 행동들이 쌓이고 쌓인 결과라고 생각합니다. 병원 현관의 주차대행 요원이든, 외래 진료실의 간호사든, 의사든 모두들 자신의 업무를 수행하면서 안전과 관련해서 빈틈이 없는지를 주도면밀하게 살펴야 합니다. 만약 제가 주차대행 요원인데 차에서 내리는 환자의 걸음이 매우 불안정해보이는 것을 발견했다고 합시다. 저는 당장 뛰어가서 그 환자를 부축하는 것뿐만 아니라 그 환자가 안전하게 병원의 목적지까지 갈 수 있는 방법을 찾아줘야 할 책임이 있습니다. 안전을 중시하는 조직문화는 구성원 각자가 조직의 핵심 가치를 이해하고 각자의 일상 업무를 수행함에 있어서 주인의식을 가지고 보다 큰 그림을 볼 수 있어야 하는 것입니다."

테리 폴슨 박사Dr. Terry Paulson[2]는 자신의 책에서 '비전과 환상의 차이는 얼마나 많은 사람들이 그것을 볼 수 있느냐에 있다'고 말하였다. UCLA에서 안전이라고 하는 비전은 모든 구성원들에게 공유되고 실제 행동으로 옮겨지고 있었다.

> **Check Up** 　당신의 기업은?
>
> - 당신의 사업에서 가장 중요한 다섯 가지 안전 목표는 무엇인가?
> - 그 목표들이 회사의 핵심 가치와 사명에 부합하는가?
> - 말단 직원부터 중간관리자, 최고경영진에게 그 목표를 물었을 때 얼마나 많은 사람들이 정확하게 말할 수 있는가?
> - 당신의 사업에서 안전을 어떻게 정의할 수 있는가? 전략의 일환인가 아니면 조직문화의 일부인가? 직원들이 안전이라는 큰 그림을 이해하고 이를 토대로 일상 업무를 수행하고 있는가?

---

2) 미국의 심리학자로 긍정적인 사고를 전파하는 강연과 저술 활동을 하고 있다.

## 비전과 커뮤니케이션의 일관성

리더십의 관점에서 볼 때, 안전과 관련된 비전의 우선순위를 명확히 하는 것은 이를 실행하고 지속적으로 커뮤니케이션하는 과정의 시발점이 된다. UCLA의 최고운영관리자였던 아미르 루빈은 이에 대해 다음과 같이 말한다.

"UCLA는 조직의 변화를 이끌어내기 위해서 정교한 프로세스들을 도입하였고 이를 통해서 조직문화의 많은 부문에서 획기적인 변화를 이끌어낼 수 있었습니다. 환자들의 만족도 수치를 보면 확실하게 알 수 있습니다. 이러한 과정을 통해서 UCLA는 탁월한 조직을 이끌어내기 위해서 필요한 조치들이 어떠한 것인지를 배울 수 있었고 이를 우리의 사명을 이룩하기 위해 필요한 다른 모든 부문에 적용할 수 있었습니다. UCLA는 이러한 과정을 '운영체계'라고 부르는데, 이 운영체계를 구성하는 여러 요소들은 안전을 중시하는 조직문화를 조성하는 것은 물론 서비스를 최우선으로 하는 조직문화를 조성하는 데도 매우 중요합니다."

이러한 과정을 '운영체계'라고 지칭함으로써 그는 '겉으로 보이지는 않지만 뒤에서 항상 돌아가고 있는 컴퓨터의 운영체계'와 같은 프로세스를 확립함으로써 장기적으로 안전을 중시하는 기업문화를 달성할 수 있다는 것을 강조하고 있다.

UCLA의 경영진은 이러한 운영체계가 조직의 가치와 사명에 굳건히 기초하고 있어야 한다는 믿음을 가지고 있으며 운영체계가 지속적인 커뮤니케이션과 모든 관리자들의 참여에 의해서 지지되어야 한다고 생각한다. 서비스 혁신을 이루는 과정에서도 그러했듯이 UCLA의 최고경영진은 새로운 인력을 채용하고 훈련시키고, 우선순위를 결정하고, 여러 경영 도구들을 개발하는 모든 과정에 이러한 운영체계가 반영되어야 한다고 강조한다. 일단 우선적으로 추구하여야 할 안전과 관련된 이슈들이 설정되면 이를 실제 행동으로 옮길 수 있도록 목표와 성과지표를 만들어야 하며 이를 측정하고 분석할 수 있는 도구도 제공되어야 한다. UCLA의 경우, 경영정보 시스템에 이러한 안전 관련 목표와 관련된 성과지표를 표시하고 이를 정기적인 업무 성과 평가와 예산작업에 연계시켜놓음으로써 체계적인 분석이 가능하도록 하였다.

요약하자면, 안전을 중시하는 조직문화를 조성하기 위해서 경영진은 다음과 같은 사항들을 철저히 준수하여야 한다.

1. 안전이 최우선이라는 것을 천명한다.
2. 이를 핵심 가치와 연결시킨다.
3. 직원 선발과 훈련 과정에 이러한 가치를 반영한다.
4. 핵심적인 목표를 설정한다.
5. 이들 목표를 측정할 수 있는 도구를 개발한다.
6. 질 향상을 위해서 이용 가능한 자료를 적시에 제공한다.
7. 직원들의 업무 성과가 설정한 목표로 나아갈 수 있도록 지속적으로 관찰하고, 보상하고, 격려한다.

로젠탈 박사는 안전을 중시하는 조직문화를 조성하기 위한 이와 같은 정교한 프로세스와는 대조적인 다른 기업들의 사정을 이야기한다. "많은 기업들에서 안전이라는 이슈가 어떤 안전상의 문제가 발생했을 때 이를 해결하기 위한 대응 차원에서만 논의되는 경우를 너무 자주 보게 됩니다. 오늘 아침에 당장 일어난 안전상의 문제가 그 시점에서 가장 중요한 안전상의 이슈가 되고 개인적으로, 혹은 급조된 팀을 짜서 이를 해결하기 위해 노력합니다. 하지만 몇 달 지나서 다시 다른 안전문제가 발생하면 과거의 문제는 까맣게 잊고 새로운 문제에 매달리게 됩니다."

물론 안전사고에 대응하는 것은 중요한 일이지만 안전을 중시하는 조직문화를 만드는 핵심은 안전과 관련된 중요한 이슈에 대해 지속적인 개선을 이루어나갈 수 있는 운영체계의 개발을 통해 실제로 안전문제가 발생할 가능성을 줄여나가는 것이다.

### Check Up | 당신의 기업은?

- 안전을 기업 운영의 최우선 과제로 설정하기 위해서 어떠한 일을 하고 있는가?
- 직원을 선발하고 교육, 훈련을 실시하는 과정에 안전이라는 가치가 어떻게 반영되어있는가?
- 당신의 핵심 목표와 연결되어있는 안전 목표가 설정되어있는가?
- 목표에 다가가는 과정을 추적할 수 있는 측정도구와 분석도구를 개발하였는가?
- 안전에 대한 초점이 어디에 맞추어져 있는가? 안전문제에 대해 주로 사후적인 조치를 취하는가, 아니면 지속적인 추적 관찰을 통해 적극적인 사전 조치를 취하는가?

## 무사고의 이면을 관리하라

'예상되는 안전문제에 대해 가능한 선제적으로 대응하라'는 로젠탈 박사의 언급은 안전문화를 조성하는 데 있어 가장 어려운 도전인, 무사고의 이면에 초점을 맞추어 지속적으로 주의를 기울이는 능력에 대한 언급이다. 무사고의 이면이라는 말은 원하지 않는 사고의 발생 가능성을 없애기 위해서 지속적으로 노력을 기울일 수 있는 능력을 함축적으로 말하는 것이다. UCLA의 안전운영계획에 의하면 환자의 낙상사고에 대한 목표가 0으로 설정되어있는데 이와 같은 무사고를 달성하기 위해서는 사고가 없는 상황에서도 지속적으로 무사고의 이면을 관리해야 하는 것이다.

의사나 병원 직원의 실수로 인한 환자의 사망이나 잘못된 부위의 수술, 치명적인 투약 사고, 병원 감염 등이 발생하지 않도록 무사고의 이면을 관리하기 위해서는 많은 개별적인 안전 관련 행동에 초점을 맞추는 광범위한 목표 설정(예를 들면, 병원 감염을 없애기 위해서 손 씻기 목표를 100%로 설정한다든지 하는 것들)과 만일 이러한 목표가 실패했다고 하더라도 다른 것들을 통해서 사고를 예방할 수 있는 다양한 수준의 대비책이 필요하다.

손 씻기와 같은 구체적인 행동변화를 목표로 하는 것이 감염처럼 눈에 보이지 않는 목표를 달성하기 위해 노력하도록 하는 것보다 조직원들의 실제적인 변화를 이끌어내기가 더 쉬울 것이다. 이를 확장해서 생각해보면 어떤 특정 무사고의 이면을 관리하는 것이 중요하면 중요할수록 이와 관련되어있는 행동들을 더욱 많이 도출해서 가능한 보다 많은 서로 중첩되는 행동 목표를 가지는 것이 중요해진다. 이를 테면 여러분이 은행을 경영하고 있고 직원들이 공금을 훔치는 것을 근절하는 것이 정말로 중요한 일이라면 한 가지가 아닌 몇 가지의 안전장치를 만들어놓겠지만, 근절하고자 하는 것의 우선순위가 낮다면 한 가지 안전장치에 의존할 것이다.

투약 사고를 제로로 만들기 위한 UCLA의 사례를 살펴보면 무사고의 이면을 철저히 관리하여 안전문화를 만들어가는 과정에서 겪게 되는 어려움을 쉽게 알 수 있다. 미국에서 매년 약 50만 건의 투약 사고가 일어난다는 것을 감안하면 투약 사고를 근절하는 것이 매우 중요한 일임은 누구도 부인할 수 없다. 또한 이러한 목표는 '다른 이에게 해를 입히지 않는다'는 의료인들이 보편적으로 가지고 있는 가치와 '환자들의 건강을 향상시키고, 고통을 줄인다'는 UCLA의 비전에도 부합하는 것이다. UCLA는 약무 부서의 책임자인 다이앤 잘바 박사와 같은 이들의 노력에 힘입어 무수히 많은 사고 가능성을 가지고 있는 투약 과정에 최첨단 바코드 시스템을 도입함으로써 투약 사고 제로 목표를 달성할 수 있는 핵심적인 체계를 갖추게 되었다.

다른 산업에서도 배송의 정확성을 높이기 위해 바코드 시스템이 많이 사용되어왔는데 병원의 투약 과정에 이 시스템이 적용된 것은 그리 오래되지 않는다. 이 시스템이 작동하는 과정은 다음과 같다.

- 의사가 내린 처방 내역이 병원 약국으로 전달되고 동시에 환자의 전자약무기록에 표시된다.
- 간호사는 의사의 처방과 환자의 전자약무기록상의 내용을 비교, 확인한 뒤 약을 수령한다.
- 투약을 위해 병실에 간 간호사는 환자 병실에 있는 컴퓨터에 로그

인 한 뒤, 전자의무기록을 연다.
- 환자의 손목에 있는 인식표를 스캔하여 환자를 확인하고 투약하기 전에 각각의 약품에 붙어있는 바코드를 스캔하여 오류 여부를 확인한다.

UCLA의 임상정보 시스템 책임자인 엘렌 폴락은 자신이 경험한 바코드 시스템에 대해 다음과 같이 이야기한다.

"가령 내가 어떤 약 30㎎을 수령했는데 원래는 20㎎이 투약되어야 한다고 가정해봅시다. 바코드 시스템은 실제 수령되어 스캔된 약과 처방상의 내역이 일치하지 않는다는 경고를 보냅니다. 또 내가 아주 바쁘고 정신이 없어서 당신 약을 가지고 다른 병실에 들어갔다고 해봅시다. 환자의 손목에 있는 인식표를 스캔하는 순간 제가 엉뚱한 환자의 방에 와있다는 경고를 보내줍니다. 이런 실수는 흔히 일어나는 일인데 바코드 시스템이 아주 강력한 안전장치 역할을 하고 있는 것입니다."

바코드 시스템이 투약 과정뿐만 아니라 다른 분야에서도 안전과 관련된 혁신을 이루어냈다고 엘렌은 이야기한다.

"바코드를 이용해 검사실의 검체를 관리하는 시스템 구축 프로젝트를 시작했습니다. 처음에는 채혈을 하는 검사실 인력을 위한 시스템으로 시작되었는데 지금은 병실 간호사들도 채혈을 할 때 이 시스템을 이용하고 있습니다. 채혈을 할 때, 바코드 시스템이 정확한 환자에게서 의사가 지시한 정확한 검체를 뽑고 있는지를 확인해주는 것이죠. 많은 병원들이 이러한 안전장치를 갖추지 못하고 있습니다. 우리는 모든 환자들의 침대 옆에 컴퓨터와 바코드 스캐너를 갖추고 있기 때문에 가능한 일이었습니다."

바코드 시스템을 통해 이중 삼중의 확인 과정을 거치게 됨으로써 사고가 일어날 가능성을 획기적으로 낮추게 된다. 간호사가 직접 서류를 확인하고, 수령된 약을 확인하고, 환자를 다시 한 번 확인하는 과정에서 컴퓨터 시스템이 이중 삼중으로 재확인을 함으로써 실수를 방지하는 것이다. 바코드 시스템으로 전환하는 과정은 많은 비용과 시간이 필요한 과정이었다. 예를 들면 식품의약품안전청이 병원에 판매되는 모든 약품에 대해 바코드를 부착하도록 하고 있지만 표준이 없어서 제약회사마다 각각의 바코드를 부착하고 있기 때문에 이들을 모두 인식할 수 있는 시스템을 구축하는 데 많은 시간이 소요되었다.

실무적인 수준에서의 문제는, 그렇지 않아도 격무에 시달리던 간호사들에게 새로운 업무를 추가시켰다는 점이다.

"근무시간 중에 간호사들은 정말로 바쁩니다. 하루에도 수차례 환자들에게 투약을 하는데 그때마다 약을 다시 한 번 확인하고, 환자 인식표를 스캔하고, 각각의 약들을 일일이 스캔한 뒤에야 실제 투약을 할 수 있게 된 거죠. 하지만 이러한 어려움에도 불구하고 의외로 간호사들은 이 바코드 시스템을 잘 받아들였습니다. 간호사로서 제가 생각하기에 이는 이 시스템을 통해서 우리가 업무하는 방식을 표준화할 수 있다고 생각했기 때문이 아닐까 합니다. 투약을 하는 최선의 프로세스가 어떤 것인지를 시스템을 통해서 배우고 실제 투약 과정을 거기에 맞출 수 있었던 것입니다. 사실 시스템이 도입되기 전까지, 병동마다 투약하는 방식이 다 달랐습니다. 시스템이 도입되면서 안전하게 투약할 수 있는 UCLA만의 표준화된 방식을 가지게 된 것이죠."

고객을 직접 상대하는 직원들이 자신들에게 더 많은 업무가 발생되었는데도 불구하고 고객들에게 더욱 많은 가치를 제공할 수 있다는 확신을 가지고 기꺼이 새로운 안전 관련 업무들을 받아들인다면 이미 그 조직은 안전을 중시하는 조직문화가 조성된 것이다.

## 책임, 비난, 권한 위임

캘리포니아 주정부가 주 내 모든 병원들에게 낙상과 같이 환자가 상해를 입은 사고를 보고하도록 하고 있지만 로젠탈 박사는 보다 적극적인 견해를 이야기한다.

"안전과 관련된 문제를 추적한다는 측면에서 모든 병원들이 동일한 자료를 수집하는 것은 아닙니다. 우리는 주정부의 요구사항을 충족시키기 위한 정도의 자료만을 수집하지는 않습니다. 우리는 실제로 현 시점에서 실행 가능한 행동지침을 도출할 수 있는 수준의 자료를 필요로 합니다."

이를 위해서 UCLA는 안전 관련 문제에 대한 정보 수집을 촉진할 수 있는 컴퓨터 시스템을 구축하는 데 많은 투자를 하였다. 이 시스템은 직원들이 안전 관련 문제를 보고하는 과정에서 흔히 요구되는 복잡한 양식들을 다 없애고 모든 직원들이 시스템상의 어떤 컴퓨터에서도 쉽게 접근하여 보고를 할 수 있도록 하였다. 의사든, 간호사든, 청소직원이든 누구나 컴퓨터 화면에서 투약 사고, 약물부작용 등 14가지 항목으로 구분된 안전 관련 사고 중 하나를 선택하면 부메뉴로 들어가서 사고의 성격 및 간단한 내용을 적을 수 있다. 입력된 사고 내용은 자동으로 병동 책임자와 보고를 한 직원의 직속 상관, 그리고 의료의 질 관리 책임자에게 이메일로 전달된다. 이처럼 보고 과정을 간단하게 하고 관련자들에게 빨리 전달될 수 있게 함으로써 안전 관련 자료를 수집하는 데 있어 장애요소들을 제거하고 더 많은 자료를 수집할 수 있게 되었다. 이를 통해서 매달 500~600건의 보고가 수집되고 이 자료들을 바탕으로 안전 관련 목표의 진전사항을 명확하게 파악하고 필요한 조치를 취할 수 있다.

하지만 이와 같은 바코드나 컴퓨터 보고 시스템만으로 안전이 확보되는 것은 아니다. 기술이라는 것은 부족한 부분을 가지고 있기 때문에 사람과 기술이 함께 역할을 해야 한다. 기술이 안전한 업무 환경을 만드는 도구로서 유용한 것은 사실이지만, 안전문화는 직원들 개개인의 행동에 의해 완성되는 것이기 때문이다. 그렇다면 어떻게 실수를 저지른 직원들이 본인들의 실수를 보고하는 것을 불안해하지 않도록 만듦으로써 같은 실수가 반복되지 않도록 할 수 있을까? 물론 직원들이 본인이 저지른 실수에 대해 처벌받지 않고 실수를 저지른 것에 대해 아무도 비난하지 않는 환경이라면 누구나 자신의 실수에 대해 터놓고 이야기하려고 할 것이다. 하지만 의료가 가진 특성상 아무도 비난하지 않는 환경은 불가능하다. 로젠탈 박사는 이 같은 보고와 책임, 비난 등의 복잡성에 대해 다음과 같이 이야기한다.

"매년 연인원으로 8만 명의 입원환자와 백만 명 이상의 외래환자를 진료하는 데 1만 명 이상의 직원들이 수고하고 있습니다. 최고경영진이라고 해야 고작 3~5명 정도인데 실제로 현장에서 일어나는 안전문제를 직원들 스스로가 말해주지 않는다면 알 수 있는 방법은 전혀 없습니다. 누구나 실수를 할 수 있기 때문에 아주 드물게 발생하는 중대한 과실이 있지 않는 한, 누군가 자신의 실수를 고백한다면 이를 용서

해야만 하는 것이 의료계 문화 중 하나입니다."

이러한 개방성을 위해서 로젠탈 박사는 안전과 관련된 위반행위들을 용서될 수 있는 행위와 용서될 수 없는 행위로 명확히 구분하였다. 이러한 구분을 위해서 윤리적인 실수와 기술적인 실수를 대비시키는 안전 관련 문헌들을 언급하였다.

"슈퍼볼 게임을 보느라고 어떤 환자에게서 온 급한 호출을 다섯 번이나 무시해서 환자를 사망케 한 의사는 명백히 윤리적 실수를 범한 것입니다. 이런 종류의 윤리적 실수는 법리적 적합성 여부를 떠나 도저히 용서받을 수 없습니다. 하지만 만약에 그 의사가 호출을 받고 바로 환자에게 가서 환자의 상태를 자세히 살핀 뒤, 에피네프린을 처방했는데 이 약이 환자에게 오히려 좋지 않은 영향을 미쳐서 환자가 사망했다고 해봅시다. 제가 보기에 이 의사는 기술적인 실수를 범한 것입니다."

안전과 관련된 사고에 대해서 기업의 리더들은 스스로 자신의 실수를 보고할 수 있는 환경을 만듦으로써 실수를 저지른 사람이 보고를 하고 그에 대한 책임을 인정하고, 기술적인 실수를 다시 하지 않도록 교훈을 얻을 수 있다면 용서받을 수 있지만 이러한 절차를 밟지 않거나 윤리적인 실수를 저지른 사람은 응분의 대가를 치르고 해고될 수 있다는 것을 모든 구성원들이 명확히 인식하도록 하여야 한다.

**Check Up** 당신의 기업은?

- 당신의 조직에서는 안전과 관련된 문제를 보고하는 것이 얼마나 쉬운가?

- 안전 관련 문제에 대해서 수집되는 정보가 단지 정부의 보고 의무를 만족시키는 데 그치는가, 아니면 이들 정보를 토대로 즉시 대응책을 마련하는가?
- 안전과 관련된 실수를 저지른 직원이 그 행동으로 인해 비난받지 않는, 즉 '실수를 비난하지 않는 환경'이 조성되어있는가? 아니면 직원들이 용서받을 수 있는 행동과 용서받지 못하는 행동을 구분하는가? 직원들이 자신의 실수를 용서받기 위해 취해야 하는 절차를 알고 있는가?

## 침묵의 위계 극복하기

사람들은 안전과 관련된 사고가 일어난 다음에 처벌이 두려워서 그 일에 대해 말하지 않으려고 할 뿐만 아니라 많은 경우 사고가 일어나기 전에 이미 그들이 감지하고 있던 해당 사고와 관련된 여러 가지 불안요소들에 대해서도 말하지 않으려고 한다. 이런 경향은 특히 의료계에서 심한데, 병원에는 일종의 권력의 위계가 존재하기 때문에 병동의 간호사가 안전문제를 포함해서 환자 진료와 관련한 의사들의 의견에 반하는 자신의 의견을 말하기가 어렵다. 이와 같은 권위적인 위계문화를 극복하기 위해서 UCLA의 경영진은 수술실에 근무하는 1200명의 직원들에게 항공사에서 활용되는 승무원 관리기법을 교육하였다. 이 전략은 항공사의 어느 직원(수하물관리인, 활주로요원, 승무원 등)이든지 안전과 관련된 문제를 발견하면 기장과 같은 권한을 가지고 항공기의 이륙을 정지시킬 수 있도록 권한 위임을 하는 것이다. 로젠탈 박사는 이 과정을 다음과 같이 이야기한다.

"지속적으로 교육을 진행했지만 과거의 관습이 빨리 바뀌지는 않았습니다. 의료라는 특수한 환경에서 개인이 자신의 목소리를 내도록 마인드를 바꾸는 것은 아직도 진행 중이라고 말할 수 있습니다. 또한 그것만 가지고 관습이 바뀌는 것은 아닙니다. 의사들도 변해야 합니다. 수술실의 의사가 수술을 시작하기 전에 '누구나 안전과 관련된 문제를 발견하면 즉시 수술을 중지시키고 바로 이야기해주세요'라고 말해야 합니다. 그렇게 되면 의사의 권위에 눌려서 말하지 않고 지나갔을 일도 수술실의 다른 직원들이 말을 하게 됩니다. 우리는 지금도 어떻게 하면 안전과 관련된 문제에 대해 누구나 스스럼없이 이야기하고 모두가 이를 경청하는 환경을 만들 수 있을까 하는 문제를 가지고 계속 고민하고 있습니다."

로젠탈 박사의 이와 같은 언급은 기존의 의료계에 존재하는 침묵의 위계를 깨기 위해 교육과 권한 위임이 얼마나 중요한지를 보여주는 한편, 사람들이 가지고 있는 강력한 타성을 극복하기 위해 이러한 교육이 끊임없이 시행되어야 한다는 것을 역설하는 것이다.

나심 압사 박사의 연구는 일반적인 생각과는 달리 안전과 관련된 문제에 대해서는 의사들이 다른 사람들의 의견을 듣고 싶어 한다는 것을 보여주고 있다.

"전공의들에게 손 씻기의 중요성을 알려주는 10가지 방법을 제시하였습니다. 이 중에는 간호사가 직접 알려주는 것도 포함되어있었는데 전공의들은 10가지 방법 중에 간호사들이 알려주는 것을 가장 선호하였습니다. 이는 젊은 의사들, 그러니까 새로운 세대의 의사들은 자신을 환자 진료를 제공하는 팀의 일원으로 인식하고 있다는 사실을 말해주는 것이라고 생각합니다. 사람들은 이제 의료가 너무 복잡해져서 혼자서는 실제로 환자에게 해줄 수 있는 일이 거의 없다는 사실과, 따라서 다양한 분야의 인력들과 팀을 이루어야만 실제로 환자들이 원하는 의료를 제공할 수 있다는 사실을 깨닫게 된 것입니다. 10년이나 20년 전에는 환자들에게 해줄 수 있는 게 그리 많지 않았습니다. 특별한 검사도 치료법도 그리 많지 않았습니다. 최근 몇 년 사이에 할 수 있는 것들이 급격하게 증가했고 의사에게만 맡겨두어서는 환자들의 안전을 확보할 수 없게 되었습니다. 환자들에게 안전한 진료를 제공하기 위해서 심지어 이제는 환자들도 함께 참여해야 하는 상황인데 이러한 방향으로 나아가는 것을 보는 것은 매우 흥미로운 일입니다."
기업이 점차 복잡해짐에 따라 안전을 확보하기 위해서는 다양한 분야의 보다 많은 사람들이 참여해야 하며 개인이 아닌 팀이 안전에 대한 책임을 지도록 해야 한다.

## 적당한 측정 방법이 없을 때

낙상이나 잘못된 부위의 수술 같은 안전문제들은 추적하기가 그리 어렵지 않지만 의료에서 안전한 환경을 만들기 위해서 요구되는 대부분의 것들은 눈에 보이지 않고 측정하기 어려운 행동으로 구성된다. 이러한 어려움의 좋은 예로서 UCLA의 손 씻기 활동을 들 수 있다. 환자들의 병실을 드나들 때 얼마나 자주 손을 씻는가 하는 질문에 대부분의 의료인들은 거의 항상 씻는다고 답을 하여 손 씻기의 중요성을 잘 인식하고 있다는 것을 보여준다. 하지만 UCLA의 경영진은 이러한 대답에 의존하는 방식 이외에 보다 객관적으로 손 씻기 실천 정도를 측정할 수 있는 방법을 찾아보기로 결정하였다. 그동안 소독약품의 사용 정도를 자동으로 측정하는 방법 같은 것들이 사용되기는 했지만 그다지 유용한 방법은 아니었다. UCLA의 경영진은 과감하게도 가장 원시적인 방법인 직접 관찰하는 방법을 채택했다. 간호사인 메리 엘버즈닉은 이 방법이 가져온 혁신적인 변화를 다음과 같이 이야기한다.

"저는 환자 안전 달성 여부를 측정하는 방법을 개발하는 팀의 일원이었습니다. 저희는 내부적으로 의료진들의 손 씻기 실천 여부를 추적하고 있었는데 거의 모든 의료진들이 100% 실천한다는 대답을 하였습니다. 그런데 환자들에게 자신의 병실을 왕래하는 의료진들의 손 씻기 실천 여부에 대해 물었더니 전혀 다른 결과가 나왔습니다. 저희 병원이 UCLA 캠퍼스에 위치하고 있기 때문에 의과대학이나 간호대학 진학에 관심이 있는 많은 학부 학생들을 모집해서 자원봉사 프로그램을 구성하였습니다."

2004년도에 시작된 이 프로그램은 매년 약 20여 명의 학생들과 2명의 프로젝트 리더가 참여하였다. 학생들은 프로그램 리더들과 함께 주간, 월간 회의에 참석하여 객관적인 관찰 방법에 대한 교육을 받았고, 안전관리 담당 직원으로부터도 지속적인 교육을 받았다. 학생들이 관찰한 결과는 해당 의료인과 병원의 경영진에게 직접 보고되었다. 학생들은 의료인들이 질병관리본부CDC가 정한 가이드라인에 따라 손 씻기를 하는지 추적 관찰하였는데 학생들이 수집한 정보와 이에 기초한 여러 가지 활동에 힘입어, 가이드라인대로 손 씻기를 시행하는 비율이 50%에서 93%로 비약적인 상승을 보였다.

손 씻기를 추적 관찰하는 것 외에도 학생들은 간호사들이 환자들에게 투약을 하기 전(당시에는 바코드 시스템이 도입되기 전이었다)이나 수술실이나 처치실로 가기 위해 이송인력에게 환자를 인계하기 전에 환자 확인 과정을 준수하는지도 관찰하였다. 여기서 얻어진 자료를 토대로 환자 투약 과정에서 환자 확인을 제대로 시행하는 비율이 50%에서 95%로 향상되었고, 환자 인계 과정에서의 환자 확인도 90% 이상으로 향상되었다. UCLA는 직접 관찰을 통해 얻어진 자료를 활용해서 환자 안전을 위한 중요한 목표들을 효과적으로 달성했는데, 이는 학생들의 직접적인 관찰이 또 하나의 안전망으로 작용한 것이라고 평가할 수 있다. 손 씻기와 관련해서 학생들의 관찰은 자료의 객관성을 높여주고 관습적으로 부정확한 답변을 하던 의료인들에게 경각심을 일깨워주었다는 측면도 긍정적으로 평가할 수 있다.

## 긍정적인 행동에 대한 보상

학생들을 자원봉사자로 활용한 UCLA의 안전관리 프로그램은 경영진이 이 자료를 토대로 직원들에게 도움이 되는 피드백을 제공하는 데 유용하게 활용되었다. UCLA의 경영진은 이러한 직접관찰 자료를 직원들의 긍정적인 행동을 격려하는 데도 자주 이용하였다. '지금 당장 감염을 제거하라Wipe out Infections Now'는 뜻의 WIN 프로그램이 그 예가 될 수 있을 것이다. 이 프로그램은 병원 직원들이 심각한 위험을 가진 항생제 내성균이 병원에 퍼지는 것을 막기 위해 내성균 감염의 위험이 있는 가운이나 글러브 등이 발생하였을 때 이를 즉시 분리, 처리하도록 한 프로토콜 준수를 독려하기 위해 마련되었다. 역학자인 게리 브라독 박사는 이에 대해 다음과 같이 이야기한다.

"저희는 대부분의 인력들이 급할 때 이 프로토콜을 준수하지 않는 현상을 발견하였습니다. 위험이 있는 가운이나 글러브를 그대로 착용한 채 잠시 환자 병실에 들른다든지 잠깐의 시간으로 해결될 수 있는 일들을 그냥 하든지 하는 식이었습니다. 지위가 높은 사람 중 일부는 아예 그러한 프로토콜을 무시하였습니다. 그 결과 병원에 내성균이 번질 위험이 높아졌고 이는 매우 심각한 문제였습니다."

게리 박사는 이러한 관찰 결과에 기초해서 팀 동료인 역학자 자크 루빈 박사와 감염관리 간호사 조셀린 걸리버와 함께 팀을 구성해서 전혀 다른 접근방식을 채용한 행동변화 프로그램을 시행하였다.

"우리는 병원을 순회하면서 직원들이 행하는 분리 절차를 면밀히 관찰하였습니다. 그리고 절차를 정확하게 준수한 직원에게 '절차를 준수한 당신이 자랑스럽습니다'라고 적힌 명함 크기의 카드를 전달하였습니다. 이는 분리 절차를 정확하게 준수한 사람을 칭찬하면서 격려하는 의미를 가지고 있고 이를 통해 다른 사람들도 정확한 절차를 준수하고자 하는 마음의 변화를 유도하기 위한 것입니다. 한 달에 한 번씩 이들의 이름을 게시판에 올리고 상으로 피자 한 판씩을 선사하였습니다. 이들은 또 전체 관리자회의 때 호명되어서 칭찬을 받았습니다. 이러한 프로그램이 사람들의 관심을 받고 정확한 분리 절차에 대해 사람들이 더욱 많이 이야기하게 되면서 이 프로그램이 의도했던 긍정적인 효과들이 나타나기 시작했습니다. 직원들이 먼저 다가와서 '어제 분리 절차를 제대로 준수했는데 혹시 못 봤나요?' 하고 묻는 단계에까지 이르렀습니다. 그러면 저는 '계속 관찰할 테니 계속 잘해주세요'라고 대답을 하곤 했습니다. 환자들을 위해 필요한 일을 직원들이 지속적으로 하도록 유도하는 우리만의 방법입니다."

안전이라고 하는 것은 직원들로 하여금 안전을 위해 필요한 행동들을 항상 준수하도록 하는 것이지, 경영진이 특정 행동에 주목할 때 그 행동을 하도록 하는 것이 아니다. 이러한 목표를 달성하기 위해서 경영자는 종종 직원들의 눈길을 끌 수 있는 색다른 접근방식을 사용하기도 해야 한다. 이러한 색다른 접근방식에 대해 게리 박사는 다음과 같이 이야기한다.

"저는 감염관리와 관련된 이슈를 강의할 때, 슬라이드에 기억에 남는 만화 캐릭터들을 많이 넣습니다. 이렇게 하면 청중들의 반응도 좋고 강의 내용도 더 잘 기억합니다. 예를 들어서 돼지독감 관련된 예방접종 이슈를 강의할 때 슬라이드에 돼지 아줌마 캐릭터를 넣는 식이지요."

전 세계적인 유행성전염 같이 매우 중요한 주제에 대해 이야기할 때조차도 전달방식은 다채롭고 흥미로워야 하며 특별한 이유가 없는 한 혼란을 주는 복잡한 내용들은 꼭 필요한 내용으로 줄여야 한다.

Check Up  당신의 기업은?

- 당신의 회사에는 '침묵의 위계'가 존재하는가? 그렇다면 당신은 이와 같은 위계문화를 바꾸기 위해서 다른 산업에서 시도되는 어떤 방식들을 도입하였는가? 모든 직원들에게 작업을 중지시킬 수 있는 권한을 부여하려는 노력은 효과적인가? 그러한 노력은 지속되고 있는가? 안전에 대한 책임이 개인이 아닌 팀에 부여되어있는가?

- 안전과 관련된 행동들 중 추적하고 측정하기 어려운 것은 어떤 것이 있는가?
- 중요한 행동 지표들의 객관성을 높이기 위해 새로운 방법을 적용해 본 적이 있는가? 이러한 자료 수집 노력이 긍정적인 결과를 가져왔는가?
- 안전과 관련된 긍정적인 행동을 준수하는 사람들을 찾아내기 위한 방법을 고안한 적이 있는가? 이러한 과정에서 지속적인 흥미를 유발하도록 커뮤니케이션 방식에 변화를 주고 있는가?

## 조직문화 깊숙이 뿌리내린 안전

이전의 책에서 나는 '집단숭배cult'와 '조직문화culture' 사이에는 미묘한 차이가 있다고 언급한 바 있다. 안전과 관련해서 리더들은 사명에 기초한 안전 우선순위를 확립하고 이를 직원들이 마치 광신도처럼 따르도록 만들어야 한다. 이를 위해서 리더들은 우선순위를 설정하고 이를 지속적으로 조직 전체에 명확하게 전파하여 모든 구성원들이 공유할 수 있도록 해야만 한다. 동시에 리더들은 이러한 성과를 실제로 측정할 수 있는 시스템을 구축하고, 다양한 수준의(사람과 기술적인 측면을 동시에 고려한) 안전장치를 확립하여야 한다. 자신의 실수를 주저하지 않고 보고할 수 있는 조직문화를 조성하는 것도 빠질 수 없으며 관찰과 교육과 보상을 통해서 직원들의 언행이 일치하지 않는 것도 바로잡아야 한다. 이러한 모든 요소들이 맞물려 돌아갈 때, 조직은 안전과 관련된 당면과제를 해결할 수 있을 뿐만 아니라 조직 전체에서 안전에 대한 인식과 경각심이 높아진 것을 발견하게 된다.

파인버그 박사는 서비스 부문에서 UCLA가 이룩한 성과에 대해서는 만족을 하고 있지만, CEO로서 안전을 중시하는 조직문화를 더욱 강화하기 위한 방법을 여전히 찾고 있다. 그는 병원 복도에서 만난 직원과의 대화를 예로 들면서 아직도 가야 할 길이 멀다고 이야기한다.

"병원 복도를 지나가고 있는데 한 직원이 저에게 다가왔습니다. '저는 작업치료사로 일하고 있는데 원장님을 뵌 김에 환자들의 안전과 관련된 문제를 하나 말씀드리려고 합니다. 환자들이 사용하는 샤워실 바닥이 약간 높아서 환자들이 발을 디뎌 올라가야 하는데 붙잡을 수 있는 수직 지지대를 설치하면 환자들이 발을 헛디뎌서 다치는 일 같은 것을 방지할 수 있을 것 같습니다.'"

파인버그 박사는 그 직원에게 감사를 전하고 관련 직원에게 수 주 내에 병원 전체에서 이러한 문제를 해결하라고 지시를 내렸다. 하지만 이 일은 매우 중요한 점을 암시하고 있기도 하다. 파인버그 박사는 그 점에 대해 다음과 같이 이야기하였다.

"직원이 저한테 다가와서 스스럼없이 안전과 관련된 문제를 이야기할 수 있다는 점에서는 제대로 된 방향으로 가고 있는 것입니다. 하지만 아직 모든 직원들이 그렇게 할 수 있는 수준까지 오지는 못했습니다. 더 바람직하게는 직원들이 저를 만날 기회가 생길 때까지 기다리지 않고 직접 그 문제를 해결하거나 관련 직원에게 그 문제의 해결을 요구할 수 있도록 권한이 위임되는 단계에까지 가야 합니다."

간호사인 코트니 릴은 UCLA의 행정체계상 모든 직원들은 본인이 직면한 안전과 관련된 문제를 해결할 의무가 부여되어있다고 이야기한다. 그녀가 일하는 중환자실의 간호사들은 환자 진료에서뿐만 아니라 직원들 자신을 위험으로부터 보호하고 안전한 진료 환경을 만드는 의무를 주체적으로 수용하고 있다.

"많은 사람들이 중환자실이 조용하고 안전한 장소일 것이라고 생각하지만 그렇지 않은 경우도 꽤 많이 있습니다. 모든 방문객들이 중환자실을 방문할 때 신분증을 제시하고 명찰과 교환하여 착용하도록 하는 정책을 시행하고 있는 것도 그러한 이유에서입니다. 중환자실의 환경이라는 것이 사람을 감정에 휩쓸리게 만드는 경우도 많기 때문에 방문객들의 행동은 철저하게 관리되어야 합니다. 최선의 진료가 제공될 수 있는 환경을 만들 책임은 다른 사람이 아닌 바로 우리들에게 있는 것입니다. 환자의 가족 한 명이 술에 취한 채로 중환자실에 들어온 적이 있었는데, 술이 취한 상태로 환자 진료 공간에 들어오면 안 된다고 제지하자 우리 직원을 위협하였습니다. 우리는 내부 보안요원들과 경찰의 도움을 받아 환자들과 직원들, 그리고 방문객들의 안전을 확보하기 위해 필요한 모든 조치를 취했습니다."

이 일을 계기로 코트니와 그녀의 동료들은 중환자실을 보다 안전하고 정돈된 공간으로 만들기 위해 방문객들에 대한 지침을 만들어야 할 필요성을 인식하였다.

"낡은 옛날 병원에서 최신 시설을 갖춘 넓고 쾌적한 새 병원의 중환자실로 옮겨오니 여러 가지로 좋은 점이 많았습니다. 그런데 중환자실이 외부에 개방되어있는 관계로 뜻하지 않은 불청객들이 들어와서 환자 진료를 방해하는 일이 생겼습니다. 이러한 문제를 해결하기 위해 중환자실의 모든 간호사들이 직원들과 환자 가족들에게 중환자실 출입과 24시간 개방정책의 적절성, 그리고 다른 안전과 관련된 이슈들에 대한 설문을 실시하였습니다. 그 결과를 분석하고 다른 연구 결과들도 참조하여 방문객과 다른 부서 직원들에게 적용되는 가이드라인을 만들었습니다. 이 가이드라인을 만든 후 보다 안전한 진료 환경을 위한 많은 긍정적인 변화들이 일어났습니다. 작은 차이일 수도 있지만 중환자실 내에서 환자들의 진료를 방해할 수 있는 휴대 전화를 사용하는 방문객이 거의 사라진 것과 같은 일들을 그 예로 들 수 있습니다. 다른 사람이 무언가 해주기를 기다리지 않고 저희들 스스로 주체적으로 행동을 취함으로써 우리가 근무하는 공간을 더욱 안전하고 건강한 공간으로 만들었다고 믿습니다. 우리 스스로의 힘으로 일 년 전만 해도 매우 혼란스러웠던 공간을 직원들과 환자 가족들 사이에 긍정적인 상호작용이 이루어지는 조화로운 공간으로 만들어낸 것입니다. 이제 누군가 방문객이 소란을 피운다면 '저희 방문 가이드라인을 보셨습니까?' 하고 물어보고 환자들을 위해 안전하고 상호 존중하는 진료 환경을 만들어야 한다고 이들에게 이야기할 겁니다. 중환자실이 제 기능을 다하기 위해서는 환자들의 가족들과 함께하는 것이 매우 중요합니다. 가이드라인을 만드는 과정에서도 환자 가족들과 다른 부서 직원들의 훌륭한 피드백을 담으려고 노력했습니다. 결과적으로는 모두에게 이익이 되었습니다."

코트니와 그녀 동료들의 사례는 '근거에 기초한' 안전 혁신이라는 측면에서 다음 장에서 이야기할 내용과도 연관이 된다. 또한 단순히 환자의 물리적 안녕이라는 개념으로 바라보던 안전의 외연을 확장시키는 것이기도 하다. 다음 5장에서는 이와 같은 안전을 지향하는 조직이 직면하게 되는 거대한 도전에 대해 살펴보기로 하겠다.

CEO인 파인버그 박사는 사람들이 안전을 생각할 뿐만 아니라 안전을 확보하기 위해 즉각적으로 행동을 취하는 조직문화를 향한 비전을 제시했다. 여러분의 비전은 무엇인가? UCLA의 사례가 어떤 영감을 주었는가? 여러분의 회사가 처해있는 안전과 관련된 현재의 모습이 여러분의 비전에 부합하는가? 이 장을 통해서 테리 폴슨 박사의 지혜가 진리였다는 것을 알게 되었다. 직원들의 행동이 리더가 제시하는 안전에 대한 비전에 부합하지 못하는 조직에서 그 비전은 단지 리더의 '환상'에 불과하다는 것을.

### 실천을 위한 요약

- 당신의 기업을 위한 안전과 관련된 다섯 가지의 핵심 목표를 설정하라.
- 이들 목표들이 당신 회사의 핵심 가치와 사명에 부합하도록 하라.
- 이들 목표의 중요성을 지속적으로 커뮤니케이션하라.
- '안전을 중시하는 조직문화'를 만들기 위해 노력하라.
- 직원 선발과 훈련 및 교육 과정을 안전을 위한 목표에 부합하도록 하라.
- 안전을 위한 구체적인 목표치를 설정하라.
- 이들 목표치를 측정할 수 있는 적절한 방법을 개발하라.
- 얻어진 안전 관련 자료들을 효율적으로 공유하라.
- 이들 자료들을 질 향상 활동에 사용하라.
- 다양한 수준의 안전 확보 장치를 도입하라.
- 가능하다면, 안전을 위해 사람이 할 수 있는 일과 기계가 할 수 있는 일을 조화시켜라.
- 직접관찰 방법의 사용을 고려하라.
- 안전사고 보고 과정을 가능한 간단하게 하고 당사자가 비난받지 않도록 하라.
- 안전 관련 행동지침을 준수하는 직원을 발견하여 칭찬하라.

chapter 5
# 과학적 근거에 바탕을 둔 안전

여기 여러분의 회사 직원들에게 물어볼 간단한 퀴즈 문제가 하나 있다. '회사에서 안전을 책임지는 사람이 누구인가요?' 직원들 누구에게 묻더라도 정답은 '저입니다' 이어야 하지만 불행하게도 많은 직원들은 자신이 아닌, 직책에 '안전'이라는 단어가 들어간 사람을 거명하곤 한다. UCLA의 안전관리 책임자인 에릭 에긴스는 정답을 정확히 알고 있었는데 그는 어떤 조직에서 안전을 중시하는 문화가 제대로 구현되고 있는지는 조직 구성원 각자가 매일의 일상 업무에서 안전과 관련된 문제에 얼마나 헌신하는지를 살펴보면 알 수 있다고 말한다.

"UCLA에서 안전과 관련된 문제들을 이야기할 때, 이를 조직문화의 측면에서 이야기하려고 한다는 사실은 아주 중요합니다. 그런 측면에서 우리는 모든 직원들에게 안전문제에 대해서 항상 주인의식을 가지고 행동하라고 독려해왔습니다. 이런 안전에 대한 관심은 환자들은 물론 우리 직원들의 안녕에 많은 기여를 했습니다. 안전과 관련한 문제들이 경영진이나 저만 고민할 문제가 아니라 직원들 각자를 포함한 우리 모두의 책임이라는 의식이 우리 조직 내에 공고히 자리 잡고 있습니다."

진정한 의미에서 안전한 근무 환경은 경영진의 지시에서 시작되는 것이 아니라 일반 직원들의 의식 변화에 따른 자발적인 참여에서부터 시작되는 것이다.

임상전문간호사인 로빈 로스마크가 몇 년 전 일상적인 환자 이동 과정을 개선한 사례가 이러한 적극적인 참여의 예가 될 것이다.

"내시경적 역행성 췌담관조영술 시술을 받을 환자를 내시경실로 이송하기 위해서 보조 인력이 왔습니다. 주치의가 저에게 환자가 췌담관조영술을 받을 예정이라고 말했기 때문에 시술이 예정되어있는 것은 알고 있지만 정작 환자의 차트에는 그러한 의사 지시가 적혀있지 않았습니다. 동료 간호사에게 '의사 지시가 차트에 없는데 환자를 보내도 될까?'라고 물었더니 '주치의가 이야기했잖아. 당연히 보내야지' 하더군요."

이 일을 계기로 로빈은 진료 부문 책임자인 톰 로젠탈 박사에게 안전과 관련된 프로세스를 점검하고 새롭게 정의할 필요가 있다는 건의를 하게 되었다.

"로젠탈 박사와 함께 작업을 진행하면서 우리는 특히 환자 확인 과정에 있어서 보다 안전한 프로세스가 필요하고 이를 위해서 병원 전체에 새로운 변화가 필요하다는 것을 역설하였습니다. 검사나 시술 예약을 의사들끼리 구두로 하면서 환자의 차트에 그 기록이 남아있지 않은 경우가 많았습니다. 해당 의사들끼리는 서로 알고 있더라도 그 환자와 관련된 다른 모든 진료진은 차트에 기록이 남아있지 않으면 그것에 대해 아무것도 알 수 없습니다. 따라서 문서작업이나 환자를 인계하는 과정에서 일관성과 통일성이 결여되면 의료사고의 가능성이 높아지게 됩니다."

이러한 문제를 해결하기 위해서 로빈은 다른 일류 병원들이 적용하고 있는 환자 확인 프로토콜들을 검토하였고 환자 확인 과정을 이중으로 하는 것의 필요성에 대해서도 검토하였다. 또한 UCLA 헬스시스템 전체에서 이루어지고 있는 환자 인계의 실제 유형에 대해서도 검토하였다.

"수술실과 방사선과, CT, MRI, 혈관조영검사실, 심장조영검사실, 기관지경실, 내시경실 등에서 이루어지는 환자 확인 프로세스에 대해서 모두 조사하였습니다. 이러한 조사를 통해 환자들이 검사나 시술을 위해 병실에서부터 이송되는 과정과, 도착한 환자를 확인하는 과정에서 각 부서별로 많은 차이가 존재한다는 사실을 발견하였습니다."

로젠탈 박사와 로빈은 다른 관련 부서들과 함께 이중환자확인체계를 UCLA 헬스시스템 전체에 시행하기 위해 필요한 다음과 같은 절차를 도출하였다. ▲환자의 진찰권번호를 확인하고 해당 진찰권번호의 차트에 환자에게 시행하려고 하는 검사나 시술에 대한 의사 지시가 적혀있는지 확인한 후 ▲환자를 이송하러 온 보조 인력과 병실의 담당 간호사가 함께 차트의 의사 지시를 다시 한 번 확인한다. 검사실에서 이루어지는 검사 외에도 검사실 외에서 시행되는 검사에 대해서도 이와 같은 이중환자확인절차들이 도출되었고 이후 이러한 이중환자확인체계는 UCLA 내에서 표준이 되어 모든 부서에서 일관되게 시행되고 있다.

한 직원의 작은 관찰이 UCLA에서 이루어진 성공적인 안전 향상 프로그램의 시발점이 되었다. 하지만 모든 관찰이 이처럼 성공으로 연결되는 것은 아니다. 이것이 가능하기 위해서는 직원들이 자신이 가진 안전에 대한 문제의식을 경영진과 편안한 마음으로 공유할 수 있어야 하며 경영진은 이를 열린 마음으로 받아들일 수 있어야 한다. 직원이 가진 안전에 대한 문제의식이 의미가 있는 것이라고 판단되면, 경영진은 그 직원에게 권한을 부여해서 기존 업계 최고 수준의 모범 사례를 조사하도록 하고 조직 내에서 해당 프로세스가 시행되고 있는 상황을 조사할 수 있도록 해야 한다. 또한 경영자는 그 직원과 함께 여러 가지 형태의 위원회 등을 통해서 도출된 안전 권고사항이 조직 전체에 적용될 수 있도록 노력해야 한다. 요약하자면, 어떤 직원이 안전과 관련된 문제를 발견하였을 때, 경영자는 그러한 발견이 가시적인 시스템의 변화로 이어질 수 있도록 주의 깊게 경청하는 한편, 그 직원을 지원하고 권한을 부여해야 하는 것이다.

## 실질적 리더십과 경험 결속하기

안전의 문제가 안전이라는 단어가 들어간 직책을 가진 사람만의 일이 아닌 것처럼 안전과 관련된 리더십 역시 리더들만의 몫은 아니다. 예를 들어, 이중환자확인체계를 도출하는 과정에서 로빈 로스마크는 실질적인 리더의 역할을 수행한 것이다. 그 과정에서 로빈은 전체 UCLA 헬스시스템의 각 부서와 새로운 관계를 형성하였고 이를 통해 안전과 관련된 시스템 차원의 변화를 이끌기 위해 필요한 소중한 경험을 하게 되었다. UCLA의 경영진은 로빈의 이와 같은 경험과 안전과 관련된 리더십 스킬을 지속적으로 병원에 도움이 되는 방향으로 활용하기 위해서 그녀를 다른 안전 관련 프로젝트에 배치하였다. 로빈은 이 일에 대해 다음과 같이 이야기한다.

"간호부장님이 이중환자확인체계에 대한 이야기를 들으셨나 봅니다. 하루는 복도에서 저를 보시더니 일반병동 환자들에게 시행되고 있던 심전도 모니터링 개선 프로젝트에 참여해줄 것을 부탁하셨습니다. 여기서 제기되었던 문제는 병동마다 모니터링 프로세스가 제각각이라는 것과 모니터링 과정에서의 환자 안전문제, 그리고 이러한 프로세스들을 통일시킬 필요성 등이었습니다. 저는 다시 의사와 간호사, 병동 책임자, 의료기사들로 구성된 팀에서 주도적인 역할을 맡아서 일반병동 심전도 모니터링에 대한 표준 프로토콜을 만들었고 병원 내 모든 부서에 전파하였습니다."

리더나 경영진이 조직에 있는 실질적인 리더들의 경험과 지식, 영향력들을 효과적으로 활용하지 못하는 경우를 너무도 흔하게 보게 된다. 심리학자인 로버트 치알디니는 효과적인 커뮤니케이션과 리더십 스킬에 대해 기술하면서 '사회적 증거의 법칙'을 이야기했는데 이는 사람들이 자신과 비슷한 사람들을 따라서 하려는 경향이 있다는 것이다. 훌륭한 리더는 직원들에게 모든 것을 지시하려고 하기보다는 로빈 로스마크 같은 실질적인 리더를 발굴하여 이들로 하여금 자신의 리더십 역량을 마음껏 펼칠 수 있도록 함으로써 동료들에게 긍정적인 영향을 미치도록 하는 동시에 조직의 근본 토대를 보다 튼튼하게 만든다.

> **Check Up** 당신의 기업은?
> 
> - 말단 직원들이 안전을 개선할 수 있는 아이디어가 떠올랐을 때 이를 이야기하기 위해서 최고경영진을 찾아오는가?
> - 당신 회사의 리더들은 업계의 모범 사례를 조사하고 회사 내에서 해당 프로세스의 상황을 파악할 수 있는 권한을 직원들에게 부여하고 있는가?
> - 직원들로 하여금 안전과 관련된 문제의식과 업계의 모범 사례에 대한 조사를 연계하여 시스템 차원의 가시적인 변화를 만들어가도록 경청하고, 지지하고, 독려하고 있는가?
> - 직원들이 가지고 있는 실질적인 리더십과 치알디니의 '사회적 증거'의 법칙을 얼마나 효과적으로 활용하고 있는가?

## 무(無)에서 만들어진 혁신, 그리고 공유

UCLA에서 안전문제를 해결해나가는 방법은 많은 경우 '근거에 기초한evidence-based' 접근방식이었는데 기존에 발표된 모범 사례를 통해 통찰을 얻고 자신들의 경험을 통해 새로운 지식을 창조하는 데 기여하는 형태였다.

《증거경영: 경영위기를 돌파하는 통찰Hard Facts, Dangerous Half-Truths and Total Nonsense》이라는 책에서 제프리 페퍼와 로버트 서튼 교수는 다음과 같이 말하였다.

'사업을 하고 있는 주변의 동료들이나 당신의 경험이 증명하듯이 경영의사결정이라고 하는 것이 희망이나 불안, 다른 사람들이 하고 있을 것 같은 것들, 전임자가 했을 것 같은 것들, 혹은 본인의 주관적인 생각에 기초하고 있는 경우가 많다. 다시 말해서 객관적 사실이 아닌 다른 많은 주관적인 것들에 기초하고 있는 경우가 대부분이라는 것이다. 근거 중심의 사례evidence-based practice 가 의료에 적용되었고 교육에도 이제 막 적용되려고 하지만 경영에는 아직 별다른 영향을 미치지 못하고 있다. 만일 의사들이 지금 일반 회사들이 하고 있는 것과 같은 방식으로 환자들을 진료한다면 많은 환자들이 오히려 병이 악화되거나 죽게 될 것이고 많은 의사들이 감옥에 가게 될 것이다'

UCLA에서는 안전문제에 관한 한 근거 중심의 접근방식이 잘 지켜지고 있다. 예를 들면 산부인과 병동의 수간호사인 데보라 수다와 책임간호사인 니콜 카살레누보는 제왕절개 수술 환자의 수술 부위 감염이 증가하는 문제에 대해 과학적인 접근방식을 통해 해결책을 찾으려고 하였다.

"감염률이 너무 높았기 때문에 우리는 이것이 어떤 하나의 원인에서 오기보다는 산부인과 병동과 관련된 여러 가지 요인들에 기인할 것이라고 생각하였습니다. 수술실의 피복이 오염되었을 수도 있고, 수술 중에 수술실의 문이 열린 횟수나 매일 시행되는 창상치료와 관련이 있을 수도 있고, 일 년차 전공의들 교육시간에 수술이 시행되었을 수도 있었습니다."

이들 모든 문제들에 대해서 각각의 해결책을 동시다발적으로 적용할 수도 있었겠지만 그렇게 해서 문제가 해결되면 실제 감염률이 높아진 원인을 밝히는 데는 별로 도움이 되지 않는다. 니콜은 그 상황을 이렇게 이야기한다.

"우리는 감염관리 팀의 도움을 받아서 우리가 처해있는 상황을 정확하게 파악하기로 했습니다. 감염관리 팀은 저희가 자료를 수집하고, 의무기록을 검토하고, 환자 한 명, 한 명의 프로세스를 검토하는 데 많은 도움을 주었습니다. 무기명으로 설문조사도 실시하였고 의료진들에게 본인들이 수술 전 손 씻는 방법을 말해달라는 요청도 하였습니다. 이를 토대로 창상감염을 줄이기 위한 권고안을 만들었고 이러한 자료를 모든 의사들과 공유하였습니다."

권고안을 강력하게 시행함으로써 감염률을 획기적으로 낮출 수 있었지만 데보라는 여기에 만족하지 않았다.

"창상감염률이 6~7%로 낮아졌지만 우리는 창상감염을 0%로 만들고 싶었습니다. 창상감염을 일으킬 수 있다고 알려진 다른 요인들에 대해 문헌조사를 시작하였습니다. 문헌조사를 통해서 당시 우리가 사용하던 소독약이 문제의 원인일 수 있다는 사실을 알게 되었습니다. 당시의 소독약은 수술 부위를 소독한 뒤 그 부위가 말라야 소독 효과가 나타나는 약이었는데, 아이의 상태가 나빠져서 응급 제왕절개 수술을 시행하게 되면 약이 마를 때까지 기다릴 시간이 없이 바로 산모의 복부를 절개해야 했습니다. 우리는 수술 부위에 소독약을 바르는 즉시 소독 효과를 볼 수 있는 약으로 교체하였고 감염률은 1.2%로 떨어졌습니다."

경쟁자들에게 자신의 영업 비밀을 숨기려고 하는 다른 많은 업종의 기업들과 달리 UCLA는 다른 접근방식을 취하였는데, 니콜이 여기에 대해 설명해주었다.

"우리는 우리의 경험을 정리해서 학술지에 발표하였습니다. 다른 병원들도 저희의 경험을 통해서 수술 부위 감염을 낮출 수 있게 된 것이죠."

최선의 안전 관련 사례를 벤치마킹하거나 조사를 통해서 새로운 사실을 밝혀내고자 하는 노력이 항상 성공하는 것은 아니다. 이런 경우가 생기면 UCLA 경영자들이 연구조사의 필요를 평가하고 안전 관련 사례의 기준을 다시 설정하게 하는 것이 통상적이다. 데보라가 본인의 경험을 들려준다.

"산부인과에서는 그동안 환자 낙상이 문제가 된 적이 거의 없었습니다. 그런데 새 병원으로 옮겨가고 난 뒤 환자 낙상이 발생하기 시작했습니다. 산부인과에서는 환자가 침대에서 바닥으로 떨어지는 것뿐만 아니라 산모가 보행 시 균형을 잃거나 다른 사람의 도움이 없이는 균형을 잡기 어려운 경우를 모두 낙상으로 분류합니다."

UCLA에서는 산모가 출산 후 처음으로 화장실을 갈 때는 반드시 간호사의 보조를 받도록 하는 규정을 만들어서 시행하고 있었다. 니콜이 이야기를 잇는다.

"그러한 규정에도 불구하고 3~4년 동안 전혀 발생하지 않았던 낙상이 새 병원으로 옮기자마자 7건이나 발생하였습니다. 산부인과 병동에서 무슨 일이 벌어지고 있는지 정확하게 파악이 되지 않는 상황이었기 때문에, 병동의 간호사들이 산모들에게 왜 낙상이 발생하는지를 관찰하는 데 도움을 줄 수 있는 가이드라인을 만들 팀을 내부적으로 구성하였습니다."

우선 낙상의 횟수와 원인을 측정하기 위해 사용될 도구를 검토하였는데 기존에 사용되고 있는 평가도구가 적합한 것이 아니라는 사실을 알게 되었다. 기존의 도구는 대부분 노인 환자들이나 신경과 환자들 혹은 외과 수술 환자들을 위해서 개발된 것들이었다. 데보라는 다른 병원의 동료들에게 산모들에게 적합한 낙상 평가도구가 있는지 문의

하는 이메일을 발송하였지만, 그런 도구가 있다는 것을 들어본 적이 없다는 내용과 함께 만일 그런 도구가 개발된다면 자신들도 그것을 사용하고 싶다는 답신을 받게 되었다.

"그 즉시 근거에 기반을 둔 산모 위험 평가도구를 개발해야겠다는 생각을 하게 되었습니다."

산모들에 대한 낙상 위험 평가도구 개발이 시작되면서, 산모들이 겪게 되는 환경적, 생리적 변화와 같은 많은 조사들이 이루어졌다. 특히 분만에 임박해서 병동으로 입원한 산모와 조산 등의 이유로 분만 몇 달 전부터 병동에 입원해서 절대 안정을 취하고 있던 산모들의 차이에 주목하게 되었는데, 이들 두 군의 환자들의 분만 과정에서의 혈액 소실량이나 다른 임상적, 생물학적 차이들도 조사하였다. 이러한 과정들을 통해서 입원에서부터 퇴원까지 산모들의 낙상 위험을 평가할 수 있는 도구가 만들어졌다. 데보라는 이 과정을 다음과 같이 이야기한다.

"이 도구는 일종의 조기경보 시스템입니다. 간호사들에게 낙상 위험이 높은 환자를 알려주고 보다 세심한 주의를 기울이게 하는 것이지요. 도구의 타당성을 검증하는 시험 기간이 거의 끝나가고 이제 곧 정식으로 도구를 도입하게 됩니다. 시간이 조금 더 지나서 도구의 유용성을 보여줄 수 있는 자료가 축적되면 이를 발표해서 관심 있는 다른 병원의 동료들이 이것을 사용할 수 있도록 함으로써 우리가 했던 것처럼 낙상 위험이 있는 환자를 조기에 발견해서 낙상을 방지할 수 있도록 할 것입니다."

학술기관은 그 특성상 안전과 관련된 지식을 얻기 위해서 과학적인 접근을 할 수 있지만 학술기관이 아닌 조직에서 안전과 관련된 문제들을 해결하는 데 이용될 수 있는 많은 통찰들을 UCLA의 사례에서 얻을 수 있을 것이다. 안전에 관하여 혁신을 이루는 것은 안전과 관련된 프로세스를 모방하는 것보다 훨씬 어려운 것이다. 다른 기업이 이룩한 혁신에 약간의 수정을 가하여 본인의 조직에 적용하는 것이 아무것도 없는 것에서 시작하여 혁신을 만들어내는 것보다 쉬운 일이다. 많은 상품이나 서비스와 관련된 정보가 지적재산권 등의 형태로 보호를 받고 있지만 안전과 관련된 혁신은 이러한 보호 대상이 되지 않으며 외부의 모두와 공유할 수 있다.

### Check Up 당신의 기업은?

- 안전과 관련된 당신의 접근방식 중에서 단순한 희망이나 불안, 다른 사람들이 하고 있을 것 같은 것들, 전임자가 했을 것 같은 것들, 혹은 본인의 주관적인 생각에 기초하고 있는 것이 어느 정도인가?
- 안전을 향상시키기 위해서 근거에 기초한 접근방식을 취하고 있는 것은 어떠한 것들이 있는가?
- 안전 관련 문제를 해결하기 위해서 여러 원인들에 대한 동시다발적인 접근이 아닌 체계적이고 점진적인 접근을 취하고 있는 예를 들 수 있는가?
- 안전과 관련된 혁신을 다른 기업과 공유하고 있는가?

## 생각의 경계 허물기

안전과 관련된 목표를 달성하기 위해서는 회사와 부서의 경계가 허물어져야 한다. 앞에서 살펴본 산모들의 낙상 위험 평가도구는 산부인과 병동에 입원하고 있는 산모들을 위해서 만들어진 것이지만 다른 병동에서도 그들 병동에 입원하고 있는 환자들의 낙상을 방지할 수 있는 방법을 자발적으로 찾고 있다. 안전관리 책임을 맡고 있는 에릭 에긴스는 다음과 같이 이야기한다.

"조인트커미션Joint Commission[3]에서는 매년 12개 정도의 환자 안전과 관련된 핵심적인 목표를 발표하고 개별 의료기관들 스스로 자신의 상황을 평가함으로써 이러한 목표에 다가가도록 독려합니다. 이들 핵심 목표에서 낙상과 같은 상황이 발생하는 데에 환경적인 요소들이 관련이 있다고 기술되어있지는 않지만 우리는 UCLA에서 발생하는 모든 낙상사고에 대해서 혹시 환경적인 요소가 영향을 미치지 않았는지를 조사합니다. 환자에게 발생한 낙상이 그가 복용하고 있던 약 때문에 일어난 것이었다 하더라도 우리는 환자 침대의 측면 레일이 제대로 고정되어있었는지, 바닥이 미끄럽지는 않았는지, 혹은 다른 환경적인 요소들이 영향을 미치지는 않았는지 면밀히 검토합니다. 조인트커미션이 이러한 것들을 요구하지 않아도 우리는 우리가 필요하다고 생각하는 것을 검토, 관리하고 있는 것입니다."

에릭의 말을 통해 안전과 관련한 문제가 발생하였을 때 임기응변적인 해결책이 아니라 모든 가능한 원인들을 검토하고 이를 제거하고자 하는 UCLA의 노력을 엿볼 수 있다. 안전과 관련한 문제에 대해서 즉각적인 답을 내놓기보다는 프로세스 자체를 충분한 시간을 가지고 검

---

[3] 미국 의료기관들에 대한 인증을 담당하고 있는 민간기구

토하여 궁극적으로 안전을 포함한 의료의 질을 향상시키는 것이 보다 바람직한 접근인 것이다. 또 하나 생각해보아야 하는 점은 안전과 관련한 정부나 조인트커미션의 규제 수준을 안전의 최고 수준이라고 생각해서는 안 되며 오히려 최소 수준으로 생각해야 한다는 것이다. 에릭은 이에 대해서 다음과 같이 덧붙인다.

"저희는 항상 수백 개 분야에서 안전과 관련된 프로젝트를 진행하고 있음에도 불구하고 어떤 새로운 분야에서 위험의 증가가 감지되면 그 분야에 대한 프로젝트를 바로 기존 프로젝트에 추가시켜왔습니다. 저희가 진행하고 있는 수백 개의 프로젝트 중 대다수는 정부나 조인트커미션이 요구하고 있지 않은 것들입니다."

조인트커미션은 환자들이 진료받는 공간에 대해서는 일 년에 두 번, 기타 공간에 대해서는 일 년에 한 번 안전점검을 하도록 규정하고 있다. 조인트커미션에 의하면 환자 진료 공간은 병동과 외래 등으로 규정되어있는데 UCLA는 이와 같은 규정이 환자 진료 공간을 지나치게 협소하게 규정하고 있다고 생각하였고, 이에 따라서 환자들이 머무는 모든 공간에 대해 일 년에 수차례의 안전점검을 실시하고 있다. 예를 들어 병원의 카페테리아나 로비, 채플, 대기실 같이 환자들이 머무는 곳이라면 진료가 제공되는 곳이 아니더라도 수차례 정기적인 안전점검을 실시하고 있다. 또한 안전 관련 위험이 높은 지역에 대해서는 일 년에 두 차례가 아니라 매달 안전점검을 실시하고 있다.

"수술실이 한 예가 될 수 있습니다. 규정상 수술실에 대해서는 일 년에 두 차례 안전점검을 실시하도록 되어있지만 저희는 매달 안전점검을 실시하고 있습니다. 주방과 검사실에 대해서도 매달 안전점검을 실시합니다."

많은 경영자들이 정부의 규제에 대해 못마땅하게 여긴다. 하지만 안전을 중시하는 문화가 형성된 조직에서는 이러한 규제를 적극 수용하는 것은 물론, 이를 토대로 이보다 더욱 높은 기준을 적용하려는 노력을 아끼지 않는 것이다.

## 공간에 스며들어있는 안전의식

나의 대학교 첫 수업시간은 정치학개론 시간이었다. 교수님께서는 학생들에게 '사람이 사는 모든 것이 정치입니다'라고 말씀하셨다. 다음 수업은 심리학 수업이었는데 교수님께서는 '사람이 사는 모든 것에 심리학이 관련되지 않는 것은 없습니다'라고 말씀하셨다. 그날 저녁에 혼자서 '사람이 사는 모든 것이 정치야, 심리학이야?'라고 되물었던 기억이 난다. 나도 이 교수님들과 비슷한 뉘앙스를 줄지 모르겠지만, 오늘날 모든 기업의 경영자들이 내리는 모든 결정에 안전이 관련되지 않은 것이 없다.

1994년의 지진으로 웨스트우드 캠퍼스의 병원 건물이 심각한 손상을 입었고 캘리포니아 주정부가 모든 병원 건물에 대해 지진 피해에 견딜 수 있도록 설계하고 건축하도록 법으로 의무화하였기 때문에 UCLA의 새 병원 건물들은 강력한 안전 기준을 준수하여 완공되었다. 특히 리히터 규모 8.0 이상의 지진이 발생하더라도 구조적으로 결함이 발생하지 않고 건물 외부에 균열로 인한 낙석이 발생하지 않도록 설계되었으며 지진 발생 후 72시간 동안 외부의 도움 없이 자체적으로 병원의 모든 기능이 정상적으로 돌아갈 수 있도록 지어졌다.

또한 이러한 지진에 대한 대비 말고도 강풍과 폭우에도 견딜 수 있도록 지어졌다.

20~25톤에 달하는 철제빔들로 구성된 건물의 골격은 최근 100년 동안에 로스앤젤레스 지역에서 발생하였던 어떠한 지진에도 견딜 수 있다. 철제빔 하나만도 그 규모가 엄청난데 길이가 6미터가 넘고 폭이 1.2미터에 달하는 빔들이 육중한 무게의 철제 기둥에 둘러싸여 있다. 이러한 철골 구조물을 용접하는 데도 많은 시간이 소요되었는데 통상적인 용접시간의 두 배 이상이 소요되었다.

건물의 외벽을 둘러싸고 있는 1만8000장의 대리석 타일은 지진에 대비해서 1미터까지 움직일 수 있도록 시공되었다. 이러한 안전에 대비한 건물의 특성들이 얼마나 중요한 것인지에 대해 건축에 문외한인 사람들은 잘 이해하지 못할 수도 있지만 이것은 병원의 모든 공간에서 빈틈없이 안전이 확보되어야 한다는 UCLA의 안전에 대한 헌신을 그대로 보여주고 있는 것이다. 예를 들어 매년 4만 명의 환자들을 진료하는 약 2000제곱미터 면적의 응급센터는 중환자나 중증외상 환자들의 진료가 빠르고 효율적으로 이루어질 수 있도록 세심한 주의를 기울여 계획되고 지어졌다. 응급실을 개소하기 전에 의료진과 관련 직원들이 모두 참여하는 모의 운영도 이루어졌는데 이러한 과정들을 통해 진료 도구가 놓이는 위치와 같은 작은 부분까지 안전과 효율성을 고려하여 계획되었다.

UCLA의 응급센터는 로스앤젤레스 지역에 7개밖에 없는 1급 응급의료센터 중 하나이다. 응급의료 책임자인 자넷 리미치는 다음과 같이 설명한다.

"1급 응급의료센터는 중증외상 환자들에 대한 고도의 수술적 치료를 제공하는 기관입니다. 1급을 유지하기 위해서는 필요한 시설과 장비를 갖추어야 하며 전문의들이 24시간 환자를 진료할 수 있어야 합니다. 또한 일정 수 이상의 중증외상 환자들을 치료한 실적을 유지해야 합니다. 수술을 담당할 외과 의사와 마취과 의사가 병원에 대기하고 있어야 하는 것은 물론이려니와 외과의 세부 전문분과별로 전문의들이 연계되어있어야 하고 교육과 연구도 병행하여야 합니다."

1급 센터의 위상에 걸맞게 UCLA는 헬기착륙장의 설계나 응급헬기로 도착한 환자들이 안전하게 착륙장에 내리고 응급환자 전용 엘리베이터를 통해 응급실에 도착하는 과정 등, 응급센터 운영과 관련된 각종 안전문제에 세심한 관심을 기울여야만 한다.

공장을 설계하는 과정에서 지진과 같은 천재지변을 고려할 필요가 있거나 헬기착륙장이나 환자 이송 과정과 같은 응급상황에 대한 대비를 고려해야 할 필요가 있는 이들은 그리 많지 않을 것이다. 하지만 UCLA 사례의 교훈은 안전이 특정 분야에만 적용되거나 혹은 없어도 되는 것이 아니라는 사실이다. 안전이라고 하는 것은 기업이 추구하는 미션을 완수하기 위해서 기업의 모든 물리적 환경을 설계할 때 반드시 고려되어야 하는 본질적인 성질의 것이다.

> **Check Up**   당신의 기업은?
>
> - 안전과 관련된 목표들을 달성하기 위해 부서 간 협조가 잘 이루어지고 있는가?
> - 안전과 관련된 문제가 발생하였을 때, 밖으로 드러나는 원인들 이외에 다른 가능한 원인들을 찾기 위해 얼마나 많은 노력을 기울이

는가?
- 안전과 관련된 내부 규정을 만드는 데 정부의 규제가 어떤 역할을 하는가? 규제 수준에 맞추는가, 아니면 규제 수준을 최소한으로 보고 그보다 더 높은 표준을 설정하는가?
- 장기적인 서비스와 미션 목표 안에서 어떻게 물리적 환경의 안전 확보를 고려하고 있는가?

## 고객 참여시키기

많은 경영자들이 안전은 고객을 위한 것이라고 생각하는 경향이 있다. 하지만 최근 의료계, 특히 UCLA에서는 안전을 고객과 함께하는 것으로 생각하는 경향이 자리 잡고 있다. UCLA의 경영진과 직원들은 고의가 아닌 예기치 못한 실수로부터 환자들을 보호하기 위한 방안으로 환자들에게 필요한 정보와 교육을 제공하고 있다. 예를 들면 UCLA는 환자가 입원을 하게 되면 환자들에게 본인의 이름과 진찰권번호가 기록된 팔찌를 제공하면서 이를 확인시키고 퇴원할 때까지 이를 계속 착용해야 한다는 내용을 교육한다. 이외에도 환자들은 다음과 같은 내용을 교육받는다.

　　UCLA의 간호사들은 환자들에 대한 정확한 투약을 위해서 정해진 규정을 준수하여 투약을 실시합니다. 만일 본인에게 투약된 약이 평소에 보던 것과 다르다면 바로 간호사나 의사에게 알려주십시오. 정확하게 투약된 약도 모양이 다를 수 있지만 정확한 정보를 확인하는 것이 언제나 환자 여러분에게 도움이 됩니다. 집에서 약을 드실 때도 포장의 설명을 항상 확인해야 한다는 것을 반드시 기억하시기 바랍니다.

저희는 환자 본인이 느끼는 본인의 몸 상태를 매우 중요하게 생각합니다. 만약 당신이나 당신의 가족이 당신의 몸 상태에 어떤 변화가 있다는 것을 느낀다면 의료진(간호사, 의사 등)에게 바로 알려주시기 바랍니다. 본인의 몸 상태에 대해서 혼자서 걱정하는 것보다 의료진의 도움을 받으면 훨씬 편안한 마음을 가질 수 있습니다.

환자의 낙상을 방지하기 위해서는 환자들과 방문객, 간호사들 간의 정확한 커뮤니케이션이 무엇보다도 중요합니다. 방문객들은 환자가 어떤 필요를 가지고 있는지 혹은 어떤 것을 할 수 있는지를 면밀히 살피고 혹시 걱정되는 부분이 있다면 바로 간호사들에게 알림으로써 환자의 낙상을 방지하는 데 도움을 줄 수 있습니다. 환자들은 침대를 벗어날 때는 항상 간호사를 호출하여 도움을 받아야 하고 미끄럼 방지 패드가 부착되어있는 신발을 신어야 합니다.

UCLA의 규정상 의사와 간호사, 의료기사들을 포함한 모든 의료진은 환자들과 접촉하기 전과 후에 반드시 정해진 가이드라인에 따라 손을 씻어야 합니다. 그동안의 연구에 의하면 손 씻기는 병원에서의 감염을 예방하는 데 가장 효과적이고 중요한 방법으로 알려져 있습니다. 만일 의료진의 누구라도 손 씻기를 하지 않는 사람을 보게 되면 바로 손 씻기를 상기시켜주시기 바랍니다. 이는 본인뿐만 아니라 병원의 모든 사람들을 위한 것입니다.

본인의 진료에 대해 책임을 맡고 있는 사람의 이름과 얼굴을 기억하십시오. 이는 여러 의료진들이 여러분의 치료에 관여하고 있거나 여러 가지 질환을 동시에 가지고 있을 때 특히 중요합니다.

본인을 담당하는 의료진이 항상 본인을 확인하도록 하십시오. 모든 의사와 간호사, 의료기사들은 검사나 시술을 시행하기 전에 여러분의 이름과 진찰권번호가 적혀있는 팔찌를 확인하여야 합니다.

궁금한 사항이나 걱정되는 사항이 있을 때는 바로 이야기해주십시오. 여러분은 본인에게 시행되는 치료의 내용에 대해서 알 권리가 있으며 의료진 중 누구에게라도 질문을 할 권리가 있습니다.

검사를 하게 되면 항상 그 결과를 의사에게 물으시기 바랍니다.

수술을 하게 되면 그 수술에 대한 정보를 정확하게 전달받으시고 본인과 주치의, 수술을 담당할 외과 의사 간에 정확하게 어떠한 수술이 시행될지에 대해서 의견 일치를 이루어야 합니다.

가족이나 신뢰할 수 있는 친구에게 여러분이 정확한 의사표현이 어려운 상황에 빠졌을 때 본인의 입장을 대변해줄 것을 미리 부탁해놓으십시오.

일부 냉소적인 사람들은 이러한 것들을 의료사고가 발생하였을 때 책임을 면하기 위한 고지에 불과하다고 생각할 수도 있다. 이러한 사람들의 사고는 '환자분께 주의사항을 미리 알려드렸습니다. 이제부터 환자분께 일어날 일들에 대해서 환자분께서는 공동의 책임을 지게 되시는 것입니다' 라는 식의 법적 책임 전가로 바라보는 것이다. 하지만 실제로는 환자들에 대한 이러한 교육은 전체적인 환자 안전에 중요한 역할을 하며 환자와 그 가족을 치료의 파트너로 인식하는 UCLA의 문화를 반영한다고 하겠다. 에릭 에긴스는 다음과 같이 이야기한다. "우리가 환자들에게 적극적으로 안전과 관련된 제안을 하도록 독려하고 있기 때문에 UCLA의 환자들은 다른 병원에 비해 보다 안전한 환경에 놓이게 되었다고 생각합니다. 어떤 환자가 병원에 오는 거동이 불편한 환자들에게 휠체어가 제공되는 방식에 대해 개선이 필요하다고 제안을 하였습니다. 과거에는 환자나 환자의 가족이 직접 병원 현관까지 와서 휠체어를 요청하여 받아가야 했지만 이 제안을 통해 주차장에서 휠체어가 제공되는 형태로 개선되었습니다."

휠체어 제공 문제든, 의료진에게 환자가 손 씻기를 상기시키는 것이든, 받은 약이 평소와 다르다고 이야기하여 투약 사고를 방지한 것이든, 모든 안전과 관련된 문제에 있어서 또 하나의 중요한 보호장치는 환자나 고객을 참여시키는 것이다.

## 훈련과 연습은 거짓말을 하지 않는다

'훈련이 완벽을 만든다'는 격언은 누구나 알고 있지만, 많은 경영자들은 예상되는 안전문제(발생할 가능성이 아주 희박한 것일지라도)에 대처하기 위한 예행연습의 중요성을 간과하곤 한다. 안전문제에 대한 대처 훈련이 일상처럼 일어나는 UCLA에서 이러한 훈련이 항상 완벽을 가져다주지는 못할지라도 보다 나은 대응을 할 수 있게 해주는 것은 분명하다. 급성기 소아병동의 책임자인 타마라 가빌란은 다음과 같이 이야기한다.

"저는 다른 병원의 간호사들과 많은 대화를 나눕니다. 이들과 이야기를 하다보면 UCLA의 진료 환경이 훨씬 안전하다고 느끼게 되는데 이는 우리가 평소에 많은 대비를 하고 있기 때문이라고 생각합니다. 제가 주말 책임간호사로 병동 근무를 하고 있었는데 저희 병동에서 끔찍하게도 대량의 화학약품 누출사고가 발생하였습니다. 21년간의 간호사 생활에서 가장 큰 약품 누출사고였습니다. 하지만 우리 병동 간호사들은 전혀 당황하지 않고 자연스럽게 사고를 수습하였습니다. 기본적으로 우리는 그동안 훈련받은 대로 규정에 따라 단계별로 절차를 밟아나갔습니다. 우리는 위험물질대응 팀에 연락을 취하였고 환자들을 대피시켰습니다. 응급상황이 닥쳤을 때 제 머릿속에는 어떤 조치들을 취해야 할지가 이미 정리되어있었습니다. UCLA에서 안전은 항상 최우선 과제였고 이러한 것이 시험대에 올랐을 때, 그동안 저희들이 해왔던 훈련이 보답을 해준 셈입니다."

바쁘게 돌아가는 사업 일선에서 안전과 관련된 훈련을 실시하는 것은 쉬운 일이 아니다. 그날그날 닥친 일들을 처리하기도 바쁜 상황인 직원들에게 왜 일어나지도 않을 일들에 대한 훈련을 시켜야 하는가? 여기에 대한 해답은 타마라 가빌란의 말에서 찾을 수 있는데, 예상치 못한 일이 발생하였을 때 직원들이 해야 할 조치들이 직원들의 '머릿속에 이미 정리되어있도록' 하기 위해서이다.

### Check Up 당신의 기업은?

- 고객들이 안전 향상에 기여할 수 있도록 어떤 조치들을 취하고 있는가?
- 고객들의 안전을 위해 고객들 스스로가 참여하여 기여한 경우가 있는가? 이러한 사례들을 직원들에게 소개하여 그들로 하여금 고객을 파트너로 인식하는 것의 가치를 중요하게 생각하도록 유도하고 있는가?

- 작업 현장에서 어떤 안전문제와 관련된 훈련을 실시하고 있는가? 어떤 추가적인 훈련을 고려하고 있는가?
- 예상치 못한 일이 발생하였을 때 직원들이 해야 할 조치들이 '직원들의 머릿속에 이미 정리되어있을 것'이라고 어느 정도 확신하는가?

## 신체적 안전의 차원을 넘어서

지금까지 안전에 대한 나의 초점은 주로 신체적인 안전에 맞추어져 있었지만 안전에 대한 논의의 범위는 단순한 신체적 안전의 차원을 넘어서 다른 많은 요인들을 포함하고 있는 것이 사실이다. 예를 들어 의료진은 환자의 사생활을 보호해야 하는 임무를 가지고 있고 그들의 정서적인 안녕도 살펴야 한다. 환자들의 의료정보를 보호하는 것의 중요성에 대해 의료인들이 지속적으로 주의를 기울여오기는 했지만 실제적으로는 1996년에 만들어진 법(의료보험의 연속성 및 책무성에 관한 법률 Health Insurance Portabilityu and Accountability Act)을 통해서 의료정보를 보호하기 위한 국가적인 표준이 설정되었다. 2002년까지 일련의 공식적인 가이드라인들이 만들어졌으며 2003년부터는 모든 의료기관들이 의무적으로 이 가이드라인을 따르도록 하였는데 흔히 'HIPAA 개인정보 보호규칙'이라고 불린다. 넓은 의미에서 연방정부의 가이드라인은 보호되어야 하는 의료정보의 종류를 규정하는 동시에, 환자 진료의 연속성과 통합성을 확보하기 위해 관련된 의료인들 간에 의료정보를 공유하는 것의 중요성도 강조하고 있다.

UCLA도 다른 의료기관들과 마찬가지로 HIPAA 개인정보 보호규칙을 반드시 준수해야 하는데 UCLA가 처한 상황이 다른 의료기관들과 조금 달랐다. 병원의 위치와 명성 때문에 유명 영화배우 같은 연예인들이 UCLA를 많이 찾아왔는데 이들의 의료정보가 유출되는 경우가 종종 발생하였다.

대부분 안전과 관련된 경영진의 의사결정은 직원들로 하여금 해당 사안에 대해 보다 많은 관심을 기울이고 위험한 결과를 피할 수 있도록 규정된 행동을 준수하도록 하는 것이다. 하지만 위와 같은 의료정보 안전문제를 처리함에 있어서 UCLA의 경영진은 유명 환자의 사생활을 침해하는 일부 직원들을 색출해야 하는, 다른 병원에서 볼 수 없는 상황에 직면하게 되었다. 한 예로 어느 유명 연예인이 자신의 의무기록이 UCLA 직원에 의해 유출되었다고 문제를 제기한 사건이 있었다. 그녀는 2007년 UCLA에서 암이 재발되었다는 진단을 받았는데 이를 가족과 친구들에게 비밀로 하고 싶어 했다. 하지만 진단을 받은 지 4일 만에 연예주간지에 그녀의 암 재발 기사가 실린 것이다. 그녀는 즉각적으로 이의를 제기했고 조사 결과 행정 부서의 비서로 근무하던 라완다 잭슨이 지속적으로 그녀의 의무기록에 접근했던 것이 밝혀졌다.

해고될 것을 두려워한 라완다 잭슨은 UCLA를 사직하였지만 후에 금전적인 이익을 대가로 개인정보 보호법을 위반한 혐의로 연방법원에 기소되었다. 검찰의 발표에 의하면 2006년부터 〈내셔널 인콰이어러National Enquirer〉 잡지사가 유명인들의 정보에 대한 대가로 그녀에게 4600달러 이상을 지불하였다. 그녀의 이러한 행동이 발각된 이후 UCLA에서는 철저한 조사가 진행되었다. 법률 담당 책임자인 마티 알빈은 당시의 상황을 이렇게 이야기한다.

"UCLA는 문제가 일어난 기간 동안의 라완다 잭슨의 정보 접근에 대해 조사를 진행하였고 그녀가 문제를 일으켰음을 확인하였습니다. 정해진 절차에 의해 그녀에게는 해고 결정이 내려졌습니다. 하지만 두 번째 정보 유출이 발생한 이후 보건부는 UCLA에 HIPPA 개인정보 보호규칙이 의무화된 2003년 4월 이래 전 기간에 걸쳐 조사를 실시하라고 요구하였습니다. 이를 통해 라완다 잭슨의 부적절한 정보 접근이 추가로 발견되었고 정보 보호 절차에 대한 전면적인 재검토가 이루어졌습니다. 그 결과 특별한 관리가 필요한 환자들의 명단을 작성하고 이들의 의무기록 정보를 특별 관리하는 새로운 감시 시스템이 구축되었습니다."

이 사건을 겪으면서 UCLA의 경영진은 의무기록에 대한 부적절한 접근을 방지하기 위한 다양한 전략들을 공격적으로 시행하기 시작하였고 그중 일부를 나열하면 다음과 같다.

1. 신규직원을 뽑는 과정에서 적성검사와 인성검사 같은 과학적인 선별 방법의 적용
2. 의무기록에 대해 인가되지 않은 접근을 방지하고 감시하기 위한 IT 기술
3. 환자의 사생활 보호에 대한 집중적인 교육(*부록 B 참고)
4. 의무기록 관련 규정을 준수하겠다는 직원들의 서면 서약

서비스에 재능이 있는 직원들을 선발하기 위해 2장에서 언급한 Talent Plus 회사의 서비스를 채용한 것도 이러한 전략의 일환으로 볼 수 있을 것이다. Talent Plus 사는 1960년대부터 인력채용

이나 인적자원 관리 관련 연구와 서비스 개발을 해왔는데 특히 기업이 가진 다양한 목표들을 달성하기 위해 필요한 인재를 선발하고 이들을 평가하는 과학적인 방법을 경영자들에게 제공함으로써 기업을 도와왔다. Talent Plus 사의 회장인 킴벌리 라스는 UCLA와의 관계에 대해 다음과 같이 이야기한다.

"UCLA 경영진은 처음부터 바람직한 인성과 가치관이 확립된 직원들을 발굴하기 위해 기존의 직원 선발 과정을 개선할 수 있는 방법을 찾는 것이 매우 중요하다는 데 저희와 인식을 같이했습니다. 그 후 현재까지 UCLA의 경영진은 인성과 가치관이 그들이 원하는 수준에 미치지 못하는 직원은 아무리 훌륭한 기술과 능력을 가지고 있어도 선발하지 않겠다는 변함없는 의지를 보여주었습니다. 이는 단순히 직무 수행에 필요한 기술과 능력을 가진 직원을 뽑는 것이 아니라 진실성을 가지고 업무를 수행할 수 있는 성향까지 가지고 있는 직원을 뽑겠다는 경영진의 열의를 반영한다고 하겠습니다."

전체적으로 보면 현재 UCLA 직원들은 환자의 의무기록 보호를 위해 열의를 다하고 있다고 할 수 있지만 각각의 개인들을 살펴보면 그렇지 않은 직원이 발생할 가능성은 항상 열려있다. Talent Plus는 이와 같은 미심쩍은 인성을 가진 입사지원자가 채용 과정을 통과할 가능성을 현격히 낮출 수 있는 수단으로 활용되고 있는 것이다. Talent Plus와 같은 과학적인 채용도구를 채택한 것 외에도 UCLA는 의무기록이 기록되고 저장되는 과정에도 기술적인 보호장치를 설치하고 이를 지속적으로 개선하고 있다.

현재 UCLA의 의료정보 시스템은 2단계의 보안장치가 있다. 하나는 특정 정보에 접근하기 위한 암호이고 다른 하나는 특별 관리 대상 환자의 의무기록에 접근한 사람에 대한 정보를 시스템상에 기록으로 남기는 것이다. 법률 담당 책임자인 마티 알빈은 이 시스템에 대해 이렇게 이야기한다.

"특별 관리 대상 환자는 연예인이나 정치인일 수도 있고 혹은 다른 사람이 자신의 의무기록을 보는 것을 원하지 않는 우리 직원일 수도 있습니다. 통상적으로는 불시에 어떤 시점 이전 24시간 동안 의무기록에 접근한 기록을 검토하는데 직원들은 언제 그러한 검토가 이루어지는지 알 수 없습니다. 언론의 관심이 집중된 환자가 있는 경우, 그 환자에 대한 기록에 대해서 부적절한 접근이 없다는 확신이 생길 때까지 혹은 언론의 관심이 줄어들 때까지 매일 검토를 진행합니다."

UCLA의 운영개선 책임자인 도그 건데르슨은 환자 의무기록의 유출을 완벽하게 차단하는 것은 불가능하지만 의무기록 시스템을 지속적으로 감시함으로써 의무기록의 유출이 발생하였을 때 이를 조기에 발견하는 것은 가능하다고 믿고 있다.

"저희 시스템은 시간이 가면서 확실히 좋아지고 있습니다. 몇 년 전에 한 유명인의 의무기록이 유출되었을 때, 다음 날 바로 이것을 발견하여 관련자 6명을 즉시 해고 조치하였습니다. 지금은 시스템이 더 좋아져서 바로 당일에 발견할 수 있습니다. 많은 변화가 이루어진 것이죠."

특별 관리 대상 환자의 의무기록에 부적절한 접근이 발생하는지를 감시하는 것 이외에도 UCLA는 가명을 부여하거나 암호 보호 시스템과 같은 방법을 통해 환자의 개인정보가 유출되는 것을 방지하고 있다. 가명을 사용하는 것에 대해 마티 알빈은 다음과 같이 언급한다.

"특별 관리 대상 환자에게 가명을 줄 수도 있습니다. 가령 대통령이 병원에 입원했다고 하면 의무기록상의 이름을 조 스미스로 한다든지 하는 것입니다. 이렇게 가명을 쓰게 되면 불순한 의도를 가진 사람들이 시스템상에서 대통령의 의무기록을 찾는 것이 훨씬 어려워지겠지요."

암호 보호 시스템은 해당 정보에 접근할 권한이 없는 사람이 권한이 있는 다른 직원의 사용자명을 입력하고 유추한 암호를 입력하려고 할 때, 일정 횟수 이상 틀린 암호를 입력하면 자동으로 의무기록을 잠그게 된다. 같은 방식으로 어떤 직원이 병원의 재무정보와 같은 정보에 권한 없이 접근하려고 할 때, 시스템이 자동으로 상사에게 그 필요성을 확인하도록 하여 확인이 이루어진 뒤 접근 권한을 부여한다.

국제진료 팀의 책임간호사인 리아 앤 쿡은 기술적 보호장치에 대해 보다 자세한 이야기를 들려준다.

"모든 직원들은 자신이 맡은 업무에 따라서 접근할 수 있는 정보의 범위 및 단계가 설정됩니다. 행정 부서의 비서는 비서 업무에 필요한 정보에만 접근할 수 있고 임상정보에는 접근이 차단되지만 의료진은 대부분의 임상정보에 접근할 수 있습니다. 당신이 하고 있는 일이 당신의 정보접근 단계를 결정하는 것입니다. 제가 저의 아이디로 시스템에 접속하게 되면 저에게 허용된 정보만 열람할 수 있습니다. 가령 어떤 환자가 신경과에 입원을 했는데 이 사람이 특별 관리가 필요한 사람이라고 가정해봅시다. 만일 소화기내과의 간호사가 그 환자의 의무기록에 접근을 하게 되면 24시간 이내에 감사 팀의 컴퓨터에 이를 알리는 팝업창이 뜨고, 감사 팀에서는 소화기내과 책임자에게 연락을 취해서 해당 간호사가 그 환자의 의무기록에 접근할 필요가 있었는지를 확인합니다. 만일 특별한 이유가 없다고 하면 해당 간호사를 감사 팀으로 불러서 왜 그 환자의 의무기록에 접근했는지를 물어 보게 됩니다."

환자를 진료하는 과정에서 수없이 많은 사람들이 환자의 의무기록을 검토하게 되기 때문에, 의료진을 포함한 직원들에게 정보 보안과 관련해서 자신들이 어떠한 법적, 도덕적, 윤리적 책임을 가지고 있는지 교육하는 데 많은 시간을 투자하고 있다.

유명한 시나리오 작가였다가 의대를 졸업하고 의사가 되어 현재는 UCLA의 응급의학과 교수로 재직하고 있는 마크 모로코 박사는 일부 소수의 유명 환자들을 진료하면서 겪는 어려움을 다음과 같이 이야기한다.

"이들 유명인 환자들의 스토리를 원하는 사람들이 너무도 많습니다. 이미 시장이 형성되어있는 것이죠. 그렇기 때문에 파파라치나 주간 연예신문 기자들이 정말로 상상할 수 없을 정도로 집요하게 그 스토리를 얻어가려고 달려듭니다."

모로코 박사는 이렇게 집요한 세력들에 대항하기 위한 최선의 방법은 교육이라는 것을 강조한다.

"우리는 유명인들의 개인정보를 보호하기 위해서 여러 형태의 보호막을 치고 있는데 특히 직원들에 대한 교육에 중점을 두고 있습니다. 도덕적이면서 자신이 맡은 업무를 성실히 수행하고, 환자의 입장에서 생각하고자 하는 직원과 함께한다면 유명인의 이야기를 캐내려고 안달이 난 외부 세력과 충분히 싸울 수 있습니다. 저는 제가 가르치는 전공의들에게 우리가 하고 있는 일이 아주 단순한 것이라고 말합니다. 즉, 다른 사람을 대할 때 본인 스스로 다른 사람이 본인에게 해주었으면 하는 방식으로 하라는 것입니다. 만약 당신이 유명인이고 질

병에 걸렸다고 가정해봅시다. 당신은 의사가 당신의 문제를 다른 사람들에게 떠벌리기를 원하지 않을 것입니다. 바로 이 메시지를 정확하게 가르쳐서 가능한 많은 사람들이 환자가 무엇을 원하는지를 역지사지로 생각할 수 있도록 만들어야 합니다. 물론 이것만 가지고 파파라치 같은 악랄한 외부 세력들로부터 완벽하게 정보를 보호할 수는 없습니다. 아마 언젠가는 정보 시스템의 보안장치가 더 완벽해져서 99%의 정보 유출을 막게 될 날이 올 것입니다. 하지만 저는 절대로 그 수준이 100%까지 올라갈 수 있을 거라고 생각하지는 않습니다."
환자고충처리 담당 책임자인 토니 파딜라는 인간이 많은 약점을 가지고 있는 존재이고 외부의 '정보 테러리스트'들이 가하는 엄청난 압력을 감안하더라도 이들 외부 세력들과의 싸움에서 교육이 가장 중요하다는 데 의견을 같이한다.

"저는 우리가 정보 보호규정을 정확하게 교육하고 훈련시키기 위해서 시행하는 모든 조치들이 효과를 보고 있다고 생각합니다. 특히 직원들이 경영진이 이러한 규정을 어기는 것을 지적할 때면 더욱 그러한 확신이 듭니다. 최근에 저는 한 환자에게 이전 병원에서의 의무기록 사본을 요청하여 받았는데 그것을 제가 직접 의무기록 팀에 전달해주겠다고 말했고 실제로 그렇게 하였습니다. 그런데 의무기록 팀 담당자에게서 이메일이 왔습니다. 환자 본인이나 환자가 위임한 사람이 아닌 다른 사람이 의무기록을 전달하는 것은 규정 위반이라는 것이지요. 대단하지 않습니까? 우리는 환자의 정보를 보호하기 위해 큰 진전을 이루고 있다고 생각합니다."

대부분의 UCLA 직원들은 이러한 정보 보호와 관련해서 항상 바람직한 행동을 하고 있지만 일부 그렇지 않은 직원들을 효과적으로 제

어하기 위해, 경영진은 위반에 따른 결과를 명확히 알리고 실제 그러한 상황이 발생하였을 때 신속한 조치를 취해야 한다.

리아 앤 쿡은 드물긴 하지만 금전적 보상을 노리고 의무기록에 접근한 경우와 단순한 호기심에 의한 경우를 구분해서 이야기한다.

"저는 두 가지 다른 경우가 있다고 생각합니다. 외부의 일반인들이 듣는 사례는 정보가 파파라치에게 팔린 경우입니다. 매우 심각한 상황이죠. 하지만 내부적으로는 단순한 호기심에서 환자의 정보를 들여다본 경우를 많이 보게 됩니다. 사람들은 연예인들에게 관심이 많습니다. 한번은 연예인의 의무기록을 보고 있는 직원을 발견한 적이 있습니다. 그래서 '특별 관리 대상 환자의 의무기록을 보는 것은 규정 위반인 것을 몰랐나요?'라고 물었습니다. 그랬더니 그 친구가 '아무에게도 이야기하지 않고 저만 알고 있으려고 했기 때문에 괜찮은 줄 알았습니다'라고 대답하더군요."

마티 알빈도 자신의 경험을 이야기한다.

"우리는 모든 직원들에게 환자의 개인정보와 정보 시스템에 접속할 때 사용하는 정보를 보호하겠다는 보안 각서(부록 C 참조)에 서명합니다. 만일 이러한 의무규정을 어기면 그에 합당한 처벌을 하게 되는데 심하면 해고를 할 수도 있습니다. 우리는 이 규정을 아주 중요하게 생각합니다. 지난 1년 동안만 해도 12명이 이 규정을 위반해서 해고되었습니다. 시스템이 도입된 이후부터 따지면 230명의 직원이 부적절한 정보 접근으로 처벌을 받았고 약 40명이 특별 관리 대상 환자의 정보관리 규정 위반으로 해고되었습니다."

마티에 따르면 해고된 직원들은 단순히 해고에 그치는 것이 아니다.

"우리는 주정부 및 연방정부와 긴밀하게 협조하고 있습니다. 연방검

찰이 후핑 조라는 이름을 가진 사람을 기소하는 데 저희가 많은 정보를 제공한 적이 있습니다. 이 사건은 법정까지 가지 않고 피고 스스로 유죄를 인정하였습니다. 사법당국과의 협조를 정말로 중요하게 생각하기 때문에 UCLA의 환자정보에 부적절한 접근을 한 사람을 기소하려고 하면 법이 허용하는 범위에서 최선을 다해 정보를 제공합니다."
리아 앤 쿡은 이러한 문제들이 가지는 의미들을 다음과 같이 이야기한다.

"신문이나 잡지에서 흔히 볼 수 있듯이 어떤 의료기관에서도 정보 유출은 늘 발생할 수 있습니다. 하지만 어디서 발생하든 그것은 바람직하지 않은 것입니다. 저희의 경쟁기관에서 정보 유출이 일어났다고 해서 강 건너 불구경 하듯 할 일이 아닙니다. 환자들은 의료진에게 신뢰를 가지고 있고 우리는 그것을 지켜주어야 합니다. 환자들은 자신의 배우자에게도 하지 않는 이야기들을 의료진에게 할 정도로 의료진에게 친밀감을 가지고 있습니다. 그렇기 때문에 경영진은 직원들이 그러한 신뢰를 배신해서는 안 된다는 사실을 이해하도록 하기 위해 할 수 있는 모든 것을 해야 합니다. 일종의 신성불가침한 일입니다."
보안책임자인 버몬 굿윈은 개인정보 보호의 문제를 다른 사람에 대한 존중이라는 보다 큰 틀에서 이야기한다.

"우리는 다른 기관에서는 볼 수 없는 유명인의 사생활을 보호해야 한다는 흔치 않은 도전에 직면하고 있습니다. 하지만 다른 측면에서 생각해보면 우리는 이 건물에 들어오는 모든 이들이 안전하고 존중받을 수 있도록 해야 한다는 사명의식을 항상 가지고 있습니다. 우리가 이러한 사명의식에 투철하다면 환자들에게 빈틈없이 진심 어린 진료를 제공하고자 하는 우리의 목표에 조금 더 다가갈 수 있을 것입니다."

당신이 유명한 연예인을 치료하고 있지 않더라도 당신의 진료 현장에는 빈틈없고 진심 어린 진료를 방해하는 요소들이 항상 존재하고 있을 것이다.

> **Check Up  당신의 기업은?**
>
> - 당신의 기업에는 신체적인 안전 외에 정서적인 안녕과 고객의 사생활 보호와 관련하여 어떠한 문제가 존재하는가?
> - 일부 직원의 행동으로 인해 고객이나 고객의 개인정보가 위험에 처할 수 있는 부분이 존재하는가?
> - 규정을 위반하는 직원에 대처하기 위해 직원들에 대한 채용, 훈련, 감시, 처벌에 있어 어떠한 것들을 진행하고 있는가?

## 목표는 움직이지 않는다

여러분이 항공이나 의료, 자동차 같은 산업에 종사하고 있지 않는 한, 사람의 생명이 좌우될 수도 있는 안전과 관련된 의사결정을 일상적으로 내려야 하는 일은 거의 없을 것이다. 하지만 모든 기업은 어느 정도 다양한 위험들을 항상 가지고 있다. 이러한 위험은 자연재해와 같은 형태로 나타나기도 하고 직원들이 정해진 규정을 지키지 않는 등의 형태로 나타나기도 한다. 점점 더 복잡해지는 작업 과정과 생산성을 향상시켜야 한다는 지속적인 압박 속에서 안전은 우선순위의 뒷부분으로 밀려날 수 있다. 이번 장에서 살펴본 안전을 중시하는 문화를 만들어나가는 UCLA의 노력은, 여러분 회사에서 '실수가 발생할 틈을 남기지 않기' 위한 전략을 재점검하는 데 많은 도움을 줄 수 있을 것이다.

다음 장에서는 이 장에서 살펴본 안전에 대한 헌신을 토대로 최고 수준의 의료를 제공하기 위해 UCLA가 취해온 노력들로부터 어떤 교훈을 얻을 수 있을지에 대해 살펴볼 것이다. 그 다음에 이어지는 두 개 장에서는 여러분들에게 조직 전체에서 상품과 프로세스의 질을 향상시킬 수 있는 방법을 살펴볼 수 있는 기회를 제공할 것이다.

### 실천을 위한 요약

- 직원들 각자에게 자신의 업무를 수행하면서 안전 향상에 어떠한 방식으로 기여할 수 있다고 생각하는지 물어보라.
- 직원들이 가진 안전과 관련된 문제의식을 공유하게 하고 실제로 공유하는 직원을 칭찬하라.
- 직원들이 자신의 업무와 관련이 있는 분야의 안전 관련 사례를 벤치마킹할 수 있도록 권한을 위임하라.
- 안전과 관련된 규정과 동료들의 행동에 영향을 미치는 실제적인 리더를 찾아내라.
- 안전과 관련된 의사결정이 근거에 기반을 둔 접근을 취할 수 있도록 직원들을 독려하라.
- 안전과 관련된 지식수준을 높이기 위해 당신의 근거에 기반을 둔 발견을 다른 사람들과 공유하라.
- 안전을 위한 또 하나의 보호장치로 고객을 참여시켜라.
- 안전과 관련된 연습과 훈련을 지속적으로 실시하라.
- 물리적인 안전 이외에(사생활 보호와 같은) 고객의 안녕과 관련된 문제들을 검토하라.
- 기업이 원하는 능력과 가치를 가지고 있는 직원을 선발하는 데 필요한 과학적인 과정을 도입하라.
- 보안상의 문제를 감시할 수 있는 기술을 도입하라.
- 회사가 원하는 안전에 대한 기대수준을 직원들에게 지속적으로 교육하라.
- (해고 대상 행동을 포함하여) 안전과 관련된 행동수칙을 만들어라.
- 보안과 관련된 문제가 발생하였을 때 즉각 조사하고 단호하게 조치

하라.

- 안전에 관한 한 현재의 상태에 만족하지 마라. 직원들로 하여금 안전은 영원히 추구해야 하는 것이라는 마음가짐을 갖게 하라.

세 번째
원칙

# 최고의 자리에 안주하지 말라!

Make the Best Better

chapter 6
# 언제 어디서나 최고의 결과를 보장한다

당신이 낮은 가격만이 거의 유일한 경쟁수단인 일용품 산업에 종사하지 않는 한, 당신은 제공되는 제품이나 서비스 가치를 고객들이 어떻게 평가하는지에 대해 항상 생각해야만 한다. 대부분의 산업에서 상품이나 서비스의 가치는 아래의 공식처럼 고객이 느끼는 상품의 질이나 서비스 경험의 질과 가격과의 차이로 표시될 수 있다.

✽ 가치 = (고객이 느낀 상품의 질 + 고객이 느낀 서비스 경험의 질) - 가격

만일 고객들이 상품의 질과 서비스 경험의 질의 합이 본인이 지불한 가격에 비해서 높다고 느낀다면 고객들은 만족스러운 소비를 하였다고 생각할 것이며 그 반대라면 돈을 낭비했다고 생각할 것이다. 하지

만 의료에서는 이와 같은 일반적인 가치 계산공식을 적용하기가 쉽지 않다. 고객들이 가격에 대한 정보(특히 의료보험 회사를 통해 진료비 지불이 이루어지는 경우)를 알기 어렵다는 점을 감안하면 환자들이 느끼는 가치라는 것은 '진료의 결과가 좋았나? 진료 과정은 어떠했나?' 하는 수준으로 축소될 수밖에 없다. 가격의 투명성, 비용 대비 결과, 환자 만족 등을 의료 서비스의 가치를 결정하는 중요한 요소로 고려하려는 노력들이 이루어지고 있고 의료개혁을 논의하는 정치 토론의 자리에서 이러한 것들이 중요한 이슈가 되어왔지만 역사적으로 볼 때, 의료 서비스의 질은 결과와 과정에 더 좌우되는 것으로 생각되어왔지 비용과는 별 상관이 없다고 생각되어왔다.

이 장과 다음 장에서는 UCLA의 최고경영진들이 어떠한 방식으로 상품과 경험 양 측면에서 의료 서비스의 질적 향상을 위해 지속적인 노력을 펼쳐왔는지 살펴볼 것이다. 먼저 이번 장에서는 과연 의료 서비스의 질이란 어떤 것을 의미하는지 짚어보고 의료의 질, 치료 결과, 의료기관에 대한 접근성 간의 상관관계에 대해 살펴볼 것이다. 그리고 다음 장에서는 UCLA가 제공하는 의료 서비스의 질을 효율, 형평, 기술, 안락성이라는 측면으로 나누어 살펴볼 것이다. 경쟁이 날로 치열해져가는 비즈니스 세계에서 상품과 서비스라는 양 측면에서 질적 향상에 지속적인 노력을 경주하는 것은 경쟁우위를 확보하기 위한 핵심적인 활동이다. 특히 의료산업에서는 이러한 활동이 환자의 치료 결과에도 영향을 미칠 수 있다.

## 의료 서비스의 질이란 무엇인가?

종종 '예술이 뭔지는 잘 모르지만 그냥 보면 좋은 것은 있어요'라는 말을 듣곤 한다. 아마도 의료 서비스의 질에 대해서도 비슷한 말이 적용될 수 있을 것이다. 첨단 시술을 받은 환자가 그 시술이 성공적이었는지를 객관적으로 평가하기는 쉽지 않다. 또한 같은 증상을 가지고 다른 의사에게 같은 시술을 받았다면 어떤 결과가 나왔을지를 평가하기도 어렵다. 이와 같이 의료 서비스의 질에 내재되어있는 여러 가지 복잡한 측면들을 보다 잘 이해하기 위해서, 의료에 있어서 탁월성을 정의하려고 했던 노력들을 살펴보기로 하자. 연방 의료연구 및 질 관리기구Agency for Healthcare Research and Quality, AHRQ는 탁월한 의료를 '적합한 환자에게 적합한 행위를 적합한 시간에 시행하여 최상의 결과를 얻는 것'으로 정의한다.

AHRQ 같은 기구는 질을 평가하기 위해서 치료 결과에 대한 자료를 수집하고 시술을 한 의사들을 비교함으로써 누구의 결과가 가장 좋았는지를 조사하는데, 이것을 '질 점수표'라고 부르기도 한다. 물론 어떤 평가지표를 적용하는 것이 가장 타당한지를 결정하는 것이라든가 수집된 정보의 정확성을 확보하는 것은(이들 자료 중 일부는 자가 보고를 통해서 수집된다는 사실을 감안하면) 매우 어려운 일이다. 게다가 치료 결과만을 가지고 의료의 질을 이야기하기가 난해하다는 점을 감안하면 그 어려움은 더욱 커진다. 예를 들어 어떤 의사가 흔한 질환에 대해 특별한 시술을 시행하여 아주 탁월한 치료 결과를 보였는데 치료를 받는 과정에서 환자의 고통이 아주 컸다면 이를 어떻게 평가할 것인가? 또, 치료 결과는 보통이지만 고통이 없는 치료 방법을 선택한 의사에게 진료를 받았다면 질 낮은 의료 서비스를 받았다고 할 것인가? 이 장과 다음 장은 주로 UCLA의 탁월한 임상 성과에 대해 이야기하겠지만 그 과정에서 서비스 제공 프로세스의 개선 사례도 살펴볼 것이다. 어떤 기업이든 본인들이 제공하는 상품의 서비스를 받을 때 고객들이 어떻게 느끼는지를 생각해야 한다는 사실을 반드시 기억할 필요가 있다.

미국 의학한림원에 따르면 제품과 서비스에 있어서 다음과 같은 요소들이 갖추어져 있을 때 양질의 의료가 제공되었다고 이야기할 수 있다.

- 안전성 Safe : 치료가 환자에게 도움이 되어야 하며 해를 입혀서는 안 된다.
- 효과성 Effectiveness : 치료를 통해서 환자의 상태가 나아졌다는 연구 결과들이 축적되어있어야 한다.
- 환자 중심성 Patient-centered : 의료 제공자들(의사, 간호사, 기타)은 치료 과정에서 모든 환자들을 존중하여야 한다. 이는 각각의 환자가 가진 건강과 삶의 질에 대한 가치를 치료 과정에서 고려해야 함을 의미한다.
- 적시성 Timely : 환자들이 필요로 하는 진료를 그 효과가 가장 크게 나타나는 시간에 제공받을 수 있어야 한다.
- 효율성 Efficient : 치료가 의사와 환자의 돈이나 시간을 낭비하게 해서는 안 된다.
- 형평성 Equitable : 모든 사람들이 성별, 소득 및 교육 수준, 사회적 지위 등에 관계없이 양질의 의료 서비스를 제공받을 수 있어야 한다.

요약하자면 안전하고 효과적인 의료가 적시에 변함없이 효율성과 형평성이 보장되도록 전달될 때 양질의 의료가 제공되었다고 할 수 있다. UCLA의 진료 부문 책임자인 톰 로젠탈 박사는 UCLA에서 최상의 의료가 변함없이 전달되고 있다는 것을 강조하면서 이를 완결성이라고 표현한다.

"환자의 입장에서 생각해보면 의료의 질을 완결성과 떼어서 생각할 수 없습니다. 완결성을 가지기 위해서는 단지 최고의 의료를 제공하는 능력을 갖추는 것만으로 충분하지 않습니다. 한 명, 한 명 환자들에게 단 한 번의 예외도 없이 이것을 제공할 수 있는 능력을 갖추어야 합니다. 완결성은 언제 어디서나 열정이 담긴 최상의 진료를 공평하고 안정적으로 전달하는 것입니다."

나는 의학한림원이 제시한 양질의 의료 요소 중에서 UCLA 브랜드가 추구하는 완전무결함에 직접적으로 영향을 미치는 효과성과 적시성의 두 가지 요소를 살펴보고자 한다. 어떤 사업이나 이들 두 가지 요소를 얼마나 잘 달성하느냐에 따라 고객에 대한 약속을 지키기도 하고 못 지키기도 한다.

### Check Up  당신의 기업은?

- 당신의 기업에서는 제품이나 서비스의 질과 가치를 어떻게 정의하고 있는가?
- 다음의 것들이 고객들이 당신의 제품이나 서비스의 가치를 평가하는 데 어떠한 역할을 하는가?
  * 효율성, 효과성, 안전성, 환자 중심성, 적시성, 형평성.

- 브랜드의 완결성을 전체적인 질 지표뿐만이 아니라 언제 어떤 고객에게라도 최고의 상품과 서비스를 제공할 수 있는 능력과 연결시키고 있는가?
- 당신의 기업이 속한 산업에서는 고객들이 어떤 측정지표나 기준을 가지고 질을 평가하는가? 그 지표나 기준으로 볼 때 당신의 사업은 어느 정도의 성과를 내고 있는가? 가장 중요한 기준에 대해서 고객에게 알리고 있는가?

## 서비스의 질과 효과성

어떤 기업의 광고든지 '최고' '세계 일류' '수상 실적에 빛나는' 등과 같은 문구를 흔히 볼 수 있다. 마케팅에서 어느 정도의 과장이 일반적으로 나타난다는 점을 감안할 때, 고객은 어떻게 그 회사의 제품이나 서비스가 실제로 그들이 광고하는 것 같은 효과가 있는지를 판단할 수 있을까? 의료기관의 경우 대부분의 인터넷 홈페이지에서 해당 기관의 진료 성과가 탁월하다는 것을 알리기 위한 무수한 상과 인증들, 언론보도들을 볼 수 있다. 하지만 어떤 지표나 기준을 믿어야 할까? 유에스뉴스 & 월드리포트U.S. News & World Report 는 미국의 병원들을 비교할 수 있는 신뢰성 있는 지표를 개발하여 매년 약 5000개 병원들의 순위를 매기고 있는데 여기에 사용되는 지표들은 다음과 같다.

- 사망률
- 동일 분야 전문의들로부터의 평판(나의 가족이 병에 걸렸을 때, 누구에게

진료를 부탁하고 싶은가?)
- 환자 진료 관련 지표(연간 진료받은 환자 수, 특정 전문분야에서 제공되는 의료기술의 종류, 객관적인 자격 등으로 평가되는 의료진들의 질)
- 환자 안전 관련 지표(병원에서 일어나지 않아야 할 일곱 가지 일 – 사망 위험이 거의 없는 경증 환자의 사망 등 – 에 대한 성과)

매해 UCLA는 유에스뉴스의 최상위 순위(미국 전체 상위 20개 병원)에 오를 뿐만 아니라 항상 미국 서부 지역 최고의 병원으로 꼽히고 있다. 2009년을 예로 들면 UCLA는 존스 홉킨스 병원과 메이요 클리닉에 이어 미국 전체에서 3위 병원으로 꼽혔다.

CEO인 파인버그 박사는 질을 향상시키려는 노력은 외부를 의식하는 것이 아니라 조직 내부를 보다 깊이 들여다보려는 것이어야 하며 이는 조직이 가지고 있는 능력의 최대치까지 도달하였느냐를 가지고 평가해야만 한다고 강조한다.

"미국 최고의 병원이 되기 위해 노력하는 과정에서 우리는 존스 홉킨스나 메이요 클리닉을 경쟁상대라고 생각하지 않습니다. 우리는 우리 자신을 경쟁상대라고 생각합니다. 우리는 병원과 관련된 각종 상을 수상해왔고 의사들 중에 노벨상을 받은 이들도 있습니다. 미국은 물론 세계 어떤 병원보다도 많은 장기이식 수술을 했습니다. 하지만 우리 직원들에게 물어보신다면 그런 것들은 중요한 것이 아니라고 말할 것입니다. 저희에게 정말로 중요한 것은 바로 저 병원 정문을 통해서 들어오는 '바로 다음 환자'입니다. 병원을 찾는 환자 한 명 한 명에게 정성을 다하면 병원의 재정은 저절로 좋아지게 됩니다. 의료산업이 어떠한 어려움을 맞게 되더라도 우리 병원을 찾아오는 우리의 친구들, 우리의 이웃 주민들에게 항상 정성을 다하면 아무리 험난한 파도라도 헤쳐나갈 수 있습니다."

연간 8만 명의 환자가 UCLA 응급실에서 치료를 받고 800개 병상은 비는 날이 거의 없지만, 파인버그 박사는 이들 환자들 '바로 다음 환자'가 얻게 될 치료 결과와 병원에서의 경험에 집중하는 것이 정말로 중요하다고 믿고 있다. UCLA의 경영진이 효과성에 대한 직원들의 변함없는 헌신을 유도할 수 있었던 것도 이 '바로 다음 환자'에 집중하는 것을 통해서였다. 바로 다음 고객과의 상호관계가 서비스의 질과 기업의 명성에 얼마나 중요한 것일까?

## 지역 수준을 넘어서

골목 편의점 수준의 사업이라면 서비스가 별로이거나 상품 구색을 잘 갖추지 못했다 하더라도 동네 사람들을 대상으로(위치가 좋다든지 경쟁이 거의 없다든지 등의 이유로) 근근이 사업을 영위할 수도 있겠지만, 사업이 성공하려면 단지 지리적으로 가깝다는 이유로 찾아오는 수준을 넘어 일부러 찾아오게 만드는 무엇인가를 가지고 있어야 한다. UCLA는 인근 주민들뿐만 아니라 전국 각지와 외국에서까지 사람들이 찾아오게 만드는 탁월한 기관의 예가 될 수 있을 것이다.

CEO인 파인버그 박사는 운영상의 탁월함이 어떻게 각지의 사람들을 끌어들이는지에 대해서 다음과 같이 말한다.

"저는 우리 병원이 세 가지 서로 다른 종류의 서비스 구성을 가지고 있다고 생각합니다. 이들 세 가지 중에서 가장 멀리서 환자를 오게 만드는 서비스는 장기이식과 같이 치료가 어렵고 협진을 요하는 질환을 치료하는 경우입니다. 장기이식이 필요한 환자를 효과적으로 치료하기 위해서는 수술을 할 수 있는 훌륭한 외과 의사뿐만 아니라 마취나 영상의학, 중환자의학 등 다른 분야의 많은 전문가들이 필요합니다. 또한 이들 환자들은 이식 장기가 나타날 때까지 몇 년씩 대기해야 하는 경우가 대부분이고 대개는 매우 위중한 상태이기 때문에 이들 각 전문분야 의료진 간의 긴밀한 협조가 절실히 필요합니다. 우리 병원은 전담 팀을 구성하고 코디네이터를 지정해서 이들을 평생 추적 관찰하고 있습니다. 이런 종류의 서비스 경쟁력은 우리 병원에 개설된 세부 전문분과가 어떤 병원보다도 많고 깊이가 있다는 사실과, 여기서 치료받는 많은 수의 환자들에게서 나옵니다. 세부 전문분과를 갖추고 이들 분과를 찾는 환자가 많으면 실력 있는 의사들은 저절로 따라오게 되니까요."

파인버그 박사는 이렇게 치료가 어렵고 협진을 요하는 분야 외에 특정 질환의 치료에 가장 우수한 성적을 내고 있는 분야도 있다고 소개한다.

"우리 병원에는 자신의 분야에서 세계 최고에 속하는 의사들이 많이 있습니다. 현재 UCLA 의과대학의 심부정맥센터장을 맡고 계신 칼야남 쉬브쿠마 박사 같은 분을 예로 들 수 있습니다. 소아든 성인이든 심부정맥을 가지고 있다면 그와 그의 팀을 찾아야겠지요."

세계 최고 수준의 의료를 제공받기 위해 미국 전역이나 세계 각지에서 UCLA를 찾은 환자들은 치료가 끝나면 다시 자신이 살던 주나 나라로 돌아가서 그 지역의 의사들에게 추후 진료를 받게 되며, 이 경우 UCLA가 환자를 계속 추적 관찰하는 경우는 별로 없다. 이러한 두 번째 종류의 서비스에서는 특정 질환의 치료를 위해 환자들이 아주 먼 거리에서 병원을 찾아오지만 일단 치료가 끝나고 나면 환자들이 원래 거주하던 지역으로 돌아가고, 그 지역에 동일한 수준의 의료시설이 있을 필요는 없다.

파인버그 박사는 UCLA가 제공하는 세 번째 종류의 서비스에 대해서 다음과 같이 이야기한다.

"우리는 이를 일차 혹은 이차 수준의 협진이라고 부르는데 이 서비스를 통해 우리는 우리 병원 주변의 주민들에게 진정한 지역사회 병원으로서 기능하고 있습니다. 유에스뉴스에서 계속 1위를 차지하고 있는 저희 병원의 노인의학 프로그램을 예로 들면, 이 프로그램 의사들의 수준은 앞에서 이야기한 세계 각지로부터 환자들을 불러들이는 분야의 의사들과 전혀 차이가 없습니다. 하지만 노인의학이라고 하는 분야 자체가 노인들에게 흔한 질환을 다루는 분야이고 지역의 환자들을 진료하게 되는 분야입니다. 저희 노인의학 프로그램은 지역 주민들에게 최고 수준의 일차의료를 제공하는 한편 다양한 질환들을 동시에 가지고 있는 노인인구 집단을 관리하는 방법에 대해 세계 최고 수준의 연구를 진행하고 있습니다."

질환의 중증도나 환자들의 지역 분포, 협진의 수준 등은 다양하지만 치료 결과나 환자들의 경험, 그리고 의사들의 전문성이 이들 세 종류의 서비스 모두에서 UCLA를 최고의 자리에 자리매김하도록 뒷받침해주고 있다. 가까운 지역이든, 저 멀리 지구 반대편에서든, 가난하든, 부자든 '최고 중의 최고'를 찾아 UCLA로 오고 있는 것이다.

UCLA에 입원한 9살 무하메드 알라즈미의 부모가 최고 중의 최고를 찾아온 예가 될 것이다. 쿠웨이트에 살던 알라즈미 가족은 신부전을 앓고 있는 알라즈미의 신장이식 수술을 위해 2008년 UCLA로 왔다. 무하메드는 이미 독일, 쿠웨이트, 영국 등지에서 수술을 받은 경험이 있었다. 이 중 한 번은 엄마의 신장을 이식받는 수술이었는데 이 수술이 실패로 끝난 후 무하메드는 UCLA로 의뢰되었다. 처음 UCLA에 왔을 때 무하메드는 혈압 조절을 위해 다섯 종류의 약을 먹고 있었지만 여전히 혈압 조절에 어려움을 겪고 있었다. 하지만 UCLA의 소아 신장 전문가가 치료를 시작한 후, 정교한 투석과 신장 기능 관리를 통해 두 종류의 약만으로도 혈압이 조절되었다. 무하메드 가족들은 UCLA 근처에 숙소를 구하고 외래로 통원하면서 치료를 받았는데 결국 성공적인 수술로 약 없이도 혈압을 조절할 수 있게 되었다. 무하메드는 신경섬유종증[4] 이라고 하는 유전질환도 앓고 있었는데 이 역시 더 이상 진행되지 않고 안정화되었다.

일 년 반에 걸친 치료가 끝난 뒤, 무하메드의 가족들은 쿠웨이트로 돌아갔고 무하메드는 다시 정상적인 학교생활을 시작할 수 있게 되었다. 무하메드의 아버지인 칼리드 알라즈미는 치료 과정을 다음과 같이 회상한다.

"정말로 긴 여행이었습니다. 하지만 UCLA의 의사들이 지나치다 싶을 정도로 세심하게 무하메드에게 주의를 기울여준 것을 생각하면 지나온 과정 하나하나가 모두 의미 있었다고 생각합니다. 그들은 아주 작은 것이라도 무언가 의심이 되면 모든 주의를 기울여서 이를 해결하기 위해 노력했습니다. 치료 결과도 좋았지만 의료진이 저희들을 존중해준 것을 포함해서 그 결과에 이르기까지의 과정도 더할 나위 없이 훌륭했습니다. 예를 들면 무하메드가 입원을 해서 엄마와 같이 지낼 때, 병실 문에 병실에 들어가기 전에 반드시 노크를 하라는 메모

---

4) Neurofibromatosis, 신경 계통, 뼈, 피부에 발육이상을 초래하는 유전성 질환으로 신경이 있는 곳에서 신경섬유가 이상 증식하여 생기는 다발성 종양을 특징으로 한다.

를 붙여주었습니다. 아내가 사람들을 맞을 준비를 할 수 있도록 하기 위해서였죠. 이렇게 환자 가족과 그들의 문화까지 존중해주는 의료진의 태도는 우리 아이의 치료 결과만큼이나 UCLA의 의료의 질을 보여주는 것이라고 생각합니다. 무하메드가 입원을 할 때마다 직원들이 우리 아이와 아이가 좋아하는 것을 기억해주었던 것도 저에게는 인상 깊었습니다."

UCLA에서 보낸 시간이 어땠느냐는 질문에 무하메드는 이렇게 대답했다.

"행복하고 좋았습니다. 그리고 이렇게 웃을 수 있고 이제 집에 갈 수 있다는 것이 너무 좋아요."

언어와 문화가 다른 외국 환자들을 치료하는 과정에서 맞닥뜨리게 되는 어려움과 이를 해결하는 과정에서 얻게 되는 보람에 대해서는 다음 장에서 자세히 이야기하겠지만, 고객이 기꺼이 비행기를 타고 날아오는 물리적 거리는 많은 경우 회사가 제공하는 서비스의 질을 반영하는 지표가 된다는 것은 기억해둘 필요가 있을 것이다.

물론 먼 거리에서 오는 환자와 그 가족들에게 '총체적인 양질의 서비스 경험'을 제공하기 위해서는 지역사회 주민들을 진료할 때와는 다른 여러 가지 복잡한 문제가 발생하게 된다. 병원 인근 지역에 집이 있는 환자들과 달리, UCLA는 환자가 치료를 받는 동안 그들 가족들이 머무를 (병원에서 가까운) 숙소를 찾는 것을 도와주어야 하는 경우가 자주 생긴다. 티버톤 하우스도 로널드 레이건 UCLA 메디컬센터에서 치료를 받는 일부 환자와 그 가족들의 이와 같은 요구를 충족시켜 주기 위해 만들어진 것이다. 지역 호텔들의 가격이 상당히 비싼 편이기 때문에 티버톤 하우스는 환자 가족들을 위한 합리적인 대안이 된다. 티버톤 하우스의 지배인인 피터 지는 다음과 같이 이야기한다.

"저희는 독지가들의 기부와 교부금으로 티버톤 하우스에 묵는 일부 손님들에게 숙박비를 지원하는 프로그램을 시행하고 있습니다. 저희는 지금도 가장 절실히 지원을 원하는 사람들에게 지원이 돌아갈 수 있는 방법을 계속해서 찾고 있습니다."

티버톤 하우스의 식음료 담당 책임자인 제니나 크루파는 자신이 얼마나 보람 있는 일을 하고 있는지에 대해 이야기한다.

"저희는 다른 주나 외국에서 오는 수많은 환자들을 치료하고 있는 UCLA 헬스시스템에서 중요한 역할을 하고 있습니다. 환자들이 병원에서 최고 수준의 진료를 받는 동안, 저희는 그 가족들에게 최상의 경험을 제공해야 하는 것이죠. 이 일은 아주 보람 있는 일인데, 호주에서 온 부부의 사례를 하나 들어보겠습니다. 남편이 많이 아픈 상황에서 그의 아내를 위해 저는 다른 고객들에게 늘 그랬던 것처럼 제가 할 수 있는 모든 일을 했습니다. 집을 떠나왔을 뿐만 아니라 미국이라는 나라에 처음 왔다고 생각해보세요. 어디를 가야 할지, 무엇을 해야 할지, 원하는 것을 하려면 어떻게 해야 하는지 전혀 몰랐습니다. 저는 많은 시간을 그들과 함께하면서 그들을 가이드하고 쇼핑을 함께 가기도 했고 공동 주방에서 아내가 쿠키를 만드는 것을 돕기 위해서 집에서 필요한 물건들을 가져오기도 했습니다. 그 부부는 일 년 이상을 저희와 함께했는데 다행히 남편의 건강이 좋아져서 호주로 돌아갔습니다. 그들이 여기서 지내는 동안 너무 친해져서 그들 부부로부터 호주에 꼭 한 번 오라는 요청을 몇 차례나 받았습니다."

UCLA의 의료진들이 환자들에게 최고의 진료를 제공하는 데 몰두하는 동안, 경영진은 미국 전역을 비롯하여 외국에서 오는 환자들과 그 가족들에게 다른 부분에서도 최상의 경험을 제공할 수 있도록 여러 가지 방법을 계속 모색하고 있는 것이다. 이를 위해서는 관련된 모든 인력들이 타지에서 온 환자와 가족들을 보살피는 데 필요한 기반을 만들고 세밀한 부분까지 신경을 쓰는 노력을 함께 기울여야 한다.

먼 곳에서 환자가 왔을 경우, 의료진들 스스로 이들에게 좋은 결과를 안겨주어야 하는 막중한 책임을 지고 있음을 잘 인식하고 있다. UCLA의 응급구조사인 데이빗 화이트는 여기에 대해 이렇게 이야기한다.

"저는 누군가가 우리가 하는 것보다 더 잘할 수 있을 것이라고 전혀 생각하지 않습니다. 특히 새 병원이 완공되면서 세계 최고 수준의 시설을 갖추었으니까요. 응급실로 들어서는 환자들에게 '어떻게 오셨나요?' 라거나 '무슨 일이 있으셨어요?' 라는 말을 제가 처음으로 하는 경우가 있습니다. 이유는 잘 모르겠는데, 저는 UCLA가 꼭 라스베이거스의 룩소 호텔 같아요. 호텔 꼭대기에서 레이저빔 같은 불빛이 밤하늘로 치솟아 오르는 그 룩소 호텔 말이에요. 저는 사람들이 UCLA를 그렇게 보고 있는 것 같아요. 병원을 들어서면서 환자들이 '여기 오는 데 차로 세 시간이나 걸렸어요' 라고 이야기한다면 저는 농담으로 '오는 도중에 다른 병원들은 다 어쩌시고요?' 라고 이야기할 겁니다. 그러면 환자들은 이구동성으로 'UCLA에서 꼭 진료받고 싶었어요' 라고 말할 거예요. 메이요 클리닉이나 매사추세츠 병원, 클리블랜드 클리닉 같은 병원들과 함께 최고의 병원으로 손꼽히는 데는 다 이유가 있는 것이지요. 우리는 최고이고 저는 우리가 계속 밤하늘에 레이저 불빛을 비출 수 있도록 최선을 다할 겁니다."

낸시 포크스가 바로 수많은 병원을 지나쳐서 UCLA로 찾아온 환자의 예가 될 것이다.

"저는 뉴욕에서 로스앤젤레스까지 왔습니다. 뉴욕에 있는 저의 주치의가 여기를 권했지요. 남편 친척들 중에 의사가 많은데 다들 만약 병원을 고를 수 있다면 UCLA로 갈 거고, 가야만 한다고 말했습니다. UCLA에서 받은 서비스는 너무 훌륭해서 만일 제가 아주 먼 곳에 있는데 둘째 아이를 출산해야 하는 상황이 되더라도 근처의 다른 병원을 제치고 UCLA로 올 마음이 들 정도입니다. 물론 대부분의 사람들이 자신이 살고 있는 지역의 병원에 가고 거기서도 교과서적인 좋은 진료를 받을 거예요. 하지만 아직 제가 UCLA에서 받은 것과 같은 한 차원 높은 진료와 서비스를 받았다는 이야기를 들어보지 못했습니다."

교과서적인 진료와 한 차원 높은 진료의 차이는 지역 브랜드와 전국적인 유명 브랜드의 차이에 비유될 수도 있을 것이다. 그것이 경쟁자들을 능가하는 결과를 제공하는 것이든, 존경받는 전문가들로부터 추천을 받는 것이든, 혹은 먼 곳의 고객들이 찾아오게 만드는 제품이나 서비스를 개발하는 것이든, 최종적인 목표가 품질이라면 실제 업무가 수행되는 과정과 그 성과에 항상 주의를 기울여야 한다.

### Check Up 당신의 기업은?

- 당신의 제품이나 서비스를 이용하는 고객들의 거주지 분포는 어떻게 되는가?
- 보다 멀리 있는 고객들을 유치하기 위해 어떠한 것이 필요하다고 생각하는가?

- 멀리서 찾아오는 고객들에게 보다 나은 서비스를 제공하기 위해 질과 관련된 핵심 역량을 규정하고 있는가?
- 당신의 고객들은 당신의 제품이나 서비스를 '교과서적'이라고 평가하는가 '한 차원 높은' 것이라고 평가하는가?

## 서비스의 질과 적시성

당신이 진정 '최고 중의 최고'인 제품이나 서비스를 가지고 있고 고객들이 아주 먼 곳에서 이것을 위해 찾아온다고 가정해보자. 고객들은 그들이 원할 때 그 상품이나 서비스를 제공받을 수 있는가? 많은 사람들이 인정하듯이 미국의 의료 시스템은 의료 서비스의 접근성에 대해서는 많은 문제를 가지고 있다. 물론 문제가 더 많은 의료 시스템을 가지고 있는 나라도 있다고 일부 사람들이 이야기하고 있기는 하지만, 의사를 만나기 위해 몇 달을 기다려야 하고, 시술을 위한 스케줄을 잡기 위해 또 기다려야 하고, 응급실에서 자신의 이름이 불리는 것을 지루하게 기다려야 하고, 초조하게 검사 결과를 기다려야 하는 등 사실 의료는 환자들에게 많은 인내를 요구한다. UCLA나 다른 일류 병원에서는 경영진이 환자들의 필요에 따라 그들이 편한 시간에 유연하게 진료를 제공받을 수 있도록 지속적으로 노력하고 있다.

UCLA의 방사선종양학과 과장인 마이클 스타인버그 박사에 따르면, 과거의 외래 진료실에서는 환자들이 편한 시간에 예약을 잡아주는 데 대해 별로 관심이 없었다고 한다.

"당시는 하루에 볼 수 있는 환자의 수를 정해놓고 환자들이 오는 대로 거기에 맞추어 넣는 형태였습니다. 외래에서 환자를 보는 방식을 찬찬히 들여다봐야겠다는 생각을 하게 되었고 환자들의 스케줄에 맞추어주기 위해서는 우선 진료시간을 늘려야 한다는 결정을 내렸습니다. 이를 통해 환자들의 예약을 보다 빠르게 처리할 수 있게 되었는데 이는 환자들에게 아주 큰 이익을 가져다주었습니다."

서비스 제공의 적시성에 대한 분석을 통해, 스타인버그 박사의 과는 과거 하루에 55명 정도의 환자를 진료하던 것에서 통상 100명 이상을 진료하고 많을 때는 125명까지 진료를 할 수 있게 되었다.

"전에는 전혀 상상도 하지 못했던 많은 수의 환자들을 진료하는 과정이 처음엔 쉽지 않았습니다. 하지만 우리가 보다 많은 환자들을 보게 되면서 환자들은 우리가 제공하는 서비스의 질에 점점 더 만족하게 되었습니다. 고객들의 욕구를 충족시키기 위해서 스스로 변화할 때 질 높은 서비스가 적시에 제공되는 것입니다."

UCLA 내분비외과 책임자인 마이클 예 박사도 내분비외과의 책임을 맡게 되면서 비슷한 도전에 직면했었다.

"제가 환자로서 병원을 찾았을 때, 저를 가장 불편하게 만들었던 것은 일단 접근이 너무 어렵다는 것이었습니다. 의료에 있어서 제한요소는 기술이 아니라 환자들이 낯선 환경에서 제대로 된 길을 찾아가도록 도와주지 않는 의료인 자신이었습니다."

예 박사는 심지어 병원의 환경이 신체적 정서적으로 취약한 환자들에게 적대감을 불러일으키기도 한다고 말한다. 예 박사는 일부 병원들은 보다 많은 편의시설을 갖추고 환자들에게 포괄적인 서비스를 제공하는 방향으로 진화해왔다고 이야기한다. 하지만 불행하게도 이렇게 환자들에게 안락한 서비스를 제공하는 병원들의 의료 수준이 최고에 미치지 못하는 경우가 종종 있다.

"만약 당신이 안락한 서비스를 제공하지만 의료 수준은 최고가 아닌 병원과 UCLA처럼 최고 수준의 의료를 제공하면서 모든 안락한 서비스까지 제공하는 병원 중에서 선택을 하게 된다면 어떤 병원을 선택할지는 분명하지 않겠냐는 생각을 하게 되었습니다."

이러한 관찰의 결과로 예 박사는 내분비외과로의 접근을 보다 편하고 용이하게 만들 것을 결심하게 되었다.

"처음부터 저는 모든 것들을 환자들의 접근을 용이하게 만드는 방향으로 구성해나갔습니다. 전화를 걸면 ARS를 통해서 전화, 전화로 연결되는 것이 아니라 바로 우리 직원이 응대할 수 있도록 했습니다. 첫 해에는 저도 직접 전화를 받았습니다. 전화를 걸면 항상 사람이 직접 받는 것입니다."

예 박사는 외과 의사는 항상 환자들의 입장에서 생각하고 그들의 입장을 대변한다는 점에서 단순히 수술을 하는 기능인과 구별되어야 한다고 말한다.

"환자의 입장을 대변하기 위해서는 시간을 들여 환자에 대해서 알아야 하고 그들이 적절한 진료를 받을 수 있도록 모든 시스템을 준비하여야 합니다. 만일 사우디아라비아의 아부다비에서 온 환자가 있다면 그에게 맞는 의료 서비스가 제공될 것입니다. 하지만 캘리포니아에서 온 나이 많은 여자 환자에게 같은 서비스를 제공할 필요가 있을까요?"

환자들에게 보다 편안한 진료 과정을 제공하기 위해 예 박사는 '헬프데스크'를 만들고 도움을 필요로 하는 환자가 언제나 전화를 걸 수 있도록 전용 전화를 개통하였다.

"당신이 우리 과의 환자라면 우리는 당신의 모든 진료 관련 예약을 조정해서 하루에 다 할 수 있도록 함으로써 여러 번 병원에 오는 수고를 줄여줄 것입니다. 병원에서 길을 잃었을 때, 우리 과로 전화를 하면 우리 직원이 가이드를 해서 목적지를 찾게 해줄 것입니다. 초기에 제가 깨달은 것은 젊은 교수로서 제가 해결하기 벅찬 시스템적인 문제들이 아직 우리 기관에 많이 존재한다는 것이었습니다. 저는 제가 담당하고 있는 과에 작은 문화적 변화를 일으킴으로써 우리 프로그램이 제가 생각하는 방향으로 굴러갈 수 있게 만들고자 한 것입니다."

예 박사는 내분비외과 환자들은 대부분 젊고, 외래 중심의 치료를 받고, 최신 기술에 친숙하다고 지적한다. 이러한 특성들을 감안하여 예 박사는 환자들의 접근을 용이하게 하고 회복을 빠르게 하는 데 최신 기술들을 이용하였다. 수술 전 치료의 대부분이 환자들의 내분비 기능을 나타내는 수치들을 추적 관찰하는 것이기 때문에, 예 박사는 환자들이 그날그날의 결과를 자기에게 바로 보낼 수 있는 온라인 기술을 도입하였다.

"원격기술을 이용해서 환자들의 결과를 즉각적으로 파악함으로써 진단의 정확성을 높이고, 정확한 종양의 위치도 파악하고, 보다 적합한 수술을 정하게 되었을 뿐만 아니라 수술이 보다 안전하게 진행될 수 있도록 하는 약물도 적절하게 사용할 수 있게 되었습니다. 환자 입장에서는 수술이 더 매끄럽게 진행되면서 입원 기간도 짧아지게 된 것이지요."

원격기술을 통해서 필요한 시술을 적시에 시행하게 되고 여러 복잡한 검사들을 즉석에서 파악함으로써 UCLA의 내분비외과는 전국 평균보다 빨리 환자들을 퇴원시키고 있다.

마취과 과장인 패트리시아 카푸르 박사도 서비스의 질을 접근성의 측면에서 바라보는 시각을 공유하고 있다.

"마취과는 아주 다양한 장소에서 환자들을 맞이하게 되는데 우리는 여러 가지 다양한 기술을 이용해서 환자들의 접근을 용이하도록 만들었습니다. 가장 중요한 저희 업무 중 하나가 수술을 하기 전에 환자가 마취를 받을 수 있는 상태인지를 평가하는 것인데, 이를 위해 아주 먼 곳에서 저희 과로 와야 하는 환자들이 많았습니다. 과거에는 마취를 받게 되는 모든 환자들이 자신의 의무기록을 가지고 병원으로 와서 평가를 받았었는데 이렇게 병원에 직접 찾아와야 하는 환자의 비율을 획기적으로 줄일 수 있는 방법을 도입하였습니다. 우선 수술을 결정한 외과 의사가 가지고 있는 환자의 정보를 전자의무기록, 팩스, 혹은 전화 등을 이용해서 가능한 모두 수집합니다. 심장 상태에 대한 정보도 심장내과 의사 등으로부터 같은 방법으로 수집합니다. 이렇게 모인 정보를 검토해서 환자와 주치의에게 그 결과를 알려주었는데 이를 통해서 80%의 환자가 마취 전 평가를 위해 저희 과를 방문하지 않게 되었습니다. 지금은 이것을 90%까지 올리려고 노력하고 있습니다. 환자들이 불필요한 시간과 비용을 쓰지 않도록 만들어나가는 것이지요."

특별한 상태에 있는 환자들의 경우 반드시 직접 보고 평가를 해야 한다는 것은 카푸르 박사도 인정한다. 하지만 그녀가 말하는 것은 질 높은 서비스를 제공하기 위해서는 환자들에게 필요한 만큼의 서비스가 제공되어야지 의사들이나 병원이 과거부터 해왔던 타성에 젖은 방식으로 서비스를 제공해서는 안 된다는 것이다.

 마취 전 평가를 위한 환자들의 불필요한 병원 방문을 줄인 것 외에도 카푸르 박사는 마취가 필요한 환자들의 마취 과정도 획기적으로 개선했다고 이야기한다.

"과거에는 마취과 직원이 수술 전날 밤에 환자에게 전화를 걸어서 일일이 정보를 확인했습니다. 하지만 40%가량의 환자와는 통화를 할 수 없었습니다. 그러다보니 수술이 임박한 시점까지 환자와 연락을 하기 위해 노력하는 과정에서 환자에 대한 중요한 정보를 잃어버리기도 하고 필요한 정보를 얻기 위해 추가적인 검사를 해야 하는 경우도 있었습니다. 전자의무기록을 사용하면서부터 환자들에 대한 정보를 보다 일찍 파악할 수 있게 되었습니다. 또 수술 당일, 우리 과 직원들을 환자들을 맞이하는 공간에 배치하고 환자의 흐름을 원활하게 하는 데 필요한 절차들을 시행하도록 하고 있습니다. 물론 많은 노력이 필요했습니다만 양질의 의료라는 것이 그저 환자의 치료 결과가 좋은 것만을 의미하는 것은 아니라고 생각합니다. 이들 결과들은 반드시 환자가 필요로 하는 시기에, 환자의 입장을 이해하는 진료 과정을 통해서 얻어져야 합니다."

UCLA 헬스시스템의 모든 의사들과 간호사들, 의료기사들, 행정직원들은 환자가 원하는 시간에 진료를 제공할 수 있는 보다 나은 방법을 찾기 위해 지금도 계속 노력하고 있다. 카푸르 박사가 이야기했듯이, 훌륭한 치료 결과를 얻는 것만으로는 충분하지 않고 반드시 진료 과정에서 환자의 시간이 존중되어야만 한다.

### Check Up  당신의 기업은?

- 과거에 관습적으로 해오던 방식에서 탈피하여 적시에 고객 중심의 서비스 제공이 이루어지고 있는 것은 어떤 것들이 있는가?
- 고객의 인구사회학적 특성(나이, 거주지, 기술에 대한 친숙도 등)에 맞춘 서

비스를 어떠한 방식으로 제공하고 있는가?
- 제품이나 서비스 제공의 적시성이라는 관점에서 품질을 정의하고 있는가?
- 카푸르 박사나 예 박사, 스타인버그 박사의 예에서처럼 제품이나 서비스 제공의 적시성을 높이기 위해서 무엇을 하였는가? 더욱 간 소화시킬 수 있는 부분은 어떠한 것들이 있는가?

## 최고에 다가갈수록 더 많은 어려움이 존재한다

접근성을 높이기 위한 많은 진전이 있었지만, UCLA에서 치료를 받는 환자들이 가지고 있는 질환의 복잡성과 진료 부문이 아주 세부적으로 많은 전문분야로 나뉘어있는 것이 전체 시스템의 효율성을 언제라도 떨어뜨릴 수 있는 위험성을 내포하고 있다. 응급실에서 효율적으로 처치를 받은 후 소아암 병동에 병실이 날 때까지 응급실에서 몇 시간을 기다려야만 했던 한 소아암 환자의 사례를 보면 UCLA가 처해있는 이러한 어려움을 잘 이해할 수 있다. 응급의학과의 마크 모로코 박사는 그 어려움을 다음과 같이 이야기한다.

"우리가 가지고 있는 문제는 우리가 의료전달체계의 꼭대기에 있다는 것입니다. 세부-세부 전문분야별로 너무도 뛰어난 의사들이 있고, 많은 의사들이 자신의 환자를 우리 병원으로 보내고 싶어 하고, 병원 자체도 전국적으로 너무 유명하다는 것 때문에 문제를 겪고 있는 것입니다. 가장 치료하기 어려운 환자들, 병의 중증도가 가장 심한 환자들이 우리 병원에 옵니다. 방금 그 소아암 환자도 소아암을 가장 잘 치료하는 우리 병원의 의사에게 진료를 받기 위해서 우리 병원에 왔습니다. 하지만 병실의 수가 제한되어있기 때문에 현재 할 수 있는 것이라고는 이렇게 응급실에서 대기하는 것밖에는 없습니다."

모로코 박사는 응급실에 내원하는 환자들에 대한 평가와 초기 치료가 이루어지고 난 다음부터 문제가 발생한다고 이야기한다.

"환자들이 가야 할 곳을 알지만 병실의 제한으로 갈 수 없는 경우가 아주 당혹스럽습니다. 해당 세부 전문분야 전문의와 함께 정규적인 치료를 시작하지만 환자들은 응급실이라는 공간에 있는 것만으로 본인들이 제대로 된 치료를 받지 못하고 있다고 생각합니다. 자신들이 병실의 환자나 중환자실의 환자가 받는 치료와 동일한 치료를 받고 있다는 것을 인정하지 않고 그냥 자신들은 응급실에서 시간을 허비하고 있다고 생각합니다."

모로코 박사는 응급실을 호텔의 프런트 데스크에 비유한다.

"두 곳은 모두 무언가 일이 진행되어야 하는 공통점이 있습니다. 여기에 도착한 사람들은 무엇인가 빨리 진행되기를 바라는 일을 가지고 있고 환영을 받고 싶어 합니다. 직원들은 필요한 일들을 빨리 처리해서 그 사람을 다른 곳으로 보내줘야 합니다. 리츠칼튼 호텔 프런트 데스크 앞의 로비에서 신문을 읽거나, 커피를 마시거나, 혹은 칵테일을 한 잔 할 수도 있지만 거기서 숙박을 할 수는 없습니다. 하지만 병원에서는 병실이 날 때까지 환자를 로비에서 재워야 하는 일이 흔하게 일어납니다. 우리가 가진 병실보다 많은 환자들이 의뢰되고 많은 환자들이 병원을 찾아오기 때문입니다."

뉴욕에 있는 스토니브룩 대학병원 응급의학과의 피터 비첼리오 박사 같은 이는 병원에 입원하는 환자들은 가능한 빨리 그 환자를 치료할

과로 이송되어야 하며 따라서 심장병 환자는 응급실 복도에 누워있는 것보다 심장내과 복도에 누워있는 것이 환자에게 더 낫다고 주장해왔다. 모로코 박사는 여기에 대해서 이렇게 말한다.

"몇몇 주에서는 응급실 복도 이외의 다른 복도에 환자를 수용하는 것을 법으로 금지하고 있습니다. 따라서 환자들은 그들이 병실에서 받게 될 치료와 동일한 치료를 이미 받고 있음에도 불구하고 아직 치료를 받지 못하고 그냥 기다리고 있다는 생각을 하게 됩니다."

로널드 레이건 UCLA 메디컬센터 응급의학과의 린 맥컬로우 박사는 다음과 같이 이야기한다.

"응급실에서 병실이 나기를 기다리는 환자들이 우리 과의 업무 수행을 더 어렵게 만드는 것은 분명한데, 문제는 이들 환자들은 그 사실을 전혀 알지 못한다는 것입니다. 우리는 지속적으로 환자에게 필요한 것들을 하고 그 진행 상황을 계속해서 환자들에게 알림으로써 그들이 무언가 진행이 되고 있구나 하는 생각을 가지도록 만들어야만 합니다. 동시에 환자들에게 그들의 요구에 맞추어서 환자 중심의 서비스 경험을 제공하여야 합니다. 사실 응급실에서 환자들은 아주 짧은 시간에 많은 의료진들과 만나게 됩니다. 병실이 나기를 기다리는 것이든, 생명이 위독한 상황과 싸우고 있는 것이든, 각각의 만남은 그들에게 아주 소중한 것입니다. 따라서 이러한 만남 하나하나가 제대로 되도록 하는 것은 우리의 중요한 임무입니다."

CEO인 파인버그 박사는 소아암 병동에 입원하기 위해 응급실에서 몇 시간을 기다려야만 했던 소아암 환자와 같은 사례들에 대해서 놀라운 해결책을 제시하였다.

"이러한 일들은 UCLA에서 일어나지 말아야 하는 일임에도 불구하고 너무 자주 일어나고 있습니다. 병상 증설을 위한 적극적인 로비와 같이 이러한 상황을 해결하기 위해서 우리가 하고 있는 일들은 아주 많습니다만 그러한 것들은 별로 중요하지 않습니다. 만약 병상을 늘리게 되면 조금 지나서 그 병상들은 다시 다 차게 될 것이고 우리는 다시 같은 상황에 직면하게 될 것입니다. 이러한 문제를 해결할 수 있는 유일한 길은 우리가 현재보다 더 나아지는 것입니다. 우리는 그 소아암 환자가 우리에게 찾아와서 진료를 받고자 했던 이유, 즉 우리가 가지고 있는 지식들을 다른 병원의 의사들과 공유하여야 합니다. 그래서 그 어린이가 굳이 우리 병원까지 오지 않더라도 자신이 사는 지역의 가까운 병원에서 우리가 하는 것과 같은 수준의 진료를 받을 수 있도록 해야 합니다. 그러고 나서 우리는 지금 우리의 수준보다 더 높은 수준으로 올라서서 현재보다도 더 위중한 환자를 돌봐야 합니다. 이상적으로 이야기하자면 저는 UCLA가 의학의 수준을 더욱 발전시켜서 병원에서 치료를 받아야 하는 환자가 거의 없도록 만들고 싶습니다. 우리의 목표는 우리가 가진 의학적 지식을 더욱 널리 퍼뜨리고 치료법을 더욱 발전시켜서 다른 병원들이 우리가 현재 돌보고 있는 환자들을 담당하게 함으로써 우리 병원의 병실이 부족한 일이 생기지 않게 만드는 것입니다."

많은 다양한 기업들에게 자문을 해온 입장에서, 나는 처음에 파인버그 박사의 말을 듣고 어리둥절하였다. 그는 자신이 가진 경쟁우위(최고 수준의 의료기술)를 자신보다 못한 다른 경쟁자들에게 제공하겠다고 말하고 있는 것이다. 파인버그 박사에 따르면 그렇게 하는 것이 오히려 자신의 조직 내에 더욱 큰 혁신을 이루고 UCLA의 서비스 수준을 한 단계 더 높이게 된다는 것이다. 그리고 그 끝은 병원에서 진료를 받는 일을 아주 드문 일로 만드는 것이다. 그 순간, '세계 최고 수준의' 의료기관을 통해서 모든 기업들에게 적용할 수 있는 보편적인 교훈을 찾아보고자 했던 나의 생각에 잠깐 회의가 들기도 했다. 하지만 그의 말들을 곱씹어보면 볼수록 그 속에 진리가 있음을 더욱 깨닫게 되었다.

여러분이 현재 누리고 있는 모든 경쟁우위는 언젠가 시간이 지나면 쓸모가 없어진다. 여러분의 제품과 서비스를 지속적으로 개선하지 않는 한, 경쟁자들은 결국 당신을 따라잡게 될 것이다. 파인버그 박사는 환자들에게 양질의 의료를 제공하고 고통으로부터 환자들을 구해내기 위해서 의학지식이 공유되어야 한다는 사실을 인식하고 있다. 더구나 그는 UCLA가 추구하는 의학지식의 공유가 진전되면 진전될수록 전체 의료의 수준이 더욱 올라갈 것이라는 사실을 잘 이해하고 있다. 전체 의료 수준이 올라가게 되면 UCLA를 포함한 모든 이들이 혜택을 보게 되는 것이다.

### 실천을 위한 요약

- 당신이 제공하는 가치를 아래의 공식에 기초하여 검토하라.
  * 가치 = (고객이 느낀 상품의 질 + 고객이 느낀 서비스 경험의 질) – 가격
- 당신의 제품이나 서비스의 전체적인 질을 안전성, 효과성, 고객 중심성, 효율성, 형평성의 측면에서 평가하라.
- 모든 고객과의 만남에서 브랜드가 약속한 내용들을 실천함으로써 브랜드의 완결성을 추구하라.
- 우선 양질의 결과를 제공하고, 그 다음에 그 과정을 간소화하라.
- 고객들의 경험과 관련하여 형편없는 제품이나 형편없는 서비스 시행은 어떤 것으로도 만회할 수 없음을 인식하라.
- 산업 전체의 수준을 높이기 위해서 노력하라, 그러면 그 과정에서 혜택을 보게 될 것이다.

chapter 7
# 보다 적은 비용으로
# 모든 이들에게 양질의 의료를!

당신과 당신 가족들이 모든 의료비를 보장해주는 의료보험에 가입되어있는 상황에서 가족 중 한 명이 병원에서 치료를 받아야 한다면 치료비가 얼마인지는 그리 걱정할 사항이 아닐 것이다. 당신이 그 가족을 치료하는 의사인데 비슷한 치료 성적을 보이는 두 가지 치료 방법이 있다면, 각각의 치료에 드는 비용이 의사인 당신의 선택에 얼마나 영향을 미치겠는가? 과연 사람이 죽고 사는 문제에서 비용을 어떠한 식으로 고려해야 할까? 급격하게 증가하고 있는 의료비에 대한 우려와 이러한 문제를 해결하기 위한 의료개혁에 대한 뜨거운 논쟁을 고려하면, 이제 우리는 의료의 질을 이야기할 때 단순히 치료 결과만이 아니라 치료에 투입되는 비용의 효율성을 동시에 고려해야 하는 상황에 놓여있다.

UCLA 내과의 얀 틸리쉬 교수는 의료비의 효율성과 관련하여 다음과 같이 이야기한다.

"의료비의 효율성에 대한 우려는 의료관리 분야를 연구하는 학자들이 오래 전부터 지속적으로 제기해오던 문제였지만 일반인들은 이제 막 관심을 갖기 시작했습니다. 특히 사람들은 비용효과 연구에 대해 많은 이야기를 하고 있습니다. 연방정부의 경제 부양 계획[5]에서도 향후 10억 달러 이상을 비용효과 연구에 투입하겠다고 발표하였습니다."

방사선종양학과 과장인 마이클 스타인버그 박사도 다음과 같은 견해를 피력한다.

"미국은 최신 의료기술이 지속적으로 개발되고 임상에서 이러한 기술들이 환자들에게 활발하게 적용되는 나라입니다. 국민총생산에서 의료가 차지하는 비중이 유럽이나 캐나다에 비해 거의 두 배에 가깝습니다. 의료비 역시 이들 나라의 두 배입니다. 다른 나라 국민들은 최신 의료기술에 대한 수요가 미국에 비해 훨씬 적습니다. 이러한 차이는 의료제도의 차이에도 기인하고 문화의 차이에도 기인하고 있습니다."

스타인버그 박사의 견해에 따르면 미국의 의사들은 환자들에게 최신 의료기술과 기존 의료기술의 차이에 대해 제대로 설명해주지 못하고 있다.

"단순히 치료비가 비싸고 싸고의 문제가 아닙니다. 최신 의료기술이 기존의 기술에 비해서 효과가 좋은 경우가 많은 것은 사실입니다. 하지만 이러한 효과가 늘어나는 비용을 정당화시킬 수 있을 정도인가는 생각해봐야 할 문제입니다. 최근에 각광을 받고 있는 것 중에 전립선암 수술에 사용하는 다빈치로봇이라는 기구가 있습니다. 이 기구를

---

5) 미국 오바마 대통령이 입안하고 2009년 2월 의회의 승인을 받은 법률안(American Recovery and Reinvestment Act)에 담긴 내용으로 향후 10년간 7870억 달러의 재원을 투입해서 경제 성장을 촉진하고 200만 개의 일자리를 만들겠다는 계획을 포함하고 있다.

사용해서 전립선암 수술을 받는 데 200만 달러가 듭니다. 물론 로봇을 이용하니까 수술 시야가 약 세 배 정도 넓어지고 사람의 손으로 하면 6~7개 정도의 봉합을 할 수 있는 공간에서 10번 정도의 봉합을 할 수 있습니다. 하지만 수술 결과를 보면 개복해서 하던 기존의 수술 방법보다 이 로봇 수술이 훨씬 좋다는 보고를 찾아보기는 어렵습니다. 이제 의료의 질을 이야기할 때, 기존의 방법보다 효과적이냐는 단순한 질문이 아니라, 들어가는 비용을 고려할 때 기존의 방법에 비해 얼마나 효과적이냐는 질문을 해야 하는 시대에 와있습니다."

점차 모든 사업의 영역에서 질을 이야기할 때 '거기에 수반되는 비용은 얼마인가?' 라는 질문이 동반되고 있다. 축적된 경험을 통해서 보다 적은 비용으로 양질의 제품이나 서비스를 제공하는 기업이 경쟁우위를 누리게 될 것이다.

## 의료의 질과 효율성

이제 대부분의 의료보험 회사들은 의료공급자들이 제공하는 의료행위의 질을 따지면서 '그 정도의 의료비를 지불할 가치가 있는 것인가?' 라는 질문을 하고 있다. 영국과 미국의 일부 의료보험 회사들은 치료의 결과나 효율성과는 상관없이 진료비 지불이 이루어지던 기존의 행위별수가제 방식을 버리고 다른 지불방식을 채택하기 시작하였다. 행위별수가제에서 의료공급자는 개별 행위를 할 때마다 그러한 행위가 환자의 치료에 필요한 행위인지 혹은 환자에게 도움이 되었는지 여부에 상관없이 그 행위에 해당하는 수가를 보상받는다. 그동안 의료개혁에 대한 토론의 자리에서 이와 같은 행위별수가제가 고액의 의료사고 소송에 항상 노출되어있는 의사들로 하여금 과도한 검사와 방어적인 의료를 당연하게 여기도록 만들었다는 논의들이 많이 이루어져 왔다. 이러한 상황에서는 환자의 필요에 의해서가 아니라 의료소송을 피하기 위해서 많은 검사들이 시행되는 것이다. 환자들의 의료수요는 넘쳐나고 이에 사용할 수 있는 재원은 한정되어있는 상황에서 많은 의료보험자들과 의료개혁을 옹호하는 그룹에서는 '성과보상 pay-for-performance' 모형의 도입을 강하게 주장하고 있다. '가치에 기반을 둔 구매 value based purchasing'라고도 불리는 이 개념에서는 제공자들에게 의료 서비스를 제공함에 있어서 사전에 설정된 목표를 가능한 효율적으로 달성하도록 하려는 경제적 동기를 부여한다.

성과보상 모형에서는 의사나 병원이 의료의 질과 효율성의 양 측면에서 사전에 설정된 성과치를 달성하였을 때 인센티브를 제공한다. 반대로 사전에 설정되어있는 비용 가이드라인을 초과하거나 치료 결과가 기대에 미치지 못하는 경우 페널티가 부과되면서 해당 의료행위들에 대한 지불이 보류된다. 이러한 성과보상 모형이 치료 결과나 효율성을 동시에 향상시킨다는 대규모의 예비 연구 결과에도 불구하고 대다수 의료계에서는 이 모형이 많은 문제들을 내포하고 있다는 우려를 제기하고 있다. 의료의 질을 평가하는 지표들의 타당성 문제라든지, 사전에 정해진 가이드라인이 환자나 의사들의 의사결정에 영향을 미치게 될 가능성에 대한 우려(환자에게 필요할 수도 있는 검사나 시술이 경제적인 이유로 보류되는 것과 같은), 그렇지 않아도 복잡한 진료비 청구와 관련된 병원의 행정업무를 더욱 복잡하게 만들 수 있다는 우려 등이 대표적이다.

나의 전문분야가 아니기 때문에 여기서 성과보상 모형이 향후 의료개혁의 핵심이 되어야 한다는 주장을 지지하려고 하는 것은 아니다. 다만 나는 보험자들이 치료의 결과와 진료 제공 과정의 효율성을 연결시키고 있기 때문에 진료비 지불방식이 어떠한 형태로든 변화할 것이라는 사실을 말하고자 하는 것이다. 의료비와 의료 질과의 상관관계가 항상 일정하게 비례하지는 않는다는 것은 분명하다.

UCLA의 방사선종양학과 과장인 마이클 스타인버그 박사는 흥미로운 연구 결과를 이야기한다.

"의료관리 분야의 연구 결과를 보면 진료에 투입되는 비용이 증가할수록 처음에는 질도 함께 올라갑니다. 하지만 일정 시점을 지나면 그 증가 속도가 점차 줄어서 어느 시점이 지나게 되면 비용이 증가할수록 오히려 의료의 질이 떨어지는 양상을 보입니다. 다시 말하면 과도한 비용이 투입되는 의료는 오히려 환자에게 안 좋은 결과를 가져올 수도 있다는 것입니다. 사실 이 문제는 단순하게 몇 마디로 이야기하기에는 매우 복잡한 문제이기는 합니다만 분명한 것은 돈을 더 많이 쓰면 항상 더 좋은 결과가 얻어질 것이라는 막연한 기대를 가질 것이 아니라 항상 비용과 질의 관계를 면밀히 관찰해야 한다는 것입니다."

전 최고운영책임자인 아미르 루빈은 성과보상 모형이 주목을 받기 훨씬 전부터 의료의 질과 효율성의 관계에 대해 관심을 기울여왔다.

"처음 UCLA에 와서 의사들과 면담을 시작하면서 저는 우선적으로 의사들이 속해있는 진료과나 본인의 전문분야에서 제공하는 의료의 질에 대해서 어떻게 생각하는지 물어보았습니다. 대부분의 의사들이 최상의 진료를 제공하고 있다고 대답을 하였는데, 그러면 제가 다시 '그걸 어떻게 알 수 있습니까?' 라고 되물었습니다. 여러 가지 대답들을 하였지만 많은 경우 자신들이 제공하는 의료의 질과 효율성에 대한 객관적인 수치를 제시하지 못했습니다. 그러면 저는 '괜찮습니다. 이제부터 성과를 측정할 수 있는 방법을 함께 찾아보도록 하지요'라고 말하였습니다. 따라서 UCLA에서는 직원들에게 이러한 것들을 어떻게 측정할 수 있는지에 대해 물어보는 것에서부터 의료의 질과 효율성에 대한 관리가 시작되었다고 말할 수 있습니다. 현재 UCLA는 많은 성과 평가 지표들을 사용하고 있습니다. 많은 수는 병원 산업에 맞추어서 개발된 것들이지만 일부는 현재 연구가 진행 중인 것들도 있고 일부는 병원들의 성과를 평가하는 외부 기관에서 사용하는 것들을 가져온 것입니다. 이제 저희가 직면하고 있는 문제는 의료의 질이나 효율성을 평가할 수 있는 방법을 찾는 것이 아니라 어떻게 하면 이러한 평가 결과들을 통해서 구성원들이 자원을 효율적으로 사용하게 하고 최선의 결과를 내도록 하는 변화를 유도할 수 있는지에 관한 것입니다."

많은 선도적인 기업들이 질과 효율성에 대한 지표를 정기적으로 측정하고 이를 관리자들에게 제공하고 있기는 하지만, 의료의 질과 효율성을 동시에 달성하고 있다는 UCLA의 명성은 특히 많은 부분 경영진이 시행하고 있는 성과에 대한 측정과 매우 심층적이고 세밀한 분석에 기인한다. 실제로 UCLA는 성과지표를 아주 세밀한 부분까지 효과적으로 관리하고 있다. 병원이라는 조직이 아주 복잡한 조직이라는 점을 감안할 때, 성과지표를 관리하는 것도 아주 세밀하게 접근하여야 한다.

CEO인 파인버그 박사는 다음과 같이 이야기한다.

"우리는 항상 큰 그림과 그 그림의 가장 세밀한 부분을 동시에 살펴보아야 합니다. 그렇지 않으면 중요한 기회들을 놓치게 됩니다."

UCLA의 성과관리가 정말로 놀라운 것은 성과관리의 대상이 되는 UCLA 자체가 다른 기업들과는 비교할 수 없을 정도로 넓은 폭과 깊이를 가지고 있다는 점이다.

"우리는 심지어 환자들의 영성적인 측면에 대한 보살핌에도 질과 효율성을 평가하고 있습니다. 환자들의 영성적인 측면을 보살피는 병원 소속 목사들이 환자들에게 양질의 효율적인 보살핌을 제공하고 있는지 어떻게 알 수 있을까요? 이분들에게 직접 오늘 얼마나 많은 영혼을 구제하셨느냐고 물을 수는 없겠지요. 하지만 환자들이 영성적인 측면의 보살핌을 요구하였을 때 24시간 내에 얼마나 많은 환자들이 실제 보살핌을 제공받았는지는 측정할 수 있습니다. 측정을 하지 않으면 우리 환자들이 영성적 측면에서 얼마나 효율적으로 그리고 즉각적으로 보살핌을 받고 있는지 절대 알 수 없습니다."

이러한 자료들이 외부 IT 전문가들이 만든 시스템에서 산출되는 것이 아니라 관련 직원들이 손으로 직접 만든 엑셀 장표를 통해서 만들어지고 전달된다는 사실은 더욱 주목할만하다.

UCLA의 경영진은 이렇게 자료를 추적하고 보고하는 것은 전체 질 향상 과정의 일부에 지나지 않는다는 사실을 항상 유의하고 있다. 진정으로 질을 향상시키고자 한다면 이러한 자료들을 실제 운영 과정상의 목표 실행에 활용하여야 한다. 이를 위해서 UCLA는 중간관리자들이 자신들의 연간 목표를 점검하고 토의하는 시스템 운영회의를 격주로 개최하고 있다. 여기서 도출된 목표들은 중간관리자들의 상급자에게 보내져서 문서로 보관되는 동시에 시스템운영 팀에게도 공유된다. 시스템운영 팀은 각 부서의 고위관리자와 핵심 의사인력들로 구성되어있는데, 최고운영책임자와 시스템운영 팀이 연간 핵심적으로 추진되어야 할 중요 목표들의 추진사항을 점검한다. 이들 팀은 다양한 성과 목표들을 도출하고 질 관리 부서의 협조를 요청하게 되는데 질 관리 부서의 전문가들이 이를 위한 프로젝트를 설정하고 시스템운영 팀으로 하여금 조직의 전체적인 낭비 요소를 줄이고 효율을 증가시킬 수 있는 프로세스 향상을 추적 관찰할 수 있도록 돕는다.

UCLA에서 이와 같은 질 관리 전문가들의 역할은 '린 사고lean thinking'에서 이야기하는 특정 분야 전문가subject-matter expert, SME로서의 역할과, 린 사고가 조직 전체로 퍼지게 하는 촉매제 역할을 동시에 수행한다고 할 수 있다. 린 사고는 도요타 생산 시스템Toyota Production System, TPS에서 유래한 생산관리 프로세스이다. 린 사고를 단순하게 이야기하자면, 생산에 소요되는 모든 자원은 반드시 최종 사용자를 위한 가치로 직접적으로 변환되어야 한다는 것이다. 따라서 린 사고는 생산 과정에서 낭비(부가가치를 창출하지 못하는 자원 소모) 요소가 있는지를 면밀하게 살피고 이를 줄임으로써 보다 적은 자원을 사용하여 보다 많은 가치를 창출하게 되고 이를 통해서 효율성을 극대화하는 것이다. UCLA의 '린 사고 전문가'들은 UCLA 전체의 가치 흐름 지도Value Stream Mapping, VSM를 만들고 이 과정에 관여하는 직원들로 하여금 프로세스 개선의 기회를 찾고, 실수를 방지할 수 있는 접근방식을 고안하고, 작업 과정을 표준화하도록 하는 역할을 수행한다. 언제나 질의 향상과 효율성의 증가가 동시에 일어나도록 하는 데 중점을 두고 있는데, UCLA와 같은 대형 기관에서 이는 수없이 많은 프로세스 체크리스트를 사용함을 의미한다. 어떤 산업에서든 질과 효율성의 관리를 위한 과정의 일환으로 가치 흐름 지도와 프로세스 체크리스트는 많은 효용이 있다.

질 관리 부서의 책임자인 더그 건데르손은 '린 사고'가 어떻게 질과 효율성에 긍정적으로 영향을 미칠 수 있는지에 대해서 입원환자들의 퇴원시간을 예로 들어 설명한다.

"환자들의 퇴원시간과 관련해서 근본적인 비효율이 있다고 말할 수 있습니다. 항상 병상이 꽉 차있고 많은 대기 환자들이 기다리고 있기 때문에 퇴원을 해도 되는 환자들은 가능한 빨리 퇴원을 시킬 필요가 있습니다. 하지만 자료를 보니 대부분의 환자들이 오후 2시에 퇴원을 하고 있었습니다. 이 오후 2시라는 시간은 환자들을 위해서나, 병원의 운영 흐름상 좋은 시간이 언제인지에 따라 결정된 것이 아니라 의사들이 회진을 언제 어떤 방식으로 도는지에 의해서 결정된 것이었습니다. 사실 환자들의 입장이나 병원 운영 관점에서 보면 12시 전에 보다 많은 퇴원이 이루어지는 것이 바람직한 것이었습니다."

더그는 오후 2시 퇴원이 병상 부족을 초래함으로써 수술 대기시간이 길어지고 응급실에서 병실로의 입원에 걸리는 시간도 늘어나게 된다고 덧붙였다.

의사들의 회진 형식은 1950년대 존스 홉킨스 병원에서 전공의들의 교육을 돕기 위해서 만들어진 것이었는데 이와 같은 50년이 넘는 전통이 현재에 와서는 오히려 병원의 효율성을 떨어뜨리고 있는 것이다. 더그는 다음과 같이 이야기한다.

"이 문제를 해결하기 위해서 우리는 간호사와 진료 코디네이터, 전공의, 담당 의사가 함께 회진을 돌면서 환자의 치료 계획을 논의하는 협동 회진을 하도록 했습니다. 그 이후로도 회진 프로세스를 지속적으로 간소화하였는데 현재는 전공의들에 대한 교육은 회진이 끝난 다음에 이루어지고 있습니다. 퇴원시간의 문제를 프로세스의 관점에서 바라본 것입니다. 전공의들에 대한 교육은 매우 중요한 것이지만 환자가 퇴원을 하고 새로운 환자가 들어온다면 이 환자를 통해 더 많은 것들을 배울 수 있는 기회가 생기는 것입니다."

확립된 진료 패턴을 바꾸는 것은 힘든 일일 수 있지만 신경계 중환자실의 수간호사인 보니 밀렛은 다음과 같이 이야기한다.

"우리는 진료코디네이션위원회라고 불리는 위원회를 만들었습니다. 이 위원회는 매일 아침 8시 45분에 만나서 입원하고 있는 신경외과 환자들의 치료 계획에 대해서 토의하고 10시 30분에는 뇌졸중 환자들에 대해 논의합니다. 저희 중환자실은 항상 빈 병상이 없이 운영되고 있기 때문에 이러한 위원회에서는 재활 병동이나 요양시설, 가정 간호로 이송될 수 있는 환자들에 초점을 맞추어서 토의를 진행합니다. 사회사업사와 인턴도 이 위원회에 함께 참여를 하는데 이 회의를 통해서 각각의 환자들의 치료 계획을 보다 명확하게 파악하는 데 도움을 받고 있습니다. 각각의 환자들에게 어떠한 것이 필요할까? 어떻게 하면 이들 환자들의 다음 치료 과정으로의 이송을 빠르게 해서 대기하고 있는 다음 환자가 우리 유닛의 서비스를 제공받게 할 수 있을까? 관련된 인력들과 협력해서 이러한 문제들을 풀어가고 있는데, 만일 환자가 다음날 퇴원할 것이라는 사실이 전날 저녁에 통고되면 담당 간호사와 인턴이 퇴원 안내서를 작성하기 시작합니다. 이들은 또한 이를 책임간호사에게 알리고 가족들에게도 다음 날 아침 일찍 환자를 데리러 올 수 있도록 알려줍니다. 가족들에게는 환자가 퇴원한다는 사실을 가능하면 일찍 알려주어서 최소한 하루 전에 가족들이 계획을 세울 수 있도록 하고 있습니다. 담당 간호사를 통해서 약이나 다음 병원 방문 일정, 기타 유의사항들이 잘 전달될 수 있도록 가족들에게 가능한 충분한 교육을 하도록 하고 있습니다. 모든 서류작업은 전날 이루어지도록 해서 퇴원 당일 아침에 가족들이 도착하였을 때 담당 간호사가 바로 퇴원 교육을 시작할 수 있도록 노력하고 있습니다. 현재 저희의 목표는 모든 퇴원 환자들을 오전 11시까지 퇴원시키는 것입니다."

더그는 퇴원 과정을 신속하게 하고 관련 전문 인력들의 협력을 이끌어냄으로써 효율이 향상되었다고 이야기한다.

"환자가 집에 가도 좋은 상태가 되었을 때, 우리는 그를 바로 집으로 보내야 하고 퇴원 과정이 어떤 다른 비효율적인 것들에 의해 지체되지 않아야 합니다. 환자들은 가능한 빨리 집에 가고 싶어 합니다. 의료인들이 가지고 있는 고정관념을 깨는 것이 쉬운 일은 아니었습니다. 우리는 환자들에게 진료를 제공하는 데 너무 익숙해져 있기 때문에 퇴원 과정이 지체되는 것은 응급실에서 병실이 나기를 기다리고 있는 이들을 포함한 모든 사람들에게 추가적인 비용을 발생시킨다는 사실을 망각하곤 합니다. 환자들에 대한 진료를 방해하려는 것이 아니라 환자의 상태가 집에 가도 좋은 상태가 되었을 때 이들을 자신이 원하는 곳으로 가능한 빨리 보내주고자 하는 것입니다. 자료를 면밀히 검토하고 프로세스를 보완함으로써 퇴원 과정을 경제적으로 보다 효율적으로 만들고 퇴원을 기다리는 환자들과 응급실에서 병실이 나기를 기다리는 환자들의 경험을 향상시키고 있는 것입니다."

UCLA의 '린 사고'가 병원에 어느 정도의 재정적인 이익을 가져왔는지를 보여주기 위해서 더그는 소규모 UCLA 전문가 팀에 의해서 이룩된 연간 1000만 달러의 재정 절감 사례를 제시하였다. 더그에 따르면 몇 명의 UCLA 수술실 임플란트 코디네이터들이 수술 관련 비용을 절감하기 위해서 2년 동안 노력을 기울였다고 한다. 수술실의 임플란트 코디네이터들인 로널드 레이건 UCLA 메디컬센터의 제프 라우시와 데니스 알펠러, 산타모니카 UCLA 메디컬센터의 브라이언 샤키, 그리고 줄스 스타인 안과병원의 크레이그 로스는 정형외과 수술이나 심장 수술, 안과 수술에 사용되는 임플란트들을 효과적으로 관리할 수 있는 프로세스를 개발하였다.

"UCLA에서 우리가 치료하는 환자들은 많은 경우 중증도가 높고 질환이 위중한 경우가 많아서 이들 환자들을 수술하는 데 고가의 임플란트를 아주 많이 사용하게 됩니다. 이들 팀이 이러한 프로세스를 개발하기 전에는 수술에 사용된 이 고가의 임플란트들의 정확한 수량을 측정하고 이에 대한 비용을 청구하는 확립된 과정이 없었습니다. 이들 코디네이터 팀은 수술과 관련된 모든 이해 당사자들과 접촉하여 이들 임플란트의 구매에서부터 보관, 사용, 청구에 이르기까지 전 과정을 관리할 수 있는 프로세스를 개발하였습니다. 이러한 노력을 통해 첫해에만 1000만 달러의 예산을 절감할 수 있었습니다."

이 임플란트 코디네이션 팀의 성과는 구매 부문에서의 비용을 절감하고자 하는 시스템 전체 차원의 노력 중 일부라고 할 수 있을 것이다. 구매 비용 조정위원회와 가치분석 팀이 이러한 노력들을 주도적으로 관장하고 있다.

더그는 환자들의 퇴원시간을 앞당긴 사례들이나 수술에 사용되는 임플란트들을 효과적으로 관리한 사례들을 요약하여 다음과 같이 이야기한다.

"UCLA에서 효율과 비용의 효과성을 향상시키는 일은 모든 직원들의 책임입니다. 그렇게 함으로써 우리는 보다 많은 환자들을 볼 수 있고 보다 많은 생명을 구할 수 있습니다."

효율성의 측면을 관리하는 것은 단순히 기업의 단기적인 이익 차원을 넘어서 경영자로 하여금 그들의 자원을 보다 잘 관리할 수 있도록 함으로써 보다 많은 고객들에게 서비스를 제공할 수 있도록 해주고 이를 통해서 장기적인 기업의 경쟁력을 유지시켜준다. 물론 경영학의 대가인 피터 드러커도 경영자는 효율을 향상시킬 가치가 있는 부문에 대해서만 효율을 향상시킬 수 있는 방법을 지속적으로 찾아야 한다는 사실을 인정하면서 이렇게 말했다.

'효율은 이미 하고 있는 일을 더욱 잘하는 것이다. 하지 말아야 할 일을 효율적으로 하는 것만큼 쓸모없는 일은 세상에 없다'

효율을 관리하는 것의 핵심은 어떠한 프로세스가 필요하고, 어떠한 것들이 불필요한지를 결정하여 이들 낭비 요소들을 제거하고 가치를 극대화할 수 있도록 합리화하는 것이다.

### Check Up  당신의 기업은?

- 당신의 사업에 적용되고 있는 지불 모형은 어떤 것인가? '행위별 지불' 혹은 '성과보상' 인가, 아니면 이들 둘의 조합인가? 당신 사업에 적용되고 있는 지불 모형이 변화한다면 질과 효율에 대한 생각이 어떻게 변화할 것으로 생각하는가?

- 당신에게 보고하는 모든 직원들에게 그들이 자신의 업무 분야에 대한 질과 효율을 어떻게 생각하고 있는지 질문해보라. 그리고 '어떻게 그것을 알 수 있습니까?' 라고 추가 질문을 해보라.

- 당신 회사의 성과관리 지표들은 얼마나 광범위한 부분을 측정하고 있는가? 거시적인 측면을 관리하고 있는가, 미시적인 측면을 관리하고 있는가, 혹은 이 양측을 모두 관리하고 있는가?
- 당신은 효율성을 관리하는 데 '린 사고'를 이용하고 있는가? 그렇지 않다면 프로세스를 개선하고 업무를 표준화하는 데 어떤 다른 전략을 가지고 있는가? 비용 절감을 위한 위원회나 가치분석 팀이 회사 내에서 기능을 하고 있는가?

## 의료의 질과 형평성

대부분의 산업에서는 서비스나 제품 질의 향상은 가격 상승으로 연결되고 높은 품질의 고가 제품은 이러한 가격을 지불할 의사와 능력이 있는 고객만이 가질 수 있다. 하지만 의료에서는 개인의 경제적 상황에 따라 제공되는 서비스가 달라져서는 안 된다. 일부 다른 병원들의 경우 이익이 많이 남는 진료 분야의 진료만 시행하는 경우도 있고 일부 다른 헬스시스템의 경우 수익성이 나쁜 분야의 진료를 시행하지 않는 경우도 있지만 UCLA에서는 연방정부와 주정부의 규정에 따라서 환자에게 필요한 모든 서비스가 병원의 수익 여부와 상관없이 시행되고 있다. UCLA는 또한 환자들을 대상으로 한 요리교실 운영이나 건강 관련 용품 판매 등으로 수익을 추구하지도 않는다. UCLA는 그들의 사명선언문에서 다양한 형태의 재정적 지원을 통해 환자들에게 필요한 모든 분야의 의료 서비스를 제공한다고 명시하고 있다.

마크 모로코 박사는 응급의학과의 관점에서 다음과 같이 이야기한다.

"최고 수준의 의료 서비스를 제공하는 기관들 중에서도 UCLA를 정말로 특별한 기관으로 만드는 것은 여기서 일하는 사람들이라고 생각합니다. 이것은 물론 저희 기관이 의도한 바도 있지만 일부는 재수 좋게도 우연히 이루어진 일입니다. 캘리포니아의 날씨가 좋기 때문에 사람들은 이곳에 사는 것을 좋아합니다. 동시에 이들은 각각의 환자 한 명 한 명이 똑같이 소중하다는 것을 다른 어떤 지역 사람들보다 잘 이해하고 있는 사람들입니다. 제가 UCLA 말고도 다른 주의 병원들에서도 일을 해보았지만 직원들 모두가 이와 같은 능력을 가진 경우를 본 적이 없습니다. 단순히 기술적인 측면이 아니라 도덕적인 측면이나 인간적인 측면에서 말입니다. 제 동료들과 팀 구성원들은 우리가 하는 일이 아주 특별한 일이라는 것을 잘 이해하고 있습니다. 어떤 여자가 열이 펄펄 끓는 갓 태어난 아기를 데리고 응급실로 와서 저희에게 아기를 건네며 '제 아기입니다. 저의 모든 것이에요. 제발 좀 도와주세요'라고 말합니다. 이것이 우리가 하는 일이 얼마나 특별한 것인지를 단적으로 보여줍니다."

모로코 박사는 자신이 환자들로부터 받는 가장 값진 것은 돈이나 그 어떤 것도 아니고 바로 자신에게 전해지는 신뢰라고 말한다. 그리고 그러한 신뢰는 응급실과 UCLA 전체에서 하루에도 수백 번씩 환자들과 그 가족들로부터 의료진에게 전달되고 있다. 모로코 박사는 각각의 환자들을 똑같이 존중하는 진료가 이루어지기 위해서는 직원들 각자에게 인간에 대한 사랑과 감사하는 마음이 필요하다고 이야기한다. 뛰어난 기업가는 고객들에게 존중과 감사의 마음이 전달되는 서비스를 공평하게 제공할 수 있는 방법을 계속 고민하여야 한다.

CEO인 파인버그 박사는 '형평성'에 대한 판단은 궁극적으로 서비스를 제공받는 고객들의 인식에 의해 결정된다고 이야기한다. 보통 사람들이 아주 부유한 사람들이나 유명한 사람들과 같은 수준의 존중과 서비스를 받고 있다고 느끼는지에 대해서 파인버그 박사는 다음과 같이 이야기한다.

"우리는 아주 유명한 연예인 환자를 보는 일이 일상이 되어있습니다. 하루는 응급실로 유명한 영화배우가 내원했는데 그 일이 있은 후 두 통의 편지를 받았습니다. 두 통의 편지 모두 '저도 그 사람이 응급실에 왔을 때 응급실에서 치료를 받고 있었는데 그 사람이 응급실에 온 이후에도 모든 응급실 직원들이 저의 치료에 집중하고 가족들을 보살펴준다고 느꼈습니다' 라는 내용이었습니다."

파인버그 박사는 그 두 통의 편지가 자신이 환자들로부터 듣는 칭찬의 전형적인 형태라고 말한다. 또한 동시에 그 편지가 자신이 직원들에게 가지고 있는 기대, 그러니까 환자들이 최고 수준의 진료를 자신의 인격이 존중되고 개인의 비밀이 보장된 상황에서 다른 사람들과 똑같이 제공받고 있다고 느끼도록 최선을 다해야 한다는 것을 반영한다고 이야기한다.

"만일 우리가 이러한 것을 모든 환자에게 느끼게 할 수 있다면 그 사람들은 우리 병원의 열렬한 우군이 될 것입니다. 친구들에게 '암에 걸리고 싶지는 않겠지만 만약 암에 걸린다면 당연히 UCLA에 가야 한다'고 우리 병원을 추천할 것입니다."

도나 스미스가 이러한 강력한 우군의 사례에 해당할 것이다. 도나는 자신의 동료인 징 리의 진료를 도와주고 있었다.

"징은 중국인이었는데 영어를 잘하지 못했습니다. 그녀는 계속해서 '어지러워. 귀 뒤쪽에 뭔가 있는 것 같아. 무얼 씹을 때 아파' 라고 이야기하였습니다. 그래서 치과 의사에게 데리고 갔는데 문제가 없다고 하였습니다."

징의 상태가 더 나빠져서 일을 계속하기 힘들 정도가 되었다. 다른 병원에 통증 치료를 받기 위해서 내원하였는데 방사선 검사에서 꽤 큰 크기의 종양이 발견되었고 최신 치료를 받기 위해서 UCLA로 전원을 원하는 상황이었다. 도나는 당시의 상황을 이렇게 이야기한다.

"징의 보험회사는 전원을 거부하였습니다. 징은 UCLA의 수준을 알고 있었기 때문에 거기서 치료를 받고 싶어 했습니다. UCLA는 징의 보험회사가 거부하여 나중에 진료비를 받을 수 있을지 불확실한 상황이었지만 징을 치료하기로 결정하였습니다. UCLA의 의사들은 징이 정말로 자신들을 필요로 한다는 것을 알고 있었기 때문입니다. 그런데 징이 입원해있던 병원에서 법적인 책임을 질 것을 우려해서 징을 퇴원시키려 하지 않았습니다. 결국 책임을 묻지 않겠다는 서약에 서명을 하고 UCLA로 올 수 있었습니다. 징을 태우고 제 차로 UCLA로 오는 동안 징은 계속 토하면서 힘들어했습니다. 하지만 UCLA에 도착한 순간부터 우리는 안심을 할 수 있었습니다. 응급실에 들어선 순간부터 퇴원할 때까지 모든 의료진이 그녀를 마치 VIP처럼 대해주었습니다. 징은 뇌종양 분야의 최고 의사에게 수술을 받았습니다. UCLA에서 징에게 정말로 필요한 치료를 정확하게 시행한 덕분에 징은 지금 다시 직장에 복귀해서 일하고 있습니다."

도나의 이러한 이야기는 공평한 진료가 무엇인지를 보여주는 가장 좋은 사례임과 동시에 앞 장에서 언급한 연방 의료연구 및 질 관리기구 AHRQ에서 말하는 바람직한 의료의 정의인, 다른 외부적인 요소를 고려하지 않고 '적합한 환자에게 적합한 행위를 적합한 시간에 시행하여 최상의 결과를 얻는 것'에도 부합하는 것이라 하겠다.

의료 서비스의 질을 구성하는 다른 많은 요소들처럼 '형평성' 역시 이것이 가지는 주관적인 측면 때문에 종종 논란을 불러일으키기도 한다. 2008년 UCLA의 세계적으로 유명한 간이식 전문의인 로날드 버스틸 박사의 기사가 신문에 났을 때의 일이 그런 예가 될 것이다. 버스틸 박사는 폭력조직의 일본인 보스를 포함한 4명의 일본인 조직 폭력배에게 간이식을 시행한 일로 인해서 언론의 비판을 받게 되었다. 신문기사는 이들 4명에게 간이식 수술이 시행된 2000년부터 2004년까지 4년 동안 '수백 명의 미국 환자들이 이식을 기다리다가 사망했다'고 비판하였다. 하지만 거의 모든 기사들이 UCLA가 이식이 필요한 모든 환자를 대상으로 이들이 이식 대기자 명단에 오르는 것이 적합한지에 대해 전문가들로 구성된 위원회에서 철저한 사전 검증을 한다는 사실을 간과하고 있었다. 더욱 중요하게는 버스틸 박사의 간이식 수술이 미국 전역의 이식 장기를 관리하는 전미장기공유네트워크 United Network for Organ Sharing, UNOS에 의해서 사전에 정해진 철저한 가이드라인을 준수하여 시행되었다는 사실을 언급한 기사도 없었다. UNOS의 가이드라인은 이식 수술에 대한 결정은 이식을 받을 환자의 중증도에 따른 필요성과 이식받은 장기의 생존확률에 기초하여 내려지고 있다. 언론의 내용을 그대로 따른다면 이들 4명의 일본인 환자들의 생명보다 간이식을 기다리다 사망한 미국인 환자들의 생명이 더 중요하며 따라서 버스틸 박사는 환자 개인의 필요에 기초하여 공평하게 수술을 시행하지 말고 국적이나 전과 여부에 따라 수술을 결정해야 한다는 것이었다. 이식 수술에 있어서 국적의 문제는 이미 UNOS의 가이드라인에 포함되어있는데 미국 시민이 아닌 사람들의 장기기증을 장려하기 위해서 비국적자에게도 전체의 약 5% 정도의 장기를 이식받을 수 있도록 하고 있다(남부 캘리포니아의 경우 전체 기증 장기의 약 20%가 외국인에 의한 것이다). 이식 장기 수혜자의 전과와 관련된 문제에 대해서는 UCLA 의과대학의 전 학장이었던 제럴드 레비 박사가 〈LA 타임스〉에 투고한 칼럼에 잘 기술되어있다.

'범죄자들에게는 이식 장기를 배분해서는 안 된다고 주장하는 사람들의 생각은 윤리적으로 설득력을 갖기 어렵다. 의사들에게 사람이 죽고 사는 문제에 대한 판단을 그 사람이 착한 사람인지 나쁜 사람인지에 기초해서 내리라고 할 수 있겠는가? 버스틸 박사의 장기이식 프로그램은 약 5000명의 귀중한 생명을 살렸고 그 과정에서 환자들의 지위 고하는 전혀 고려 대상이 아니었다. 아마도 버스틸 박사 팀의 뛰어난 의술이 아니었으면 이들은 사망하였을 것이다. … 하지만 이러한 중상모략적인 소문과 의심, 그리고 이식 장기의 배분 과정에 대한 무지 때문에 사람들이 더 이상 장기를 기증하지 않기로 결정한다면 그래서 이식을 기다리고 있는 모든 환자들의 생명이 심각하게 위협받는다면 그것은 심각한 비극이 될 것이다'

아무에게도 이익이 되지 않는 언론의 문제 제기와는 달리 버스틸 박사의 이식 수술은 가장 윤리적이면서 적법하게 성공적으로 지속되고 있다.

소아 심장이식 프로그램의 책임자인 주안 알레호스 박사는 이식 장기의 공평한 배분 과정을 관리하기 위한 외부의 감독과 가이드라인 외에도 의사들 스스로도 기증 장기를 통해서 최대한의 혜택이 환자들에게 돌아가도록 기증된 장기의 이식 여부를 결정하는 데 심혈을 기울이고 있다고 이야기한다.

"한밤중에 전화기도 꺼진 채 잠들어있는데 긴급호출이 오고 바로 그 순간에 한 사람의 생사가 바뀔 수도 있는 결정을 해야 합니다. 한 사람을 살릴 수 있는 심장이 배정되었다는 연락이 온 것입니다. 아무런 사전 신호도 없이 갑자기 이런 상황이 닥칩니다. 그 순간에 '이 심장이 나의 환자에게 맞는 것인가?' 라는 중요한 결정을 내려야 합니다. 심장을 기증한 사람이 플로리다에서 사망한 것일 수도 있습니다. 플로리다에서 LA까지는 8시간이 걸립니다. 기증 장기의 상태가 양호하게 보존되기에 8시간은 너무 길 수 있기 때문에 보다 가까운 곳에서 다른 심장이 기증되는 것을 기다리는 것이 좋겠다는 결정을 합니다. 그 심장을 받지 않겠다고 결정을 하면서 가능한 빠른 시간 안에 다른 심장이 나타나기를 기도합니다. 하지만 다른 심장이 나타나지 않는 경우가 많고 이를 기다리다 환자의 상태가 나빠져서 사망을 하기도 합니다. 기증 장기를 받을지 말지에 대한 고민은 결코 가벼운 것이 아닙니다."

알레호스 박사는 공정의 문제가 단지 이식받을 수혜자에게만 해당되는 것이 아니라고 이야기한다.

"저는 심장이식을 대기하고 있는 아이의 부모들에게 제가 매우 다른 두 가지 일을 하고 있다고 이야기합니다. 첫 번째는 물론 아이에게 최선의 치료를 제공하는 것입니다. 또 다른 하나는 심장을 기증한 이의 입장을 고려하는 것입니다. 기증된 심장은 반드시 가장 적합한 아이에게 이식되어야 합니다. 한 생명이 이 세상을 떠나면서 주고 간 그 심장은 너무나도 소중한 선물입니다. 그렇기 때문에 기증받을 아이의 부모에게 누가 아이의 약을 챙길 것인지, 수술이 끝난 다음에 병원 외래로 데리고 올 사람은 누구인지 등을 자세하게 묻습니다. 제가 특별히 꼬치꼬치 캐묻는 성격이어서도 아니고 그 아이에게 심장을 이식해 주기 싫어서도 아닙니다. 단지 심장을 기증한 아이의 숭고한 뜻을 지켜주어야 하기 때문입니다. 만약 수혜를 받은 아이와 그 부모가 그 심장을 잘 지켜주지 못한다면 잘못된 수혜자를 선택함으로써 심장을 기증한 아이에게나 그 심장을 받아서 잘 지킬 수 있었던 다른 아이에게 모두 공정하지 않은 일이 발생한다는 것을 저는 너무도 잘 알고 있습니다."

기증자가 사망하는 순간에 기증이 이루어지는 심장 기증과 달리, 살아있는 사람이 장기를 기증하는 경우는 여러 가지 다른 복잡한 문제들이 얽히는 경우가 많다. 생체 신장이식 코디네이터인 수잔 맥과이어는 다음과 같이 이야기한다.

"우리는 신장 기증을 원하는 사람들이 그 결정의 결과를 명확하게 이해할 수 있도록 최선의 노력을 다합니다. 대부분의 신장 기증자들과 그 수혜자들은 이 과정을 함께하게 됩니다. 대부분은 아내나 남편 같은 배우자 관계인 경우가 많고 부모 자식 관계도 많습니다. 또 드물지만 가장 친한 친구 관계인 경우도 있습니다. 이러한 이들의 관계를 생각해보면 신장을 기증한다는 것이 어떻게 보면 기증자 입장에서 피할 수 없는 선택이 되는 경우가 많습니다. 반면에 누군가 파티 같은 장소에서 '내가 도와줄게, 내 신장을 줄게' 하는 식으로 별 생각 없이 이야기하는 경우도 있습니다. 이 경우 환자의 희망이 커지게 되는데 나중에 없었던 일로 되는 경우가 대부분이고 환자들은 절망하게 됩니다. 이런 경우는 친한 사이보다는 그냥 알고 지내던 사이에서 많이 발생합니다."

수잔은 신장을 기증하려고 하던 사람이 환자와 아주 가까운 사이이고 기증 과정에서 자신의 의사를 철회하게 되는 경우 양측 모두 굉장히 힘겨운 시간을 겪게 된다고 이야기한다.

"신장을 기증하려고 했던 이가 가족들이 그것을 너무 당연하다는 식으로 여기는 것에 서운함을 느껴 기증 의사를 철회한 적이 있었습니다. 기증자가 기증 의사를 철회하는 경우 그 이유를 저희에게 알려주는 경우도 있고 전혀 그 이유를 알 수 없는 경우도 있습니다. 하지만 이유 여하를 막론하고 분명한 것은 기증자가 의사를 철회한 경우 우리는 그 즉시 그 기증을 없던 일로 만들어야 한다는 것입니다."

UCLA에서 이루어지는 모든 생체 장기 기증의 경우 기증자는 의학적으로 기증에 적합한 건강 상태를 가지고 있어야 하며 정신적으로도 자신의 의사로 명백한 동의를 할 수 있어야 한다. 기증자가 가장 개인적인 결정을 잘 내릴 수 있도록 그 과정을 돕는 역할을 하는 것 역시 UCLA가 공정함을 유지하는 데 중요한 것이다. 물론 공정함이라고 하는 것이 고객들에 의해서 결정되는 매우 주관적인 것이지만 모든 기업은 자신의 서비스에 대한 접근에 있어서의 형평성과 다양한 이해 당사자들의 입장을 그들 서비스의 질을 평가하는 데 감안해야 한다.


## 최첨단 의료기술과 제품들

당신이 첨단 의료 전문가가 아닌 이상 UCLA에서 이루어지고 있는 최첨단 의료기술들에 대해 제대로 평가하기는 어려울 것이다. 이들 첨단 의료기기들은 UCLA의 연구자들이 개발한 것도 있고(여기에 대해서는 8장에서 자세히 다룰 것이다), 많은 비용을 들여서 외부에서 구입한 것도 있으며, 일부는 아직 연구 개발 단계에 있는 것들도 있다.
UCLA 어린이병원의 의무책임자였던 에드워드 맥카비 박사는 다음과 같이 이야기한다.

"우리는 전국에서 가장 많은 이식 수술을 시행하는 병원입니다. 그렇기 때문에 제약회사들은 최신의 면역억제 물질을 저희에게 제공하고 다른 최첨단 기술들에 대해서도 가장 먼저 접근이 가능합니다. 이러한 최첨단 제품들을 환자 진료에 사용함으로써 다른 기관보다 좋은 결과를 얻게 됩니다. 다른 어떤 기관보다 많은 환자들을 진료하고 또 이들의 치료 성적이 좋기 때문에 새로운 기술을 개발한 이들이 저희에게 그 기술을 제공하고 싶어 합니다."

맥카비 박사의 언급은 기술과 의료 품질과의 상호 의존적인 관계를 잘 보여주고 있다. 아무리 최신 기술이 개발된다고 하더라도 이를 환자에게 사용하고 적용할 능력이 있는 의사가 없다면 그 기술은 무용지물일 것이다. 반대로 뛰어난 능력을 갖춘 의사가 있다고 하더라도 최신 기술의 뒷받침을 받지 못한다면 자신의 능력을 최대한 발휘할 수 없을 것이다. UCLA의 리더들은 최고의 의료 인력을 유치하고 유지하기 위해서 최첨단 기술들을 확보하는 것이 중요하다는 것을 명확히 인식하고 있다. 나아가서 이들 유능한 인력들이 더 나은 기술을 개발하고 이를 통해서 다른 관련 기술들을 외부에서 유치할 수 있게 됨으로써 UCLA가 오늘의 최고에 머물지 않고 미래에 보다 더 나은 기관으로 나아갈 수 있게 하는 것이다.

UCLA의 유명한 신경외과 의사인 네스터 곤잘레스 박사는 이러한 유능한 인력과 기술과의 시너지 효과에 대한 예로서 UCLA의 첨단 수술실을 통해 환자들이 얻는 이익에 대해 이야기한다.

"저희 수술실은 여유로운 공간 디자인으로 인해 대규모 수술 팀과 최신 수술현미경과 내시경 같은 첨단 장비들이 충분히 활용될 수 있습니다. 이렇게 시야를 확보해주는 기구들이 없다면 제가 현재 시행하는 -위험한 부위의 기형을 절제하는 것과 같은- 수술은 불가능할 것입니다. 제가 하는 수술들은 제 손으로만 하는 것이 아닙니다. 강력한 도구의 도움을 받는 제 눈이 없다면 불가능한 수술들입니다. 이외에도 우리 수술실에서는 모든 수술 팀들이 수술에 집중할 수 있도록 대형 스크린들을 통해서 제가 하는 것을 함께 볼 수 있게 해줍니다. 저는 이 스크린들을 아주 중요하게 생각하는데 이를 통해서 모든 인력들이 수술에 함께 참여하고 진행 상황을 이해할 수 있기 때문입니다. 수술실의 모든 간호사들이 항상 수술의 진행 상황을 파악하고 있기 때문에 제가 어떤 기구나 도구를 필요로 할 때 바로 준비를 해줄 수 있습니다. 최고의 능력을 갖춘 의사가 최고 기기들의 도움을 받을 때 놀라운 수술 결과를 기대할 수 있게 됩니다."

최고의 능력을 가진 인력을 발굴하고 그에게 동료들과 협력하여 자신의 능력을 더욱 성장시킬 수 있는 기술을 제공해주기 위해 리더가 어느 정도 투자를 하고 있는지의 여부가 품질에 그대로 반영되는 경우가 많다.

1994년부터 2010년까지 UCLA 의과대학의 학장을 지낸 제럴드 레비 박사는 UCLA의 방대한 인적, 과학적 자산을 유지하기 위한 책임에 대해서 잘 인식하고 있다. 레비 박사는 학장 재직 기간 중에 로널드 레이건 메디컬센터를 건립하기 위한 재원을 확보하는 책임을 맡았고 데이비드 게펜[6]이 기부한 2억 달러에 대해서 의과대학을 대표해 서약을 맺었다.

---

[6] 영화제작사인 드림웍스의 공동창업자이자 음반제작자. 2002년에 UCLA 의과대학에 미국 의과대학 기부 사상 최고액인 2억 달러를 기부하였고 이를 기리기 위해서 UCLA 의과대학은 UCLA 데이비드 게펜 의과대학으로 명칭을 변경하였다.

레비 박사는 우수한 인재와, 기술, 그리고 의료의 질과의 관계에 대해 역사적인 관점에서 다음과 같이 이야기한다.

"아마 미국의 의과대학 역사에 있어서 UCLA처럼 빠른 시간에 급격한 성장을 이룬 예는 찾아보기 힘들 겁니다. 이 같은 성장을 이룩하면서 연구와 교육, 그리고 최고의 교수와 학생을 뽑는 데 최선의 노력을 다하는 문화가 형성되었다고 생각합니다. 우리는 최고의 과학자들과 의사들을 선발하고 그들이 우리 기관에서 자신의 역량을 마음껏 펼칠 수 있도록 하는 노력을 계속해왔습니다. 그러한 문화가 초기 20여 년 동안 조직에 스며들면서 이제는 영원히 지속될 UCLA의 문화로 완전히 자리를 잡았다고 생각합니다. 하지만 의료의 질을 유지하기 위한 노력이 물리적인 공간의 문제로 인해 어려움들을 겪기 시작하였습니다. 최초의 병원은 복도의 길이가 60미터가 넘는 건물이 대부분이던 시대에 지어졌습니다. 의료는 점점 더 집약적이 되어가고 보다 가까이에서 환자들을 관찰하고 효율적으로 진료를 제공해야만 했습니다."

새로운 병원을 짓고자 하는 그의 노력을 현실화하기 위해서 레비 박사는 다각도의 노력을 경주하였다.

"낡고 손상된 옛 병원 건물에서는 최고의 인력들이 최선의 진료를 제공한다는 것이 불가능하였습니다. 우리는 새 병원을 설계하기 전에 환자들과 가족들, 간호사와 다른 병원에서 일하는 인력들이 새로운 병원에 대해 무엇을 원하는지를 조사하였습니다. 모든 이들이 공통적으로 삶과 생명력을 느낄 수 있는 공간을 원하였습니다. 보다 넓은 공간에서 일하고 있다는 느낌을 갖기 원하였고 가족들이 환자의 병실에서 함께 편안하게 시간을 보낼 수 있기를 원했으며 보다 나은 음식을 제공받기를 원하였습니다. 설계를 맡았던 위대한 건축가인 아이엠 페이에게 우리는 넓은 공간을 원하는 동시에 밀집된 공간을 원하고 건물 안 깊숙한 곳까지 들어오는 빛을 통해서 사람들이 남부 캘리포니아에 와있다는 것을 느끼게 하고 싶다고 말하였습니다. 그는 이러한 우리의 모든 바람을 최첨단의 건축기술과 함께 현실로 구현해냈습니다."

레비 박사는 위대한 리더는 능력을 가진 인재가 존중받는 조직 분위기를 만들고 그러한 능력이 최대한으로 발휘될 수 있도록 기술적인 자원을 확보하는 노력을 지속적으로 경주한다는 점을 지적한다. 현 CEO인 파인버그 박사를 영입하기로 하였던 그의 결정을 예로 들면서 최고의 인재를 선발하는 것은 그러한 인재를 선발한 사람에게 긍정적인 영향을 미칠 뿐만 아니라 조직 자체에도 조직이 추구하는 질과 탁월성을 유지할 수 있는 기반을 만들게 된다고 말한다.

"저는 젊고 똑똑하고 탁월한 능력이 있는 사람을 사랑합니다. 제 은사이신 토마스 디터 박사께서는 항상 자신을 유능한 인재를 모으는 사람이라고 생각하셨습니다. 유능한 인재를 찾고 능력을 펼칠 수 있게 지원하는 것이야말로 바로 리더가 할 일이라고 생각합니다. 파인버그 박사와 최고경영진의 탁월한 능력으로 인해서 저는 아무 걱정 없이 자리에서 물러날 수 있었고 UCLA 헬스시스템은 다가올 미래에도 위대한 의료기관의 자리를 유지할 수 있을 것입니다."

레비 박사의 언급은 유능한 인재가 자신의 능력을 발휘하는 데 있어 필요한 자원을 확보해주는 것이야말로 위대한 리더가 갖추어야 할 가장 중요한 능력이라는 점을 말해주고 있다.

> **Check Up**　당신의 기업은?

- 당신 기업의 상황이 고객들의 지불 능력에 따라 다른 수준의 서비스를 경험해야만 하는 상황이라면, 어떻게 고객 자신이 질이 떨어지는 제품이나 서비스를 받고 있다고 느끼지 않도록 환경을 만들 수 있는가?
- 당신의 기업에는 양질의 서비스에 접근하는 데 어떠한 종류의 불평등이 존재하는가? 그러한 것을 최소화하기 위해서 어떠한 조치를 취할 수 있는가? 혹은 취해야 하는가?
- 인재와 기술 사이의 균형은 어떠한가? 어느 쪽이 더 강조되고 있는가? 어느 쪽이 더 강화되어야 하는가?
- 기술적 자원을 확보하는 차원에서 그리고 유능한 인재를 모으는 측면에서 리더로서 당신의 역할은 무엇인가?

---

파인버그 박사는 '최고의 자리에 안주하지 말라'는 UCLA의 세 번째 원칙에 대해 다음과 같이 요약해서 이야기한다.

"우리는 사람들의 생명을 다루는 일을 하고 있고 그러한 특권에는 많은 책임이 따릅니다. 오늘 우리가 아무리 훌륭하다고 할지라도 그것으로는 충분하지 않습니다. 우리가 하는 모든 분야에서 최고 수준을 달성해야 하는 동시에 지속적으로 질을 평가하고 향상시키려는 노력을 끊임없이 경주하여야 합니다. 현재 우리가 도달해있는 위치에 대해서는 모든 구성원들에게 감사하게 생각합니다. 우리는 탁월한 연구와 의학 교육, 환자 진료를 통해서 더 앞으로 나아갈 수 있는 기반을 마련했습니다. 하지만 여전히 저는 매일같이 '우리의 다음 환자에게도 최고의 진료를 제공할 수 있도록 하기 위해서 리더로서 내가 해야 할 일은 무엇인가?'라는 한 가지 질문에 대한 답을 고민하고 있습니다."

앞으로 전개될 제8장과 9장에서 우리는 의료가 전달되는 과정을 획기적으로 변모시키고자 하는 파인버그 박사의 비전과 UCLA를 찾는 환자들의 경험이 점진적으로 향상되는 과정을 살펴보게 될 것이다. 이를 통해서 '주도적으로 미래를 창조하라'는 UCLA의 네 번째 리더십 원칙을 설명하게 될 것이다.

### 실천을 위한 요약

- 당신의 직원들에게 그들이 제공하는 서비스의 질에 대해서 스스로 평가하도록 하고 '그것을 어떻게 알 수 있는가?'라는 추가 질문을 통해서 그 근거를 확인하라.
- 측정하고, 측정하고, 측정하라.
- 측정하는 지표들을 항상 확인할 수 있는 계기판을 만들어라(거시적인 지표와 미시적인 지표 모두를 관리하라).
- '린 사고'를 조직에 주입하라.
- 가능한 공평하게 서비스를 제공하라.
- 당신의 결정이 눈앞에 보이는 고객뿐 아니라 눈에 잘 보이지 않는 관련 이해 당사자들에게 가져올 영향까지도 항상 고려하라.
- 유능한 인재를 모으는 역할을 하라.
- 조직의 유능한 인재들에게 그들이 필요로 하는 기술을 제공하라.
- 인재를 확보하고 자원을 제공하는 전통을 확립하라. 가장 중요한 고객인 '바로 다음 고객'이 보다 높은 수준의 퀄리티를 경험하도록 하라.

네 번째
원칙

# 주도적으로
# 미래를 창조하라!
## Create The Future

chapter 8
# 고부가가치 혁신: 기꺼이 위험을 감수한다

기업들이 전쟁터같이 치열한 경쟁을 벌이고 있는 경영 현장에서 한때 위대한 기업이었으나 환경 변화에 적응하지 못하고 혁신을 이루어내지 못해 경쟁에서 도태된 기업들을 발견하는 것은 그리 어려운 일이 아니다. 예를 들면 톰 피터스와 로버트 워터먼이 써서 경영학의 고전이 된 《초우량기업의 조건In Search of Excellence》에 등장하는 기업들 중 많은 기업들은 책이 나온 지 2년도 되지 않아 선두에서 밀려났으며 일부 기업은 문을 닫기도 하였다. 실제로 1984년 11월 경제주간지 〈비즈니스위크〉는 '초우량기업들은 다 어디 갔을까?' 라는 특집 기사를 실으면서 《초우량기업의 조건》에 등장한 43개 초우량기업들 중 1/3은 재정 상태가 악화되어 위기를 겪고 있다고 보도하였다. 이와는 대조적으로 어떤 초우량기업들은 자신들이 현재 생산하는 핵심 제품들의 질을 지속적으로 유지하면서 한편으로는 미래에 초우량기업으로서 자신들의 위치를 지키기 위해서 요구되는 위험을 기꺼이 받아들임으로써 자신들의 자리를 확고하게 지키고 있다.

앞의 6장과 7장에서 나는 UCLA 헬스시스템의 리더들이 매일매일의 진료 현장에서 어떻게 자신들의 서비스 수준을 향상시켜왔는지를 살펴보았다. 이 장에서는 UCLA에서 이루어지고 있는 세계 최고 수준의 연구들과 이를 통해서 얻어진 획기적인 의학지식과 혁신적인 진단기술, 새로운 치료기술들에 대해 살펴볼 것이다. 이러한 것들은 스티븐 코비가 《성공하는 사람들의 7가지 습관The 7 Habits of Highly Effective People》에서 언급한 습관 중 하나인 '목표를 확립하고 행동하라'에 부합하는 것들이라고 할 수 있다. 또한 이것은 '내가 만약 어떤 일에 성공한다면 그 성공의 모습은 무엇일까?'라고 묻는 것으로부터 출발하는 혁신들이라고 할 수 있다. 일단 도달하고자 하는 목표가 명확해지면 쉬지 않고 그곳을 향해 나아가는 것이기도 하다.

역사에서 찾아볼 수 있는 이러한 공격적인 형태의 혁신의 예는 1961년 케네디 대통령이 미국이 인류 역사상 가장 먼저 달에 첫발을 내딛는 국가가 될 것이라고 선언한 것을 들 수 있을 것이다. 이를 가능하게 할 기술들은 아직 초보적인 수준에 머무르고 있었지만 이 선언을 통해서 목표를 분명하게 함으로써 8년 뒤 실제로 이러한 목표를 현실로 만든 혁신적인 진보가 가능했던 것이다.

이 장에서 여러분은 치료법의 혁신이나 미래 의학의 모습을 바꿀 혁신적인 기술의 개발이라는 분명한 목표를 마음속에 가지고 있던 UCLA의 의사들과 연구자들이 이룩한 놀라운 성과들을 보게 될 것이다. 이들 연구자들이 성공과 좌절을 거듭하면서 거쳐온 여정들은 극적인 변화를 가져오는 데 필수적인 요소인 '뚜렷한 목표에 기반을 둔 비전의 제시'가 얼마나 중요한지를 보여주는 실제 사례들이다. UCLA 헬스시스템의 CEO인 파인버그 박사는 여기에 대해 이렇게 이야기한다.

"우리 의사들과 연구자들이 혁명적인 연구 결과들을 만들어내는 과정에서 우리는 이러한 과정이 가지는 위험들을 적절히 조절하여야 합니다. 특히 새로운 기술을 개발하고 이를 실제 임상에 적용하는 경우에는 더욱 그렇습니다. 사실 이러한 과정은 창업을 하는 과정에 비유할 수 있는데, 따라서 우리는 창업가 정신을 가지고 이러한 일들을 해나갈 수 있어야 합니다. 보다 구체적으로 말하자면 우리는 이러한 일들을 해나가는 과정에서 서로 다른 두 가지 차원의 위험을 경험하게 됩니다. 우선 학문적인 연구라는 관점에서 파생되는 위험이 있습니다. 예를 들면 외부 연구비로 연구가 진행되는 경우 연구비나 기부를 받기 위한 경쟁에서 밀려나 연구가 진행될 수 없는 상황이 언제든지 생길 수 있습니다. 하지만 병원의 입장에서 이보다 더 큰 위험은 새로운 치료법 개발을 지원해야 하는 상황에서 발생합니다. 우리 병원은 항상 매우 빠듯한 재정 상황 아래서 운영되기 때문에 모든 새로운 치료법 개발 연구를 지원할 수는 없다는 것입니다. 환자 치료의 신기원을 열 것으로 기대되는 분야라 할지라도 우리가 가진 제한된 자원을 가장 효율적으로 사용하기 위해서 지원할지 말지에 대한 어려운 결정을 내려야만 합니다."

개인 수준의 재무 설계를 하든, 기업의 전략을 수립하든지 간에 어느 정도까지의 위험을 감수할 것인지를 결정하고 구체적인 시간 계획을 설정하는 것은 매우 중요하다. 특히 이 과정에서 고위험/고수익과 저위험/ 저수익을 적절히 섞은 균형 잡힌 포트폴리오가 전략 계획에 반드시 포함되어야만 한다. 고위험 부분은 혁명적인 변화를 가져올 것으로 기대할 수 있지만 그만큼 실패할 확률도 클 것이고 저위험 접근은 점진적인 성장을 가져오되 그만큼 실패할 확률도 낮을 것이기 때문이다.

이 장에서는 먼저 미래의 근원적인 경쟁우위 창출을 위해 실패할 위험이 큰 연구에 과감하게 투자하여 이루어진 혁신적인 성과들을 살펴보고, 다음 장에서는 상대적으로 위험이 낮은 연구들에 대한 점진적인 접근 과정을 살펴볼 것이다. 특히 9장에서는 UCLA의 구성원들이 다른 산업의 모범 사례들을 참조하여 개선하였거나 점진적인 접근을 통해 변화를 이끌어낸 프로세스들과 프로그램들, 제안들을 살펴볼 것이다.

위대한 업적을 만들어내는 것보다 이것을 지켜가는 것이 더 어렵다는 말을 많이 한다. 두 개의 장을 통해서 여러분들은 혁신과 모방, 이 두 가지를 적절히 활용함으로써 영속적인 경쟁우위를 달성해왔던 UCLA로부터 많은 통찰을 얻을 수 있을 것이다.


## 미션 파서블(Mission Possible)

기업들의 사명선언문에서 미래와 관련된 내용은 의외로 찾아보기 힘들다. 사명선언문은 주로 어떤 특정 집단에 대해 어떤 특정 서비스에 있어서 최고가 되겠다는 내용을 담고 있다. 하지만 UCLA에서는 미래 혁신에 대한 내용이 사명선언문에 담겨있다. UCLA 어린이병원의 전 진료부원장이었던 에드워드 맥카비 박사는 여기에 대해 이렇게 이야기한다.

"UCLA의 모든 진료과가 중요하게 생각하고 있고 특히 제가 속해있는 소아과가 중요하게 생각하고 있는 것 중의 하나는 우리가 국립보건원(National INstitutes of Health)의 연구비 수혜액에 있어서 전국에서 10위 안에 들어간다는 것입니다. 우리는 미국에서 손꼽히는 연구기관이고 특히 소아과 분야의 연구는 최고로 꼽힙니다. 또한 우리의 연구가 실험실에서의 연구에 그쳐서는 안 된다는 사실을 잘 알고 있습니다. 이들 기초의학 연구를 환자 치료 성적을 향상시키는 데 적용할 수 있도록 하는 중개(translate) 연구도 진행하여야 합니다. 우리는 UCLA 어린이병원과 소아과에서 우리의 역할을 '현재와 미래 어린이들의 건강을 향상시키는 것'이라고 생각하고 있습니다. 그게 저희의 사명입니다. 우리는 우리 병원을 찾아오는 아이들에게 최선의 치료를 제공하는 동시에 연구와 교육을 통해 미래 의료 수준을 향상시켜야 하는 사명을 가지고 있습니다."

맥카비 박사의 언급에서 핵심적인 단어 중 하나가 '중개(translate)'라는 단어이다. 의학이든 경영이든 혁신의 궁극적인 목적은 연구를 통해서 밝혀진 새로운 지식을 현재와 미래 고객들의 욕구를 해결해줄 수 있는 실제적인 방법으로 전환시키는 데 있다.

## 원대한 비전과 이를 넘어서는 영향력

인간의 삶에 커다란 영향력을 미치게 되는 혁신은 '만약에 그렇다면 어떻게 될까?'라는 질문에서 출발하는 경우가 많다. 보다 구체적으로는 '만약 이 지식을 현재 적용하고 있는 분야가 아닌 다른 문제를 해결하기 위해 다른 관점에서 적용하게 된다면 어떻게 될까?'라는 질문이다. UCLA 핵의학과 과장인 마이클 펠프스 박사도 이러한 상황에 직면했었다. 그가 가졌던 질문의 본질은 '지금 하는 것과 같이 세포의 해부학적인 변화(크기나 모양)를 관찰하는 것이 아니라 그 세포들이 에너지를 어떻게 소비하는지를 관찰한다면 인간 세포의 병리를 더 잘 이해할 수 있지 않을까?'라고 하는 것이었다. 세포 대사의 변화를 영상으로 포착할 수 있는 가능성을 열어준 이 질문에서 시작하여 마이클 펠프스 박사와 에드워드 호프만 박사는 양전자방출단층촬영PET 기술과 세계 최초의 PET 스캐너를 개발하였다.

UCLA 분자약리학과의 교수인 요하네스 체르닌 박사는 다음과 같이 이야기한다.

"당시에 아무도 그러한 방식을 생각하지 못했습니다. 인체 내에서 일어나는 병리현상을 해부학적으로 관찰한다는 상식을 깨고 대사 변화라는 측면에서 관찰할 수 있다는, 전혀 새로운 관점을 제시한 완전히 새로운 시스템이었습니다. 이 종괴가 얼마나 많은 탄수화물을 소비하는지, 이 종양이 얼마나 많은 아미노산을 먹어치우는지, 암 덩어리에서는 어떠한 지질대사가 일어나는지와 같은 것들을 눈으로 볼 수 있게 된 것입니다. 이 기술이 중요한 이유는, 치료를 통해 일어나는 대사 과정의 변화를 관찰하는 것이 단순히 종양의 크기가 얼마나 줄어드는지를 관찰하는 것보다 환자가 치료에 얼마나 잘 반응하는지를 훨씬 잘 알 수 있게 해주기 때문입니다. 아무도 그러한 생각을 하지 못했었죠."

PET 스캔 자체에 대한 혁신적인 연구도 중요했지만, PET을 이용한 진단에 대한 연구들이 진행되면서 PET 기술은 그 진정한 위력을 발휘하게 되었다. 체르닌 박사는 다음과 같이 이야기한다.

"우리가 기존의 해부학적 영상을 통해서 의학적인 문제를 발견할 수 있는 시점보다 훨씬 이전 단계에서 세포들의 변화에 대한 정보를 얻을 수 있다는 것은 의학적으로 아주 중요한 것입니다. 어떤 종양이 육안으로 볼 수 있는 정도의 크기로 자라는 데는 아주 많은 시간이 필요한데, 이러한 해부학적 수준의 이상이 나타나기 이전에 대사적인 변화가 나타나게 됩니다. PET 기술을 통해서 세포에서 일어나는 대사의 변화를 일찍 발견할 수 있게 되었고 항암치료에 세포가 반응하는지도 훨씬 민감하게 파악할 수 있게 되었습니다."

UCLA에서 이루어진 후속 연구들을 통해서 PET 기술은 이제 심혈관질환, 소아간질, 치매, 파킨슨병의 진단과 치료에도 적용되고 있다. 연구자들은 PET을 이용하여 기능이 떨어진 심장 조직이 관상동맥 우회술을 통해서 기능이 회복되는지 파악할 수 있게 되었고 불필요한 심장이식 수술을 하지 않게 되었다. PET을 이용한 뇌 영상을 통해 소아신경과 전문의들은 뇌에서 간질을 일으키는 부위를 알 수 있게 되었고 이를 수술적인 방법으로 제거함으로써 많은 아이들을 간질로부터 해방시켰다.

펠프스 박사와 호프만 박사의 '만약에 그렇다면 어떻게 될까?' 라는 질문에서 출발한 도전은 의학에 있어서 혁명적인 진보를 이루었을 뿐만 아니라, 많은 다른 분야의 동료 연구자들이 새로운 아이디어와 기술로 관련 연구를 진행함으로써 이 기술의 적용 범위를 지속적으로 넓히게 되었고 그 과정에서 UCLA는 PET 연구의 메카가 되었다.

PET 스캔과 관련된 대부분의 초기 연구 성과들은 이처럼 UCLA의 여러 과에서 이루어진 것이었다. 1990년대 초반 UCLA의 물리학자인 마그누스 달봄 박사에 의해서 PET 영상을 전산으로 처리하는 기술이 획기적으로 개선되었다. 그는 전신 PET 영상을 얻을 수 있는 프로토콜을 개발하였는데 컴퓨터 기술과 수학을 이용한 이 프로토콜의 개발은 UCLA에서 이루어지고 있는 학제 간 연구의 생생한 사례이기도 하다. 전신 PET 영상을 얻을 수 있게 되면서 PET 스캔은 거의 대부분의 암 환자들에게 사용되기에 이르렀다.

PET 스캔을 통해서 인체 조직에 구조적인 변화가 일어나기 전에 나타나는 종양의 진행 양식에 대한 중요한 정보를 알게 되었고 이를 통해 항암치료의 효과를 측정하게 됨으로써 다른 치료 방법을 위해서 항암치료를 중단해야 하는지에 대한 결정을 보다 정확하게 내릴 수 있게 되었다.

UCLA에서 PET 스캔 연구가 진행된 과정을 통해서 다른 분야의 경영 혁신에 적용할 수 있는 많은 교훈을 얻을 수 있다. 우선은 기존의 기술들을 다시 한 번 검토하거나 다른 기업들을 벤치마킹하라는 것이다. 이를 통해서 원하는 목표를 개념화하고 이를 이루기 위해 현재 전혀 관련이 없어보이는 기술들을 '만약 적용한다면 어떻게 될까?' 라는 질문을 던지라는 것이다. 펠프스 박사와 호프만 박사의 경우, 원하는 목표는 세포의 병리현상을 파악하기 위한 초기 지표를 얻기 위해 세포의 대사를 이용하고자 한 것이었다. 그들은 그러한 목표를 설정한 다음 이 목표를 달성하기 위해 새로운 기술을 개발하고 혁신을 이루었던 것이다. 마지막으로는 다양한 배경을 가진 다른 조직원들의 능력을 통해서 개발한 기술을 더욱 정교하게 만들고 그 적용 범위를 넓히는 데 도움을 받으라는 것이다.

UCLA에서 개발된 PET 스캔 기술은 거의 매주 언론에 보도되고 있는(UCLA 연구자들에 의해 이루어진) 수많은 연구 성과들의 전형적인 예라고 할 수 있다. 실제로 언론에 소개된 UCLA의 연구 성과 내용들은 매주 UCLA 홈페이지(www.uclahealth.org)에 요약, 게재된다. 보통 언론의 주목을 받은 20~30개 정도의 연구 성과들이 매주 수록되는데, 예를 들면 'TV와 비만의 관련성 – 광고가 그 원인' '지중해식 식사가 치매를 예방, UCLA 연구 결과' '시각처리 체제가 신체변형장애[7] 발생에 중요한 역할' 등과 같은 기사들이다. 언론의 주목을 받는 연구 결과만 해도 매주 거의 20~30개 정도라면 얼마나 많은 연구들이 진행되고 있는지 상상할 수 있을 것이다.

### Check Up  당신의 기업은?

- 당신의 기업에서는 '미래를 위한 혁신'을 어떻게 정의하고 있는가?
- 당신 기업의 장기적인 성공에 있어서 혁명적 혁신과 점진적 혁신이 각각 어떤 역할을 하는가?
- 당신의 기업이 반드시 스스로에게 물어야 할 '만약에 그렇게 된다면What-if'의 질문은 무엇인가?
- 기존의 어떤 기술들을 '만약에 그렇게 된다면'의 질문에 적용할 수 있는가?
- 당신이 원하는 적용을 위해서 기존의 기술들을 수정하고 개선하는 데 어떠한 혁신이 필요한가?

---

7) 외모의 결함에 대해 지나치게 집착하는 정신적 장애

## 필요한 기술을 찾아내라

앞에서 살펴본 PET 스캔 기술은 환자(고객)들에게 직접 적용되는 기술이지만, 일부 기술들은 의사(서비스 제공자)들의 요구를 충족시키기 위해 개발되기도 하였다.

UCLA의 신경외과 과장인 닐 마틴 박사는 자신의 과에서 혁신은 미션을 달성해가는 과정이며 적극적인 개발자로서의 마음가짐을 필요로 한다고 이야기한다.

"UCLA 신경외과의 미션은 신경외과의 미래를 개척하는 것입니다. 우리는 어떤 문제에 봉착했을 때, 다른 누군가가 그 문제를 해결하기를 기다리기보다 우리 스스로 그 해결책을 찾으려고 합니다. 아마도 휴대 전화로 모든 환자들의 영상과 기록을 살펴볼 수 있는 기술은 전국에서 우리가 최초일 것입니다. 현재 다른 회사가 이 기술을 사서 상품화하였습니다."

마틴 박사는 신경외과 의사들은 분초를 다투는 상황에서 응급환자들에 대한 치료 방침을 결정해야 하는 상황에 수시로 직면하기 때문에 이러한 기술을 개발하게 되었다고 말한다.

"뇌출혈이 의심되는 환자가 있다고 합시다. 이 환자에 대해서 바로 수술을 시행할지, CT 촬영을 하고 상태를 관찰할지, 중환자실에 입원시킬지, 혹은 이미 가망이 없는 상태인지 결정을 내려야 합니다. 영상의학과 의사의 판독 소견만을 가지고 그런 결정을 내릴 수는 없습니다. 신경외과 의사가 직접 사진을 보아야만 합니다. 몇 페이지의 판독 소견보다 직접 사진을 보는 것이 훨씬 많은 정보를 제공해줍니다. 집에 있는 컴퓨터에서 환자의 사진을 볼 수 있는 기술이 있기는 했지만 우리가 휴대 전화로 환자의 영상을 볼 수 있는 기술을 개발하기 전에는, 가령 우리 과 교수 한 명이 LA 다저스의 야구 경기를 보고 있었다고 가정해봅시다. 병원에서 뇌출혈 환자가 생겼다는 연락이 오면 경기장을 나와 LA의 막히는 도로를 뚫고 차를 몰아서 사무실로 돌아온 후에야 사진을 볼 수 있었습니다. 아무리 빨라도 45분은 걸렸겠죠. 과거에는 이렇게 우리가 병원에 가는 동안 다른 사람들은 그냥 기다려야만 했습니다. 전화에 대고 '사진을 봐야 하니까, 금방 도착할 테니 조금 기다려달라'고 하는 게 고작이었죠. 하지만 지금은 휴대 전화로 환자의 사진을 확인할 수 있으니 사진을 확인하고 바로 병원에 연락을 해서 '수술을 할 필요는 없을 것 같으니까 중환자실에 입원시켜서 조금 더 관찰하기로 합시다. 신경계 중환자 담당 베스파 박사에게 연락하고 저는 몇 시간 내로 가서 환자를 보겠습니다'라든지, '당장 수술해야 하겠습니다. 수술실과 마취과에 연락해주세요. 나는 수술실로 바로 가겠습니다'라고 말할 수 있게 되었습니다. 병원에 도착할 때까지 30~40분을 아무것도 하지 않고 그냥 기다리는 것이 아니라 그 시간 동안 환자에게 필요한 조치들을 취할 수 있게 된 것입니다. 환자의 상태가 심각한 경우, 일이 분 사이에도 많은 뇌세포가 죽습니다. 이 기술을 통해서 확실하게 차별화된 의료를 제공할 수 있게 된 것이죠."

마틴 박사는 의료 관련 IT 업체에서 영상처리 소프트웨어를 개발할 때까지 기다리지 않고 스스로 적극적으로 문제를 해결하려고 한 과정을 다음과 같이 설명한다.

"두부외상 환자와 뇌졸중 환자에 대한 연구를 십여 년간 진행하는 과정에서 병원의 정보 시스템에서 관련 정보를 추출하는 과정을 담당하던 실력 있는 프로그래머들이 떠올랐습니다. 당시 제가 PDA를 가지고 있었는데 그 친구들한테 이 PDA에서 환자들의 사진을 볼 수 있으면 좋겠다고 말했습니다. 두 달 뒤에 첫 번째 결과물을 가져왔는데 영상이 좀 흐릿하기는 했지만 실제 뇌 CT 사진을 PDA에서 볼 수 있었습니다. 개량에 개량을 거듭해서, 1년이 채 지나지 않아 휴대 전화에서 고해상도의 환자 영상을 볼 수 있게 되었습니다. 이 과정을 거치면서 우리가 깨달은 것은 우리가 환자를 진료하는 방식을 혁신할 수 있는 기술들이 이미 개발되어 존재하고 있었다는 사실입니다. 문제는 이를 실제 환자를 진료하는 과정에 적용하지 못했던 것이죠."

마틴 박사는 연구를 통해서 휴대 전화로 전송되는 이미지가 기존 방식의 영상과 해상도, 신뢰도에서 차이가 없음을 보여주었다.

기존의 기술들을 효과적으로 적용하는 것의 중요성을 보여주는 다른 사례로 마틴 박사는 신경계 중환자 담당의 베스파 박사가 사용하는 로봇에 대해 이야기한다.

"우리 중환자실은 세계 최초로 환자 모니터링과 환자들과의 의견 교환에 로봇을 이용하고 있습니다. 이 로봇을 제작한 회사에서는 요양 시설에 있는 환자들이 이 로봇을 통해 가족이나 의사와 만날 수 있다고 홍보합니다. 어떤 광고에서 한 외과 의사가 본인이 근무하는 세 군데 병원 중 한 병원은 직접 가지 않고 이 로봇을 이용해서 회진을 돈다고 이야기하는 것을 보았는데, 그것을 보자마자 우리 환자들에게 바로 적용할 수 있겠다고 생각했습니다."

"산타모니카 병원의 중환자실에 입원하고 있는 신경외과 환자에게 긴급한 상황이 발생하면, 산타모니카 병원에는 신경계 중환자 진료를 전문으로 하는 의사가 없기 때문에 베스파 박사가 자신의 사무실에서 그 병원에 있는 로봇을 조정해서 환자를 봅니다. 베스파 박사는 40마일 떨어진 한 지역 병원과도 계약을 맺고 신경계 중환자들을 같은 방식으로 로봇을 이용해서 보살피고 있습니다. UCLA에서 우리가 하는 일은 당연히 환자들을 낫게 하는 것이고 그 핵심은 환자에게 필요한 진료를 정확하게 제공함으로써 환자를 만족시키는 것입니다. 사람이 직접 해야 하는 일들을 기계가 대신하도록 하는 것이 아니라, 베스파 박사의 로봇은 그의 전문적인 진료를 보다 많은 사람들이 직접 받을 수 있도록 해줍니다. 직접 얼굴을 보고 진료를 하는 것과 거의 차이가 없습니다. 환자들은 자신이 잘 모르는 의사에게 자신의 의견을 이야기하는 것이 아니라 로봇을 통해서 자신의 주치의와 직접 대화를 할 수 있습니다. 직접 대면을 한다는 것이 아주 중요한데, 환자들이 로봇을 통해 베스파 박사의 얼굴을 직접 대면하게 되면 환자들은 로봇에게 이야기하고 있다는 사실을 잊곤 합니다. 자신의 의사와 직접 이야기하고 있다는 착각을 하게 되는 것이죠. 물론 일부에서는 이러한 것들을 의사가 직접 환자를 대하지 않고 어떤 기술 같은 것을 의사와 환자 사이에 끼어 넣는 것이라며 부정적으로 생각한다는 것을 잘 알고 있습니다. 하지만 실제 현장에서 우리의 느낌은 완전히 반대입니다. 여전히 우리는 매일매일 회진을 돌며 환자들과 직접 만나고 있습니다. 하지만 새벽 2시에 환자에게 어떤 일이 발생하였을 때, 주치의가 전화로 환자 상황을 전해 듣는 것이 아니라 로봇을 통해 환자 바로 앞에서 환자의 상태를 직접 보면서 살필 수 있게 해주니까요."

CEO인 파인버그 박사는 로봇을 구매하기로 한 것은 미래 의료를 향해 한 발 나아감과 동시에 기술을 통해 의사와 환자를 더 긴밀하게 연결하고 의료의 질을 향상시키기 위한 결정이었다고 말한다.

"베스파 박사의 경우 밤새 응급 호출을 받는 경우가 흔했습니다. 26명의 환자를 일주일 내내, 하루 24시간 내내, 심지어는 출장을 가서도 돌봐야 했습니다. 이제는 자신의 집에서, 달리는 차 안에서도, 조이스틱이 달린 랩톱 컴퓨터를 통해 병실에 있는 로봇을 조정할 수 있습니다. 환자들은 로봇의 스크린을 통해 베스파 박사의 얼굴을 직접 볼 수 있고 베스파 박사 역시 잠자리에 들기 전에 모든 환자들을 직접 체크할 수 있습니다. 이로 인해 새벽에 응급 호출을 받는 일이 훨씬 줄어드는 결과를 가져왔지요. 박사의 부인이 로봇이 자신들을 이혼 위기에서 구했다고 이야기할 정도입니다."

파인버그 박사에 의하면 베스파 박사가 로봇을 이용해 회진을 돌면서 특별히 회진이 필요하지 않은 환자는 지나치는 경우가 있는데, 이럴 때 벌어지는 장면을 보면 로봇이 의사와 환자 사이의 거리를 더욱 가깝게 연결해놓은 것을 느끼게 된다고 말한다.

"그럴 때면 주로 환자의 가족들이 로봇으로 다가와서 '베스파 박사님, 오늘은 회진을 안 도실 건가요?'라고 묻습니다. 그러면 베스파 박사는 '아, 남편분은 괜찮습니다. 하지만 한번 볼까요?'라고 대답하곤 합니다. 결과적으로 기술을 통해서 의사와 환자가 더 긴밀하게 연결되는 것이죠. 기술이 인간과 인간의 만남을 더 용이하게 해주는 것입니다. 우리는 능력이 있는 사람들에게 필요한 정보를 제공하고 그 능력을 발휘할 수 있는 장소에 접근하도록 하는 데 기술을 이용할 필요가 있습니다. 의학은 외면적으로는 손으로 이루어지는 것 같지만 실제로는 두뇌를 통해서 이루어지는 것입니다. 수술을 할지 말지, 어떤 약을 처방할지, 환자에게 무슨 문제가 있는지에 대해 머리를 통해 결정을 내려야 합니다. 저는 제 뇌에 무슨 문제가 생기면 베스파 박사에게 진료를 받고 싶습니다. 로봇이 그의 진료 범위를 확장시켜주었고 보다 많은 환자들과 연결시켜주었습니다."

닐 마틴 박사가 이야기한 휴대 전화를 이용한 환자 영상처리 기술이나 베스파 박사의 로봇 모두 서비스 공급자들이 서비스 제공의 효율성을 혁신하기 위해서 그들이 가진 지식을 최대한으로 활용할 수 있는 방법을 찾고자 했던 예라고 할 수 있다. 여러분은 고객들과의 만남을 더 긴밀하게 만들기 위해 기술을 개발하고 기존의 지식을 적용하는 데 얼마나 많은 노력을 기울이고 있는가?

## 혁신은 다양한 분야의 전문가를 필요로 한다

UCLA에서 이루어진 대부분의 중요한 기술적 혁신들은 공동 파트너십의 결과물들이다. 앞서 살펴보았던 다학제 간 접근을 통한 PET 스캔 연구나 마틴 박사가 IT 전문가들과 팀을 이루어서 필요한 기술적 진보를 이루어낸 사례에서 이러한 개념의 일부를 엿볼 수 있다. 비뇨기과 과장인 진 드케르니온 박사는 혁신을 이루기 위한 다학제 간 팀 접근에 있어서 가장 중요한 점에 대해 다음과 같이 명쾌하게 설명한다. "의학에 있어서 대부분의 발전들은 어떤 한 전문가만으로 이루어질 수 없다는 사실을 이해하셔야 합니다. 암을 예로 들 수 있습니다. 실험실에서 암의 유전학에 대해 연구하는 연구자는 자신의 지식을 실제 환자 진료에 어떻게 적용해야 할지 잘 모를 수 있습니다. 혹은 환자들이 실제 겪는 문제를 모를 수도 있습니다. 암 연구에 있어서 혁신의 핵심 요소는 다른 분야의 전문가들을 함께 모아서 실제로 환자들에게 중요한 질문들이 무엇인지를 도출하고, 그 질문에 대한 답을 찾으려고 노력하고, 여기서 얻어진 답들을 실제 환자들에게 적용하는 것입니다."

드케르니온 박사는 그동안 다른 많은 분야의 전문가들과 함께 전립선암이나 신장암, 방광암의 치료 프로그램들을 개발하는 데 중요한 역할을 해왔다.

"통합적 혁신이라는 비전에 대해서 자신과 뜻을 같이하는 사람들을 하나로 모아야 합니다. 우리 비뇨기계 종양 연구소는 존슨 암센터와 파트너십을 맺고 있는데, 존슨 암센터를 통해서 관련 연구를 하는 사람들이 누구인지를 파악할 수 있었고 필요한 연구비도 제공받을 수 있었습니다. 다른 교수들과도 파트너십을 구축할 필요가 있었는데 아리 벨드구룬 박사가 그 경우입니다. 벨드구룬 박사는 제가 당시 학장이었던 제럴드 레비 박사에게 제출한 연구 아이디어를 도출하는 데 도움을 주고 그 아이디어를 적극적으로 지지해주었습니다. 레비 학장은 우리의 아이디어에 동의하면서 연구비를 제공해주었습니다. 지역 사회에서도 과거에 진료받은 환자들처럼 연구에 도움을 줄 수 있는 사람들을 찾아야 합니다. 이들로부터 초기 연구비를 제공받아 대규모 연구비를 받을 수 있을 정도로 연구를 진행할 수도 있습니다. 우리의 경우 이러한 모든 노력들이 결실을 맺어서 현재의 비뇨기계 종양 연구소를 설립하게 되었습니다. 이 연구소를 통해서 UCLA의 비뇨기과, 종양내과, 방사선종양학, 병리학 교수들은 물론 분자영상학, 의학통계학 교수들과 의료의 질 연구자들까지도 긴밀하게 하나로 연결되고 있습니다."

드케르니온 박사는 UCLA의 열정적인 의사들이 외부 전문가들과 함게 새로운 진전을 이루어나가는 것을 돕는 데 많은 노력을 기울이고 있다고 말한다. 제프 비알리 박사가 그 예가 될 것이다. 비알리 박사는 서부 지역에서 연쇄 신장이식을 최초로 시행하였는데, 특히 그 과정에서 기증자의 편의를 증진시킨 것이 잘 알려져 있다. 비알리 박사가 이를 설명한다.

"가령 당신이 혈액 투석을 받고 있는 당신의 어머니에게 신장을 기증하고 싶은데 신장이 기증에 적합하지 않은 경우가 있습니다. 어머니가 A형인데 당신은 B형인 경우 당신의 신장을 어머니에게 이식할 수 없습니다. 과거에는 이런 경우 뇌사자로부터 신장을 기증받을 때까지 몇 년을 기다려야만 했습니다. 하지만 지금은 그렇지 않습니다. 제가 똑같은 경우에 처해있는데 저는 A형이고 제 어머니가 B형이라고 가정해봅시다. 연쇄 신장이식이라는 혁신적인 프로그램을 통해 당신과 제가 어머니들을 위해서 신장을 바꾸는 것입니다. 제가 당신의 어머니에게 신장을 기증하고 당신은 제 어머니에게 기증하는 것이지요. 2008년 7월에 UCLA에서 최초의 연쇄 신장이식을 시행하였는데, 저는 기증자가 여기까지 오지 않고 자기가 사는 동네 근처 병원에서 기증을 할 수 있게 하려고 했습니다. 그러기 위해서 기증된 신장을 여기까지 이송하는 문제가 있었는데, 우리는 기증된 신장을 아이스박스에 담아서 민간 항공기를 이용해 최초로 이송하였습니다. 현재 이러한 신장 교환과 연쇄 이식이 전국적으로 활발하게 시행되고 있고 기증자들이 수혜자가 있는 병원까지 오지 않고 자신이 사는 동네에서 신장을 기증하고 이를 비행기 등으로 이송하게 된 것을 저는 아주 자랑스럽게 생각합니다."

UCLA 비뇨기과와의 협력을 통해 혁신적인 기술들이 실험실 연구의 수준에서 벗어나 실제 환자에게 적용되는 단계로 발전하고 있다. 드 케르니온 박사는 여기에 대해서 다음과 같이 이야기한다.

"이러한 것들이 어떻게 가능한지를 보여주는 간단한 예가 현재 저희가 진행하고 있는 UCLA 공과대학과의 협동 작업입니다. 이 협동 작업을 통해서 소변에 세균이 있는지, 있다면 어떤 종류의 세균인지, 어떤 항생제가 적합한지에 대해 의사들에게 외래에서 20분 이내에 알려줄 수 있는 장치를 만들고 있습니다. 현재는 거의 이틀이나 걸립니다. 이러한 혁신은 우리 과와 의공학과의 협동 작업이 아니면 불가능할 것입니다. 전략적 협력을 통한 혁신 모델은 이제 다른 분야에서도 많이 사용하고 있는 것으로 알고 있습니다. 어떤 문제를 해결하는 데 도움이 될 수 있는 모든 사람들과 협력 관계를 만들고, 그 문제를 풀기 위해서 가장 적합한 접근방식이 무엇인지를 그들이 가지고 있는 해당 분야의 전문지식을 통해 찾을 수 있도록 해야 합니다."

여러분의 기업에서는 이처럼 다양한 분야의 전문적인 지식을 활용하는 혁신적인 접근방식이 주목을 받고 널리 적용되고 있는가?

### Check Up  당신의 기업은?

- 혁신을 이루고 그 분야에서 최고가 되기 위해서 당신 조직에 존재하는 다양성을 어떻게 활용할 수 있겠는가?
- IT나 공학 분야와 같은 기술 분야 전문가들을 당신의 조직에서 일하고 있는 기초과학자나 응용과학자들과 연결시키는 것이 어떤 새로운 기회를 만들 수 있겠는가?
- 기술을 이용하여 고객들과의 만남의 밀도를 높이기 위한 노력을 하

고 있는가?
- 어떤 문제를 해결하는 데 도움을 줄 수 있는 사람들을 어떠한 방식으로 모으는가? 그들로 하여금 자신의 전문분야 지식을 이용하여 그 문제를 해결할 수 있는 최선의 방법을 찾아내도록 하는 데 어떤 도움을 제공하고 있는가?

## 집념이 이룬 성취

버지니아 대학의 영문과 교수였던 데이비드 모리스는 2005년 생명과학 잡지인 〈사이언티스트〉에 기고한 글에서 '고통이 없으면 성취도 없다는 말은 미국의 근대를 집약적으로 보여주는 문장일 것이다. 이는 또한 고난이 없이는 어떠한 성취도 이룰 수 없다는 것을 잘 알고 있었던 선구자들의 생애를 압축적으로 보여준다'라고 썼다.   UCLA의 데니스 슬라몬 박사가 거쳐온 길을 살펴보면 이 말의 뜻이 더욱 명확해진다. 슬라몬 박사는 '영웅'으로 불리기도 하고 '초인적인 의지'를 가진 사람으로 불리기도 하는데 해리 코닉이 주연한 영화 〈리빙 프루프〉와 로버트 바젤이 쓴 책《HER-2: 헐셉틴Herceptin, 유방암 치료의 혁신》의 실제 주인공이기도 하다. 슬라몬 박사는 UCLA 의과대학 종양내과의 과장으로 존슨 암센터의 레브론/UCLA 여성암 연구 프로그램의 책임을 맡고 있다. 또한 UCLA 의과대학 연구부문 부학장이고 혈액/종양내과 교수이다. 대장암 연구 진흥을 위한 기금을 모금하는 국립대장암연구연합의 의학 자문단 의장을 맡고 있기도 하다. 슬라몬 박사는 암 연구자로서 세상에 별로 알려지지 않았던 인물이었는데 호머의 《오디세이》에 나오는 것 같은 온갖 권모술수와 음해, 비방, 연구비 중단 등을 극복하고 헐셉틴 개발에 성공하면서 지금은 세계에서 가장 존경받는 종양학자 중 한 명이 되었다. 헐셉틴 개발 초기에 제약회사가 연구비 지원을 중단하였는데 슬라몬 박사는 로날드 페렐만과 릴리 타르티코프 같은 기부자들을 직접 찾아다니면서 연구비 모금을 위해 동분서주하였다. 그 결과 페렐만이 운영하던 레브론의 자선기금과 타르티코프가 조직한 '파이어 앤드 아이스 볼' 자선행사에서 모금된 기금으로 연구를 지속할 수 있었다. 이후 제약회사의 연구비 지원이 재개되었고 마침내 슬라몬 박사는 HER-2 양성인 유방암 환자(전체 유방암 환자의 약 25% 차지)들에게 획기적인 치료 효과를 나타내는 헐셉틴을 개발하였다. 2010년까지 그가 개발한 이 약을 통해서 40만 명 이상의 생명을 구하였다.

슬라몬 박사는 암 치료 및 연구 기금 마련 프로그램인 스탠드 업 투 캔서(standup2cancer.org)와의 인터뷰에서 다음과 같이 이야기했다. "당신이 헐셉틴 같은 성공을 이끌어낼 수 있을 정도로 운이 좋다면 그때부터는 밖으로 연구비를 모으러 다니지 않아도 저절로 연구비가 모일 것입니다. 실제로 헐셉틴의 효과는 극적이었고 우리가 처음 이 약의 아이디어를 냈을 당시에 비해 많은 사람들이 우리의 아이디어를 지지하고 연구비도 지원해주고 있습니다. 하지만 가장 절실하게 도움이 필요했던 시기는 바로 연구 초기였다는 것이 문제입니다. 그때 적절한 연구비를 지원받을 수 있었더라면 이 약은 7년 정도 먼저 세상에 나올 수 있었을 것이고 나왔어야만 했습니다. 그나마 여러 기부자들의 지원이 없었다면 아마 지금보다 5~7년 정도 더 늦어졌을 것입니다."

연구비 지원이 제대로 이루어지지 않는 상황에서도 연구를 포기하지 않았던 것은 혁신을 이루기 위해서는 위험을 기꺼이 감수해야 하고 시대를 앞선 아이디어는 사람들에게 쉽게 받아들여지지 않는다는 것을 그가 잘 알고 있었음을 보여준다. 슬라몬 박사는 다음과 같이 이야기한다.

"레브론에서 지원된 연구비로 의학의 신기원을 열 수 있었습니다. 연방정부의 연구비에 계속 의존했다면 아마 헐셉틴은 세상에 나올 수 없었을 것입니다. 정부 연구비에 지원하고 심사를 거쳐서 실제로 연구비가 지원되기까지의 과정이 너무 오래 걸릴 뿐만 아니라 그 과정에서 기존의 연구 성과들에 기반을 둔 연구를 진행할 것을 요구받게 됩니다. 완전히 혁신적인 연구들이 연구비를 지원받기는 사실 매우 힘듭니다."

슬라몬 박사가 이룩한 유방암 치료의 혁신이 미친 영향은 헐셉틴 개발 과정을 기록한 웹사이트의 게시판에 남겨진 여성들의 의견을 통해 생생하게 느낄 수 있다. 한 독자는 다음과 같이 썼다.

"영화 〈리빙 프루프〉를 보면서 흐르는 눈물을 참을 수 없었습니다. 헐셉틴 개발 과정이 얼마나 험난했는지 그리고 FDA로부터 승인을 받기까지 슬라몬 박사가 얼마나 고군분투하였는지를 알게 되었습니다. FDA로부터 승인을 받는 데 필요한 임상시험에 지원했던 용감한 여성들에게 경의를 표합니다. 또한 레브론이라는 회사를 다시 보게 되었습니다. 슬라몬 박사가 연구비가 없어서 어려움을 겪을 때, 레브론은 연구를 계속할 수 있도록 200만 달러가 넘는 돈을 지원하였습니다. ⋯ 헐셉틴이 없었다면 제가 이 세상에 존재할 수 있었을까 하는 생각을 합니다. 만약에 20년 전에 유방암 진단을 받았다면 지금 이렇게 글을 쓰고 있을 수 있었을까요? … 처음 진단을 받았을 때, 주치의가 저한테 새로 개발 중인 약이 있는데 이 약의 임상시험에 참여하지 않겠느냐고 물었습니다. 저는 전혀 관심이 없다고 하였습니다. 너무 무서웠거든요. 하지만 이 임상시험에 참여했던 용기 있는 사람들이 아니었다면 우리는 지금 이 세상에 없을 겁니다. 슬라몬 박사를 도왔던 모든 사람들에게 감사드립니다."

다른 블로거는 다음과 같이 썼다.

"방금 〈리빙 프루프〉를 네 번째 보았습니다. 극장에서 상영 중일 때 이미 3일 밤 연속으로 세 번이나 보았습니다. 저는 2005년 7월에 HER-2 양성인 유방암 2기로 진단받았고 당시 임신 6개월이었습니다. 수술을 받은 직후 곧 죽을지도 모른다는 공포에 휩싸여있는 저에게 의사가 매우 운이 좋다고 이야기하더군요. 헐셉틴을 저와 같은 유방암 환자에게 사용해도 좋다는 허가가 바로 지난달에 났다고 하였습니다. 어떻게 그때의 마음을 표현할 방법이 없습니다. 저는 항암치료와 방사선치료를 하면서 헐셉틴을 52회 투여받았고 3년 반이 지난 지금 건강하게 살아있습니다. 이 영화를 보면서 감정이 북받쳐서 수없이 울었습니다. 그리고 저 같은 유방암 환자에게 이 약이 투여될 수 있도록 하기 위해서 쏟아진 모든 시간들과 정열에 감사할 따름입니다."

헐셉틴은 이제 유방암뿐만 아니라 전체 환자의 20%에서 HER-2 호르몬이 과다 분비되는 위암 등으로 적용이 확대되었다.

헐셉틴의 사례는 UCLA 연구자들에 의해 이룩된 수없이 많은 의학적 진보 중 하나에 불과하다. UCLA 치과대학의 교수이면서 UCLA의 산학협력 부처장인 캐서린 앳치슨 박사는 여기에 대해 이렇게 이야기한다.

"금연을 돕는 니코틴 패치, 뇌졸중 환자에 사용되는 대뇌 코일, 휴대용 투석 벨트 등 수없이 많은 놀라운 의학적 진보들이 매일 일어납니다. UCLA 연구자들의 혁신적인 연구를 상용화하는 것을 돕는 저희 부서만 해도 매년 수입이 기록적으로 늘고 있습니다. 또한 기술이전 등을 통해서 추가적인 수입도 얻고 있는데, 예를 들어 의과대학 하나만 해도 기술이전으로 2010년에 거의 9백만 달러의 수입을 얻었습니다."

UCLA의 지적재산권 담당 캣 파이비거 변호사는 이렇게 연구를 통해 재정적 이익을 얻는 것 외에도 다른 측면이 있다고 이야기한다.

"저희가 가지고 있는 지적재산들 중에는 특허를 출원하거나 이를 통해서 재정적 이익을 얻기보다 상용화하여 많은 사람들이 자유롭게 사용할 수 있도록 하는 것도 많이 있습니다. 예를 들면 암 환자의 삶의 질 연구로 유명한 패트리샤 간즈 박사의 경우 암 치료가 끝난 다음의 생활지침을 담은 비디오를 제작하였습니다. 항암치료나 방사선치료가 끝난 경우 그 치료 자체의 후유증으로 인해 몸의 상태가 100% 정상일 수는 없지만 그렇다고 병원에 입원해서 치료를 받을 정도는 아니니까요. 그런데 간즈 박사는 그 비디오를 통해서 수익을 얻는 것에는 전혀 관심이 없습니다. 하지만 정식으로 라이선스를 획득하고 정상적인 경로를 통해 유통시킴으로써 가능한 치료를 끝낸 많은 암 환자들이 그 비디오를 통해 도움을 받기를 원하고 있습니다. 간즈 박사는 외부의 파트너들과 함께 암 환자들이 치료 계획을 파악할 수 있는 소프트웨어를 만들고 있는데 이 역시 웹사이트(www.JourneyForward.org)에서 무료로 다운로드 받을 수 있게 할 예정입니다. UCLA에는 이러한 형태의 지적재산들이 아주 많이 존재합니다."

연구를 통한 혁신이 금전적인 이익을 가져오든, 특허가 생성되든 간에 UCLA와, 넓게 보면 의료계 전체는 UCLA 연구자들의 집념으로부터 많은 혜택을 얻고 있다. 슬라몬 박사 같은 이들이 취했던 '고통이 없으면 성취도 없다'는 접근방식과 이를 통해 개발된 헐셉틴은 앞으로도 수백만 명 이상의 암 환자들의 미래를 바꾸어놓을 것이다. 저항이나 연구비 부족, 혁신을 거부하는 보수적인 사고에 직면하였을 때, 슬라몬 박사와 동료들은 끈질기게 그들의 비전을 고수하였다. 물론 기업의 모든 혁신이 이 정도의 정열로 추진될 수는 없고 추진되어서도 안 되겠지만 기업이 가진 자원 중 일부를 이처럼 높은 이익이 기대되는 연구개발에 투입하는 것은 매우 중요한 일이라고 하겠다.

### Check Up  당신의 기업은?

- 당신의 기업에서 적용되고 있는 '고부가가치' 혁신 전략은 무엇인가?
- 당신 기업의 연구개발비 중 높은 이익이 기대되는 연구 프로젝트에 투입되고 있는 것은 몇 퍼센트 정도인가?
- '고부가가치' 혁신이 성공을 거두기까지의 과정에서 가장 흔한 장애요인은 무엇이라고 생각하는가?
- 당신은 당신의 사업 영역에서 어떠한 혁신적인 업적을 남기고 싶은가? 이러한 업적을 달성하기 위해서 얼마나 노력하고 있는가?

## 열정 없이 이루어진 업적은 없다

내가 모든 사업은 개인에 의해서 좌우된다고 주장하고 있지만 연구를 통한 혁신도 그럴까? 답부터 이야기하면, 그렇다! 감정에 좌우되지 않고 선형적이며 분석적인 사고가 요구되는 연구조차도 연구자 개인의 열정에 의해서 성과가 급상승할 수 있다. 당신이 의과대학 본과 3학년인데 당신의 어머니가 유방암 진단을 받았다고 상상해보자. UCLA 신경외과 교수이자 암 연구자인 린다 류 박사가 그러한 경우이다. 그녀의 어머니는 언제나 류 박사의 든든한 지원자였는데 그렇기 때문에 그녀가 암으로 진단받은 것은 류 박사에게 큰 충격을 주었다. 불행하게도 그녀의 어머니는 암이 이미 뇌로 전이되어있었고 상태가 악화되어 UCLA에 입원하게 되었다. 결혼을 준비하고 있었던 류 박사의 여동생은 어머니가 결혼식에 참석할 수 있도록 결혼을 서둘렀고 급하게 준비된 결혼식은 UCLA 원목의 주례로 치러졌으며 동생의 결혼식 직후 류 박사의 어머니는 51세의 나이로 세상을 떠나셨다.

류 박사는 어머니의 죽음을 계기로 훌륭한 신경외과 의사가 되고자 했던 목표에 더해서 세계에서 가장 유명한 암 연구자가 되기로 결심하였다. 류 박사는 신경계 종양 분야의 저명한 저널인 〈저널 오브 뉴로 온콜로지〉의 편집자로 활동하고 있으며 뇌종양을 제거한 뒤에 종양이 재발하는 것을 억제하는 개인 맞춤형 백신을 개발하고 있다. 임상시험의 마지막 단계에 와있는 이 백신은 임상시험 참여자들의 생존기간을 수개월에서 수년까지 증가시키면서 매우 획기적인 결과를 보이고 있다.

류 박사의 환자들은 대부분 류 박사에게 뇌종양 수술을 받기 위해 먼 지역에서 찾아온 환자들이다. 이들 환자들 중에 많은 이들이 백신 임상시험에 참여하기 위해 정기적으로 장거리 여행을 하고 있는 것이다. 이 백신은 류 박사가 그녀의 UCLA 동료 연구자들이 피부암이나 폐암에 적용하려고 개발한 기술을 뇌종양에 적용한 것이다. 류 박사는 겸손하게 다음과 같이 이야기한다.

"어떤 획기적인 아이디어를 통해서 이 백신을 개발한 것은 아닙니다. 제 자신에게 질문을 던진 것에 불과합니다. 폐암이나 피부암에 효과가 있다면 뇌종양에 적용하지 못할 이유가 있을까?"

도미니크 베이크웰과 같은 환자들의 경우 수술만으로도 새로운 삶을 되찾을 수 있었다. 2006년 가수였던 도미니크는 2살 난 아들과 집에 있다가 간질로 의식을 잃었다. 병원에서 뇌종양으로 진단을 받고 도미니크와 그의 아내는 뇌종양 수술을 전문으로 하는 신경외과 의사들에 대해 조사한 후, 류 박사를 찾아왔다. 류 박사는 자신의 팀과 함께 전기생리검사를 통해서 도미니크의 뇌에 대한 지도를 작성하였고 6시간에 걸친 수술 중에도 도미니크 뇌의 기능적 부위에 대한 추가 검사를 실시하였다.

도미니크의 뇌종양이 위치한 부위(좌측 전두엽, 종양이 말과 운동을 관장하는 부위를 압박하고 있었음)와 도미니크의 직업이 말하고 운동하는 두 가지 기능과 밀접하게 관련이 있다는 것을 고려하여, 환자의 각성 상태를 유지한 채 수술을 진행하는 의식하 종양제거술 awake craniotomy 을 진행하였다. 이 수술을 시행할 수 있는 병원은 얼마 되지 않는데 일단 환자를 마취해서 두개골을 절단하고 뇌를 노출시킨다. 그런 다음 마취를 약간 깨우게 되는데, 이렇게 되면 류 박사가 전기탐침자를 뇌 조직에 삽입하여 자극을 가하면서 해당 부위의 기능을 확인하면 도미니크가 대답을 할 수 있게 된다. 수술이 끝나고 나면 다시 정상적으로 마취를 하여 두개골과 피부를 봉합하고 회복실에서 경과를 관찰하게 된다. 뇌 조직의 여러 부위를 탐침자로 찔렀기 때문에 수술 후에 출혈이나 감염, 뇌졸중이나 간질, 또는 마비, 감각상실과 같은 문제가 발생할 수 있다.

수술 후 3년이 지난 현재 도미니크는 계속 항간질약제를 복용하면서 정기적으로 UCLA를 방문하여 경과를 체크하고 있다. 다시 운전을 하고 남편으로서의 역할과 아빠로서의 역할도 정상적으로 수행하고 있다. 또한 아이들 노래를 담은 앨범도 발매하였다. 그는 류 박사가 생명의 은인이라고 생각하고 있다.

이와 같이 정교하게 시행되는 수술에도 불구하고 일부 환자들에게서 뇌종양이 재발한다. 특히 종양의 성장 속도가 빠르고 뇌의 다른 부위로 잘 퍼지는 악성의 정도가 심한 유형의 종양에서 재발이 많은데 류 박사의 백신 연구는 여기에 집중되고 있다. 백신은 환자의 뇌종양 조직에서 단백질을 분리하여 이를 환자의 혈액에서 추출한 수상돌기 세포에 부착해서 만들어진다. 이렇게 만들어진 변형된 수상돌기 세포를 다시 환자에게 주입하는데 우리 몸의 면역체계가 이렇게 들어온 단백질을 기억하여 나중에 실제 암 세포가 생기게 되면 면역체계를 활성화하여 암 세포를 죽이라는 명령을 내리게 된다.

류 박사의 환자인 스캇 버크도 수술만으로는 충분하지 않은 유형의 종양을 가지고 있었다. 스캇과 그의 아내 안드레아는 신시내티에 살고 있는데 3개월마다 UCLA에 와서 백신 추가 접종을 받고 있다. 1999년 33세였던 스캇은 수영장에서 간질 발작을 일으켜 병원에서 악성뇌종양인 희소돌기아교세포종oligodendroglioma이라는 진단을 받았다. 류 박사는 2000년과 2004년, 2008년 세 번에 걸쳐 그를 수술하였고 2004년 백신 프로그램에도 그를 등록시켰다.

스캇 버크는 하버드 의과대학을 졸업한 안과 의사이자 분자생물학 박사학위를 가지고 있는 연구자이었기 때문에 자신에게 시행된 수술과 연구에 대해 잘 이해하고 있다. 10년 동안 뇌종양 치료를 받으면서 일부 신체 기능이 저하되기는 하였지만 버크 박사는 여전히 수술과 백신을 통해서 새 삶을 찾게 된 것을 매우 감사하게 생각하고 있다. 이제 더 이상 수술 전처럼 하루에 10명의 백내장 환자를 수술하지는 못하지만 여전히 진료실에서 환자들을 돌보고, 아버지로서, 남편으로서의 역할을 정상적으로 수행하고 있다. 진단을 받을 당시 얼마 살지 못할 것이라고 생각하던 사람에게 이러한 모든 것들은 기적과도 같은 일이다.

류 박사의 연구자로서의 경력은 어머니의 전이된 뇌종양이 계기가 되어 시작되었다. 현재 류 박사는 수술 후에 모든 뇌종양의 발생을 막는 백신 개발에 몰두하고 있다. 그녀의 목표를 향한 지치지 않는 도전은 하루 평균 네 시간밖에 자지 않는 그녀의 생활에서도 엿볼 수 있다.

헐셉틴을 개발했던 슬라몬 박사와 같이 류 박사도 그녀의 연구가 진행되는 과정에서 가장 어려웠던 점은 연구비의 부족이었다고 말한다. 일 년에 원발성 뇌종양으로 진단받는 환자들이 전국적으로 2만여 명에 불과한 상황에서 제약회사들이 그녀의 백신 연구에 연구비를 지원할 가능성은 희박할 수밖에 없다. 류 박사는 다음과 같이 이야기한다. "대부분의 회사들이 블록버스터 같이 엄청난 판매가 이루어질 약을 원하고 있습니다. 제가 연구하고 있는 개인 맞춤형의 고비용 백신은 제약회사들의 관심 대상이 아니지요."

류 박사는 의학에 있어서 중요한 혁신의 상당수는 '블록버스터' 수준에 미치지 못하더라도 중요한 진보를 이룩하기 위해서는 이러한 작은 진보들이 필요하다고 이야기한다.

류 박사의 업적은 현재 UCLA에서 진행되고 있는 수많은 연구들 중 하나의 예이다. 한 연구자의 열정에 의해서 시작된 혁신이 작은 진보를 이루어서 지금은 치료할 수 없는 질병을 가진 환자들에게 희망을 주고, 그들의 삶의 질을 높이고, 궁극적으로 그 질병을 박멸하게 되는 것이다. 류 박사의 연구는 혁신에 있어서 중요한 측면을 다음과 같이 보여주고 있다.

· 혁신이 가져올 결과에 대한 가슴에서 우러나는 관심
· 장기적인 목표(질병의 박멸)로 나아가는 과정에서 중요한 중간 목표(생명의 연장이나 암 환자의 삶의 질 향상)의 설정
· 기존의 첨단지식들을 파악하고 이를 자신의 특정한 요구에 적용하는 능력
· 시장 규모가 크지 않은 분야에서도 중요한 혁신이 이루어진다는 인식
· 혁신을 알리고 동료들과 토론하는 과정에 적극 참여

훌륭한 리더들은 직원들이 가진 열정을 파악하고 이들로 하여금 자신이 가진 관심 영역과 관련된 기업의 문제들에 대한 해답을 찾도록 돕는 데 많은 시간을 할애한다. 또한 이들 리더들은 조직원들이 그들의 꿈을 추구하는 과정에서 나타나는 장애요소들을 제거하려고 노력한다. 근본적으로 위대한 리더들은 독일의 시인이자 극작가인 헤겔의 다음과 같은 지혜에 동승함으로써 직원들이 가진 위대함을 분출시키

게 된다.
'세상에 열정 없이 이루어진 위대한 업적은 없다!'

## 폭과 범위

의학에 있어서 혁신과 발전은 1951년 개교한 이래 지속되어온 UCLA 의과대학의 핵심 요소이다. 연구를 중시하는 UCLA의 문화는 이 장에서 다루어진 관계 기반의 혁신들에 그 뿌리를 두고 있다. 사람을 대상으로 하는 임상시험을 통해서 실험실의 연구들이 미래 의학의 모습을 변화시킬 수 있는 실제 치료기술로 중개되고 있다.
CEO인 파인버그 박사는 다음과 같이 이야기한다.
"병원이나 진료실에서 하는 모든 일에 과학적인 방법이 뿌리박히도록 하는 것은 우리의 의무입니다. 이를 위해서 기초 연구를 진행해야 하고, 임상에서의 경험을 토대로 가설을 설정하고, 진료의 모든 단계에서 새로운 방법을 적용하여 그 결과를 이러한 가설에 기초하여 평가한 뒤, 거기서 얻어진 지식을 우리 내부는 물론 외부와도 공유해야 합니다. 우리가 이러한 것들을 지속적으로 끊임없이 추진한다면, 미래의 의학을 변화시킬 수 있을 것이고 현재의 진료 프로세스들도 변화시킬 수 있습니다."
다음 장에서는 UCLA의 리더들이 이와 같은 혁신의 정신과 과학적인 방법론을 어떻게 의료의 질 향상에 스며들게 할 수 있었는지 살펴볼 것이다. 그 밖에도 애완동물이나 음악 등을 이용하는 방식으로 환자 부문에서 광범위하게 이루어진 점진적인 서비스 향상에 대해서,

그리고 의과대학 학생들에 대한 교육의 질과 모든 직원들의 삶의 질에 영향을 미친 혁신들에 대해서도 살펴볼 것이다.

혁명적인 발전은 모든 기업들이 성공하기 위해서 필요한 요소이다. UCLA의 사례는 경제적으로나 사회적으로 이익을 가져오는 열정적인 연구들을 촉진할 수 있는 환경을 만들기 위해서 어떠한 것들이 필요한지를 보여주는 좋은 예가 될 것이다. UCLA의 사례를 통해 당신은 직원들의 연구에 대한 열정을 지속적으로 자극하고 당신 기업의 핵심 분야에 대한 혁신을 촉진하기 위해 필요한 통찰을 얻을 수 있을 것이다.

### 실천을 위한 요약

- 당신의 기업에서 혁신이 차지하는 역할을 검토하라.
- 당신 기업의 미래를 위해서 '고부가가치' 혁신이 어느 정도 필요한지를 결정하라.
- 당신이 이루고 싶은 업적을 구체적으로 기술하라.
- 중요한 혁신들의 우선순위를 설정하라.
- '고부가가치' 혁신에 어느 정도의 재원을 투자할지를 결정하라.
- 혁신을 이루어나가는 과정의 고통을 인내하라.
- 연구를 통해 얻어진 발전에 대한 토론에 참여하라.

chapter 9
# 점진적 혁신: 혁신은 직원들로부터 시작된다

로널드 레이건 UCLA 메디컬센터의 카페테리아에서 한 환자의 가족들과 이야기를 나누었다.
"UCLA의 여러 과에서 수년간 진료를 받아왔는데 이처럼 다이내믹하게 변화하는 조직은 본 적이 없다고 감히 말씀드릴 수 있습니다. 환자들의 욕구를 충족시키기 위해서 지금도 지속적으로 진화하고 있는데 이러한 과정에 리더들의 영향이 절대적이었다고 생각합니다."
《리더십 혁신의 시작 Launching a Leadership Revolution》의 저자인 오린 우드워드와 크리스 브래디는 '리더십의 영향'은 기업의 성공에 있어 핵심적인 요소로서, 리더가 쏟아붓는 노력에 그 노력이 미치는 범위를 곱한 것으로 측정할 수 있다고 말하였다. 조직에 최대한의 영향을 미치기 위해서 리더들은 자신이 할 수 있는 최선의 노력을 기울여야 할 뿐만 아니라 그러한 노력이 가능한 넓은 범위에 영향을 미치도록 해야 한다. UCLA의 리더들이 조직의 혁신 활동에 끼친 영향을 생각해보면 UCLA의 리더들은 최선의 노력을 하였고 그러한 노력이 조직의 모든 부문에 영향을 미쳤다고 할 수 있다.

이 장에서는 UCLA에서 이루어진 의학의 미래를 변화시키고 있는 점진적인 혁신 과정과 그 결과를 살펴볼 것이다. 또한 UCLA의 리더들이 어떻게 그들 조직의 DNA에 혁신이 뿌리내리도록 할 수 있었는지에 대해서도 짚어볼 것이다. 특히 서비스 다양화와 직원들에 대한 권한 이양이 조직에 가져온 이득에 대해서 자세히 살펴볼 것이다.

## 직원들에게 혁신의 수단을 제공한다

기업 컨설턴트로서 나는 그동안 많은 리더들이 직원들 개개인의 혁신이 중요하다는 것에 대해 이야기하는 것을 보아왔다. 이들 기업의 직원들을 직접 만나보면 혁신이 기업의 미래에 중요하다는 것을 잘 알고 있었지만 실제 어디서부터 시작해야 할지 모르고, 혁신 과정에 필요한 수단들이 결여되어있는 경우가 대부분이었다. 또한 리더들은 발명과 혁신을 혼동하는 경우가 많았다. 혁신은 고객에게 이익을 가져오는 아이디어인데 반해, 발명은 훌륭한 아이디어라는 점은 같지만 고객의 욕구와는 상관이 없는 것인데 이를 잘 구분하지 못했다. 점진적인 의료의 질 향상을 위한 가이드를 제공하기 위해서 UCLA의 리더들은 직원들이 혁신을 이룩할 수 있도록 구조적 틀을 구축하고 실제 적용할 수 있는 프로세스를 제공해주었다. 간호 프로세스 개선 팀이 그 예가 될 것이다. 이들 팀들은 각 병동 수준에서 구성되었지만 이를 토대로 UCLA는 간호 분야에서 탁월한 성과를 달성하게 되었다. 미국간호자격인증센터American Nurses Credentialing Center, ANCC[8]는 2005년에 UCLA를 세계에서 가장 규모가 크고 우수한 마그넷 레코그니션 프로그램Magnet Recognition Program 기관으로 선정하였다. 마그넷 레코그니션은 간호 서비스의 질이 우수하고 전문 간호 분야의 혁신을 이룩한 의료기관에 부여되는데, 이들 기관들은 고객들로부터 최고의 간호 서비스를 제공하는 기관으로 인식되며 의료기관들의 순위를 정하는 유에스뉴스 & 월드리포트에서 병원을 평가하는 지표 중의 하나로 쓰이고 있다. 마그넷 레코그니션을 부여받기 위해서는 신청에서부터 서류심사, 현장실사 및 지속적 사후평가 등의 긴 과정을 거쳐야 하는데 특히 간호사들에 대한 권한 위임을 가능케 하는 조직 구조가 갖추어져 있는가가 중요한 평가 요소이다. 마그넷 레코그니션 프로그램에서 요구하는 광범위한 조직 관련 인증 기준 중 권한 위임과 관련된 기준을 몇 개 살펴보면 다음과 같다.

· 기관 전체의 간호 관련 의제에 대한 공동의사결정과 전략개발을 위한 간호위원회가 구성되어있으며 간호 관련 모든 부서에서 위원으로 참여하여야 한다.
· 개별 위원들은 공동의사결정에 간호사들이 어떻게 참여하는지를 실례로 보여줄 수 있어야 한다.

공동의사결정에 대한 마그넷 기준을 충족시킴과 동시에 실제적인 간호 분야의 혁신을 이루고자 하는 목표를 달성하기 위해서 UCLA에서 사용된 전략은 간호 부서별로 부서업무협의회Unit Practice Council, UPC

---

[8] 미국간호사협회(American Nurses Association) 산하의 간호사 자격인증센터로 분야별 전문 간호사 등의 자격 인증을 관할한다.

를 구성하는 것이었다. UPC는 모든 간호사들이 참여하여 자신들의 업무 프로세스에 대해 직접 의견을 개진하도록 하는 공동관리모형 기반으로 운영된다. UPC 운영과 관련된 틀은 외부 전문업체가 개발한 도구를 간호행정 부서에서 수정하여 각 부서에 배부하였다. 이 도구는 기본적으로 UPC 구성원들을 어떻게 선발하고, 얼마나 자주 만나고, UPC의 목표를 어떻게 근거에 기반을 두어 설정하고, 실제 UPC 운영 과정을 어떻게 안내하고, 이들 팀에 의해서 만들어진 권고사항들을 행정 부서에서 어떻게 관리하는가와 같은 문제들에 대해서 가이드를 제공한다.

소아종양과의 간호사로 소아급성진료 UPC의 위원장인 타마라 개빌런은 다음과 같이 이야기한다.

"모든 UPC는 환자들의 요구를 충족시키기 위해 필요한 변화를 이끌어내기 위해서 간호사들에게 권한을 부여하도록 설계되었습니다. UPC에 참여하는 위원들의 수는 개별 유닛의 크기에 따라 결정됩니다. 가령, 소아과에서는 급성기 진료 부문에 160명의 간호사들이 있기 때문에 10명의 위원을 두고 있습니다. 모든 UPC 위원은 자신이 대변하는 간호사들의 의견을 반영한 회의 자료를 직접 준비해서 협의회에 참여할 의무를 가집니다. 회의가 끝나고 나면 다시 그 결과를 자신이 대표하는 간호사들에게 알려야 하는 의무도 가지게 됩니다. 위원은 동료들에 의해서 선출되고 우리는 도표를 만들어서 자신을 대변하는 위원이 누구인지를 모든 구성원들이 알게 하고 있습니다."

협의회가 어디에 초점을 두고 있는지에 대한 질문에 타마라는 다음과 같이 이야기한다.

"환자들의 경험을 향상시킴에 있어서 지속적인 혁신을 할 수 있는 방법을 찾는 데 근거와 관계 기반의 접근을 할 수 있도록 간호행정 부서로부터 많은 훈련과 지원을 받고 있습니다."

간이식 병동의 책임간호사인 마사 러스크도 그녀가 참여했던 UPC 활동을 통해서 이루어진 혁신에 대해 이야기한다.

"간이식 병동의 환자들은 대부분 장기간 입원을 하기 때문에 우리 UPC는 환자들과의 커뮤니케이션을 향상시킬 수 있는 방법을 찾으려고 하였고 장기 입원환자들과 친밀감을 높이고 인간적인 유대를 맺는 방법에 대해 광범위한 문헌 검색을 하였습니다. 문헌 검색 결과와 모든 간호사들의 생각을 종합하여 모든 환자들의 침대 옆에 환자와 그 가족들로부터 얻은 그 환자에 대한 정보를 기록한 액자를 하나씩 놓기로 하였습니다. 단순히 환자의 의학적 상태뿐만 아니라 모든 직원들이 환자의 인간적인 면모를 알게 하려는 노력이었습니다."

마사는 여기에 대해 자세한 설명을 덧붙였다.

"환자에게 자신의 이름을 어떻게 불러주면 좋을지, 어디서 자랐는지, 무엇을 하는지, 좋아하는 것은 무엇인지 같은 것들과 퇴원한 다음의 삶의 목표를 물어서 그 내용을 사진과 함께 액자에 넣어두었습니다. 특히 마지막 질문은 환자에게 항상 그 목표를 상기시킬 수 있게 해주었고 우리 모두 환자가 집으로 돌아가서 가족들과 함께 즐거운 시간을 보낼 수 있도록 노력하고 있다는 사실을 알게 해주었습니다."

간이식 중환자실의 수간호사인 제니퍼 도는 다음과 같이 이야기한다.

"우리는 모든 직원들이 환자에게 의학적인 처치를 제공할 뿐만 아니라 전인적이고 사랑이 가득한 보살핌을 통해서 인간 대 인간으로 서로를 이해할 수 있기를 바랐습니다. UPC 프로젝트는 이러한 모든 구성원들의 노력의 결과였습니다."

UPC 프로젝트와 같은 팀 접근방식을 통한 혁신은 UCLA 헬스시스템을 비롯하여 로널드 레이건 UCLA 메디컬센터와 산타모니카 UCLA 메디컬센터의 대부분의 부서로 전파되었다.

다음의 분만실 사례들은 팀 접근방식을 통한 고객 중심의 혁신을 위해 UCLA가 쏟은 일관된 노력을 잘 보여주고 있다.

산타모니카 메디컬센터의 분만실 책임간호사인 피오나 앵거스는 근거에 기반을 둔, 환자에게 초점을 맞춘 개입을 통해서 간호사들의 업무를 어떻게 개선할 수 있었는지에 대해 이렇게 이야기한다.

"우리 부서의 간호사들은 연구 과제를 수행해서 그 결과를 해마다 열리는 원내 컨퍼런스에서 발표해왔습니다. 그해 컨퍼런스에서도 우리 팀이 수행한 '신생아 가슴에 품기 skin-to-skin'를 포함해서 UCLA의 각 팀에서 수행된 연구 결과들이 발표되었습니다. 출산 후 산모가 가능한 빨리 신생아와 살을 맞대는 것이 모유 수유의 시작을 용이하게 하고 모유 수유 기간도 길게 한다는 연구 결과들이 이미 많이 발표되어 있었습니다. 우리도 이를 잘 수행하고 있다고 생각하고 있었지만, 기본으로 돌아가서 추가적인 자료를 모으기 위해 이 연구를 수행하였습니다. 그런데 연구를 진행하면서 놀라운 사실들을 몇 가지 알게 되었습니다. 우선 우리 부서의 간호사들 중 일부가 당연히 알고 있을 것이라고 생각했던 이러한 지식들을 모르고 있었다는 사실입니다. 그리고 신생아와 산모가 조기에 살을 맞대도록 하는 데 실제적인 장애 요인이 있다는 사실도 알게 되었습니다. 대부분의 간호사들은 신생아를 산모의 품에 빨리 안기는 것이 좋다는 것을 알지만 분만 직후에 해야 하는 많은 문서작업 때문에 매우 바빴습니다. 일부 사례에서는 간호사들이 분만 직후에 산모가 아기를 안을 수 있도록 했지만 그 경우에도 당장 해야 하는 많은 일들 때문에 급하게 서둘러서 형식적으로 진행하는 경우가 많았습니다. 저희 팀에서 진행한 연구를 통해서 신생아를 분만하자마자 분만실에서 산모의 품에 안기게 하는 것이 궁극적으로는 간호사들의 업무 시간도 절약해준다는 것을 보여주었습니다."

산타모니카 분만실에서 이루어진 혁신은 많은 효용(모유 수유, 친밀감, 간호사 업무시간의 효율적 사용)을 가져왔으며 결국 병원 전체적으로 '황금시간 golden hour'과 '아기 만나는 시간 nesting time'이라는 규정이 적용되게 만들었다. 즉, 산모와 신생아가 건강상에 문제가 없을 때, 분만 직후 한 시간을 '황금시간'으로 지정하여 부모와 아기가 충분히 살을 맞대고 시간을 보낼 수 있도록 하였으며 그 이후에도 매일 한 시간씩 '아기 만나는 시간'을 가질 수 있게 하여서 부모가 아기와 시간을 보낼 수 있도록 하고 있다. '황금시간'과 '아기 만나는 시간'에는 산모의 병실에 이를 알리는 사인을 부착하여 이 시간 동안 방해를 받지 않도록 하고 있다.

UCLA의 웨스트우드 캠퍼스에는 '모유 수유 태스크포스'가 만들어져서 분만 관련 부서에 근무하고 있는 직원들이 매주 모여 최신 지식을 교환하고 근거에 기반을 둔 접근방식을 토론하고 있다. 이와 같은 노력들의 결과로 UCLA는 'Birth and Beyond California' 프로젝트에 참여하게 되었다. 이 프로젝트는 출산 후 6개월 동안 산모가 모유 수유를 할 수 있도록 의료기관에 기술적인 지원과 현장 교육을 제공하고, 모유 수유를 위한 자원 개발을 돕고 있다. 이 프로젝트가 마무리되면서 UCLA는 신생아 친화 병원 Baby-Friendly Hospital으로 지정될 예정이다.

어느 조직이나 외부로부터 인정을 받는 것은 중요하지만 신생아 중환자실의 고위험 신생아 담당 책임자인 이사벨 퍼디 박사는 그것보다 더 중요한 것이 있다고 이야기한다.

"우리의 궁극적인 목표는 새로 엄마와 아빠가 된 이들이 UCLA를 나서면서 그들 스스로 자신들의 아기를 잘 돌볼 수 있다는 자신감을 가지게 하고 모유 수유와 관련된 충분한 정보를 습득하게 하는 것입니다."

UCLA의 UPC나 연례 연구 컨퍼런스, 다양한 부서가 참여하는 태스크포스 전략들은 조직원들의 참여에 의한 혁신을 가능하게 만들기 위해서 UCLA의 리더들이 사용한 구조적 틀들의 예라고 할 수 있다. 이러한 형태의 구조적 틀을 당신의 기업에 적용함으로써 당신은 고객 중심의, 근거에 기반을 둔 혁신을 촉진할 수 있을 것이다. 그리고 이러한 공식적인 프로세스는 역량 있고 열정을 가지고 있는 직원들로 하여금 의욕만 앞서고 고객의 입장에서 사고하지 못하는 관리자들이 찾지 못하는 해답을 찾게 만들어줄 것이다.

### Check Up  당신의 기업은?

- 당신 사업의 성공에 점진적 혁신은 얼마나 중요한가?
- 직원들이 이러한 혁신의 중요성을 이해하고 그들의 업무 과정에서 혁신의 기회를 발견하고 있는가?
- 점진적 혁신을 이끌기 위해서 어떠한 구조적인 틀(UPC, 연례 연구 컨퍼런스, 다양한 부서가 참여하는 태스크포스 등)을 적용하고 있는가?
- 당신의 기업에 대해 누군가 이와 같은 책을 쓴다면 이 장과 같은 내용에 담을 사례는 어떤 것이 있는가?

## 창의적인 아이디어를 찾는다

많은 위대한 혁신들은 몇 차례의 시행착오를 거쳐서 이루어진 경우가 많다. 리더가 직원들로 하여금 자신이 하는 업무에서 차별화할 수 있는 기회를 찾도록 독려한 결과 궁극적으로는 최고의 경쟁우위를 갖추게 된 기업들을 많이 볼 수 있다. 이러한 기업 리더들의 특징은 직원들의 아이디어를 열린 마음으로 받아들이고 자원을 일부 배분하여 몇 차례의 시험 기회를 부여함으로써 아이디어의 성공 가능성을 측정한다는 것이다. 만일 그 시험 성과가 기대에 못 미친다면 그냥 폐기처분되고, 기대를 상회한다면 그 아이디어는 충분히 자생력을 가질 때까지 계속적인 지원을 받는다. UCLA에서는 이와 같은 접근방식을 통해서 몇몇 아이디어가 인상적인 프로그램으로 발전되었다. 하지만 UCLA 일선 직원들의 혁신 시도들은 너무나 다양한 분야에서 무수히 이루어지기 때문에 이를 다 소개할 수는 없다.

앞 장에서 소개한 혁신적인 기술이나 약제 개발과는 달리 이 장에서 소개하고자 하는 혁신은 유연한 접근방식을 통해 고객들을 직접 보살피는 프로그램에서 주로 이루어졌다.

## 전인적인 치료

### 인간과 동물의 유대

1994년 UCLA는 병원 환경에서 동물의 존재가 환자들에게 어떠한 영향을 미치는지에 대해 처음으로 연구하기 시작하였다. UCLA의 인간과 동물의 유대People-Animal Connection, PAC 프로그램의 책임자인 잭 배런은 "처음에는 어항을 가져다놓는 것으로 시작하였고 나중에는 애완견이 심장 병동을 방문하게 하였습니다."라고 이야기한다. 과학적으로 입증된 것은 아니지만 애완견의 방문을 통해 심장이식을 대기하고 있던 환자들의 심박 수가 낮아지고, 호흡이 호전되고, 혈압을 낮추는 효과를 보았다. 잭은 다음과 같이 이야기한다.

"강아지가 환자 침대에 같이 있는 동안만큼은 환자가 자신이 받게 될 수술이나 이식 결과에 대한 생각을 잊을 수 있었던 것 같습니다."

하지만 본격적인 프로그램으로 시작되기 위해서는 과학적인 자료가 필요했다. 이를 위해서 PAC의 최초 책임자였던 캐시 콜은 인간과 동물의 유대가 가져오는 긍정적인 효과에 대한 실증적 연구를 설계하였다. 캐시는 이에 대해서 다음과 같이 이야기한다.

"UCLA에 현재와 같은 PAC 프로그램이 만들어지기 전과 만들어지는 과정에서 저와 동료들 모두 그 프로그램이 긍정적인 효과가 있을 것이라는 직감 같은 것이 느껴졌습니다. 물론 '강아지 회진'이라는 것이 외부에서 볼 때 그냥 단순한 쇼라고 생각할 수도 있지만 옆에서 지켜보면서 쇼 이상의 무언가가 틀림없이 있다는 확신을 갖게 되었습니다. 그러한 확신이 인간과 동물의 유대가 가져오는 심리적, 생리적 효과를 보여줄 수 있는 과학적인 근거들을 만드는 것이 아주 중요하다고 믿게 만들었습니다."

이를 위해서 캐시는 근거 중심 사례 책임자인 애나 가린스키와 함께 강아지와 환자를 12분간 접촉하게 하여 환자들의 혈압과 심폐 기능, 불안과 스트레스 수준에 어떠한 영향을 미치는지에 대한 연구를 시작하였다. 입원하고 있던 76명의 심부전 환자들을 무작위로 세 개의 그룹으로 나누어서 첫 번째 그룹에서는 자원봉사자가 자신의 애완견과 함께 방문하게 하고, 두 번째 그룹에서는 자원봉사자만 방문하게 하고, 세 번째 그룹에서는 아무도 방문하지 않게 하였다. 자원봉사자와 강아지가 함께 방문하는 그룹에서는 강아지를 환자 침대 위에 놓아서 환자가 강아지를 쓰다듬을 수 있게 하였다.

이와 같은 방문이 있은 후 환자들의 혈류역학(혈액량, 심장 기능, 혈관의 저항성)을 측정하였는데 방문 직전과, 방문 시작 8분 후, 방문 종료 4분 후 등 세 차례에 걸쳐 실시하였다. 측정할 때마다 투여되고 있는 강심제의 양도 함께 측정하였고 방문 전후의 불안 정도에 대한 조사도 진행하였다.

이 연구를 통해서 강아지와의 접촉이 심폐 기능을 향상시키고, 스트레스 호르몬 수치를 낮추며, 불안 수준도 24% 감소시킨다는 결과를 얻게 되었다. 이러한 연구 결과와 환자들의 정서에 미치는 긍정적인 효과를 토대로 UCLA는 미국 최초의 동물 치료 프로그램을 만들게 되었다.

UCLA의 PAC는 수많은 언론 매체에서 기사로 다루어지면서 전국적인 관심을 끌게 되었다. 신문과 잡지는 물론, 텔레비전을 통해서 전국으로 알려졌고 PAC를 보도한 한 TV 뉴스는 에미상 뉴스 부문을 수상하기도 하였다. 몇몇 PAC 자원봉사 팀들은 특별상을 받기도 하였고 미국의료기관인증원Joint Commission on Accreditation of Healthcare Organization, JCAHO은 PAC 프로토콜을 토대로 동물 치료에 대한 기준을 수립하였다. 또한 PAC는 벤치마킹 대상이 되어 다른 많은 동물 치료 프로그램의 탄생에 기여하였다.

한 PAC 자원봉사 팀을 직접 따라다녀 보았는데, 치료에 반응을 보이지 않던 여자 환자가 강아지와 접촉하면서 치료에 반응을 보이게 되고 보다 적극적으로 치료에 임하게 되는 것을 보았고 환자의 상황이 급격하게 나빠져서 심한 스트레스를 겪고 있던 간호사들에게도 PAC 팀이 투입되어 이들에게 안정감을 제공하는 사례도 볼 수 있었다.

잭 배런은 다음과 같이 이야기한다.

"PAC 팀들은 환자와 직원들에게 동일한 서비스를 제공하고 있으며 누구나 언제든지 이들을 호출할 수 있습니다. 물론 대부분은 환자들로부터의 요청이지만 일부는 간호사들이나 전공의들로부터의 호출도 있습니다. 우리에게 방문을 요청한 사람이라면 누구라도 애완견들과 시간을 보낼 수 있습니다. 물론 아주 짧은 시간일 수 있지만 이를 통해서 그들의 하루가 풍성해지는 것입니다. 환자들이나 직원들이 항상 '오늘 하루 너무 힘들었는데 이렇게 예쁜 애완견과 시간을 보낼 수 있게 해주어서 감사합니다' 라고 이야기합니다."

외상환자 코디네이터인 키트 스파이킹스는 PAC는 환자와 직원들에게 똑같이 좋은 영향을 미친다고 이야기한다.

"매주 환자들이나 의료진에게서 받은 코멘트들을 잭에게 이메일로 보냅니다. 하루는 끔찍한 교통사고를 당한 한 여자 환자를 심리적으로 안정시키기 위해서 환자와 함께 있었는데 그녀는 극심한 고통과 함께 사고 당시의 기억으로 겁에 질려서 매우 괴로워하고 있었습니다. 그때 한 PAC 팀의 강아지가 왔습니다. 사실 그녀는 6시간째 신음하고 있는 상태였는데 강아지가 와서 그녀가 앉아있던 의자에 올라 그녀의 얼굴을 핥으면서 애교를 부리자마자 바로 그녀의 상태가 호전되었습니다. 강아지로부터 즐거움을 얻으면서 더 이상 고통을 느끼지 않게 되었는데 응급실의 의사들조차 '믿을 수 없다'고 할 정도였습니다. 그 강아지가 모르핀과 같은 강력한 마약성 진통제도 조절해주지 못한 통증을 경감시켜주었을 뿐만 아니라 그 과정에서 거기에 있던 모든 사람들의 기분을 좋게 만들어주었습니다."

이제 자원봉사자와 그들의 애완견 간의 팀워크는 그들을 필요로 하는 환자들에게 없어서는 안 되는 존재가 되었다. 잭은 다음과 같이 이야기한다.

"자원봉사자와 그들의 애완견으로 구성된 PAC 팀은 매달 500명 이상의 소아나 성인 환자들에게 동무가 되어주면서 정서적인 안정을 주고 있습니다. 애완견들은 나이나 문화 경제적 수준에 상관없이 모든 환자들과 끈끈한 유대관계를 형성하고 있습니다. 저는 우리 프로그램이 다른 기관에서 시행하고 있는 비슷한 형태의 프로그램 중에서 최고라고 생각하고 이를 유지하고 싶습니다. 우리 병원에는 이들을 원하는 많은 환자들이 있고 저는 최선을 다해서 최고의 자원봉사자와 그들의 애완견을 환자들과 연결시켜주고 싶습니다."

PAC 프로그램의 긍정적인 효과를 지속시키기 위해서 자원봉사자는 즉석 사진을 찍어서 환자가 간직할 수 있게 한다. 하지만 병원이라는 공간에서는 이러한 기념사진을 찍는 간단한 일조차도 많은 사항들을 고려해야 한다. 잭은 다음과 같이 이야기한다.

"우리는 아직도 폴라로이드 카메라를 사용하고 있는데 폴라로이드가 더 이상 제품을 생산하지 않기 때문에 필름의 여분이 많지 않습니다. 사실 환자 방문의 하이라이트는 폴라로이드를 통해서 그 순간을 남길 수 있다는 것입니다. 앞으로 즉석 사진의 필름을 공급받지 못한다면 환자들은 더 이상 그 순간을 기억할 수 있는 사진을 갖지 못하게 될 것입니다. 그런데 문제는 강화된 환자 개인정보 보호법안 때문에 대안을 찾는 것이 생각보다 어렵다는 것입니다. 폴라로이드 사진은 원본이 그대로 환자에게 전해지고 복사하기 어렵기 때문에 환자만이 그 사진을 가지게 됩니다. 디지털 사진의 경우 이와 같은 기준을 충족시킬 수 없습니다."

잭은 다음과 같이 덧붙여 이야기한다.

"외부 사람들에게는 이 폴라로이드 사진과 같은 일이 사소해보일지 몰라도 우리에게는 아주 중요한 일입니다. 몇 년 뒤에 길에서 어떤 사람이 저를 알아보고 불러 세워서는 '우아! 이거 정말 반갑습니다. 여기 제가 가지고 있는 사진 좀 보세요. 이 폴라로이드 사진이 2003년에 제가 당신의 강아지와 함께 병원에서 찍었던 사진이에요'라고 할 것입니다. 몇 년이 지난 다음에도 그 사진을 사람들이 간직하고 있을 것이라는 사실이 놀랍지 않나요?"

그동안 PAC 프로그램은 성공적으로 운영되어왔지만 이 프로그램이 성공적으로 지속되기 위해서는 앞으로도 계속 이 프로그램이 가진 장점을 부각시키고 열정적인 PAC 자원봉사 팀들의 참여를 이끌어내야 한다. 게다가 이 프로그램의 운영비용은 전적으로 기부에 의해 조달되고 있다. 잭은 다음과 같이 이야기한다.

"이 프로그램을 통해서 우리가 이룩한 혁신들 중에서 자랑스럽게 생각하는 것은 이 프로그램이 지속될 수 있도록 재정적인 지원을 해주는 사람들을 지속적으로 확보했다는 것입니다. 1994년부터 오늘에 이르기까지 재정 지원이 끊겨서 프로그램이 지속되지 못할 가능성에 대해 한순간도 걱정하지 않은 때가 없었습니다. 하지만 어려움이 닥칠 때마다 우리는 우리와 뜻을 같이하는 사람들로부터 지원을 받을 수 있었습니다."

훌륭한 리더들은 안 된다고 이야기하기 전에 직원들의 제안을 열린 마음으로 듣고, 필요하면 충분한 보완 자료들을 검토하는 과정을 거친다. 그러한 과정을 거치고도 아이디어에 가능성이 보이지 않는다면 그 아이디어를 채택할 수 없다는 사실을 충분한 설명과 함께 직원에게 이야기한다. 아이디어가 가능성이 보인다면 조용히 그 아이디어를 지원하여 시험해볼 수 있게 한다.

### 마사지 치료

로스 스케일스와 그의 마사지 서비스에서도 앞에서 살펴본 사례와 같이 직원들의 작은 아이디어도 경청하고 지원을 해주는 UCLA의 리더십을 엿볼 수 있다. 로스는 병동 업무를 지원하는 직원이었는데 자비를 들여서 마사지 전문학교를 수료한 상태였다. 응급실에서 지치고 안절부절못하는 가족들을 매일 보던 그는 간호 부서의 책임자인 하이디 크룩스에게 근무 외 시간에 이들에게 마사지를 해줄 수 있도록 허락해달라고 부탁하였다. 하이디로부터 일부 지원까지 받게 된 로스는 종양내과 간호책임자인 마크 플리크래프트와 협력하여 암 환자들의 통증관리에 마사지를 이용하기 시작하였다. 이러한 시도가 성공을 거두게 되면서 다른 과의 환자들에게도 적용되기 시작하였고 결국 공식적인 마사지 치료 프로그램이 만들어지게 되었다.

로스의 프로그램은 UCLA 산하 모든 병원으로 확산되어 이제 그는 마사지를 위해 병원들을 순회하고 있다. 로스는 그 경험을 다음과 같이 이야기한다.

"이 프로그램이 만들어진 과정은 정말 놀랍습니다. UCLA에서는 만일 당신이 어떤 좋은 아이디어가 있으면 거의 대부분 경영진에게 전달됩니다. 이 프로그램은 제 자식과 같고 그 성공에 제가 기여를 한 것은 사실입니다. 하지만 실제 이 프로그램이 만들어져서 굴러가게 만든 사람은 제 상사인 하이디 크룩스입니다. 제 아이디어를 듣자마자 너무 적극적으로 지지를 해주었고 다른 리더들도 이 아이디어의 성공 가능성에 대해 항상 긍정적으로 생각해주셨습니다. 이러한 그들의 수용성 덕분에 환자들과 그 가족들, 그리고 직원들까지 마사지의 혜택을 볼 수 있게 된 것입니다."

직원들에 대한 마사지는 이제 UCLA 웰니스 프로그램의 일부로 포함되었다. 로스는 직원 라운지에서 의자에 앉아있는 직원들에게 마사지를 할 때마다 '항상 누군가에게 주기만 하던 사람들이 자신에게 활력을 주는 작은 보답을 받는 것'이라고 생각한다. 환자나 그 가족들이 마사지를 받을 때의 반응은 거의 일정하다고 그는 이야기한다.

"그들은 약간 기분이 들떠서 애정 어린 배려와 평안을 찾게 됩니다. 가족들은 거의 대부분 많은 스트레스와 걱정에 싸여있는데 마사지를 받는 동안은 단순히 마사지만 받는 것이 아니라 일종의 카타르시스를 느끼는 것 같습니다. 마사지를 받는 동안 많은 이야기를 하는데 종종 약간 울기도 하면서 불안 같은 것들을 덜어내는 것 같습니다. 개인적으로 아주 보람 있는 경험입니다."

이 프로그램이 재정적으로도 성공을 거두었고 많은 인기를 끌고 있다는 사실 외에도(마사지 치료 서비스는 환자들이 입원하면서 받는 매뉴얼에 포함되어있다) 리더들은 환자들이 서비스에 불만을 표시할 때 애정 어린 배려를 보여줄 수 있는 유용한 도구를 하나 얻게 되었다. 로스의 프로그램을 통해 마사지를 받을 수 있는 쿠폰이 모든 UCLA 산하 병원의 관리자들이 이용하는 서비스 회복 키트에 항상 포함되었기 때문이다.

즉, 관리자들은 이 쿠폰을 UCLA의 서비스에 불만을 가진 환자나 그 가족들에게 제공할 수 있다. 로스의 프로그램은 시험 단계에서부터 시작하여 환자와 그 가족들, 모든 직원들, 그리고 리더들에게도 유용한 병원 전체 차원의 자원이 된 것이다.

직원들이 제안한 훌륭한 아이디어가 있을 때, 처음에는 리더들이 그 아이디어를 지지해주어야 하지만 마지막에 가서는 그 아이디어가 리더를 포함한 전체 조직을 지지해주게 된다.

> **Check Up** 당신의 기업은?
>
> - 직원들이 혁신적인 아이디어를 제안하는 것을 편안하게 느끼는 환경을 제공하고 있는가?
> - 직원들의 최근 제안 중에서 가능성이 보여서 지원을 해준 것은 무엇인가?
> - 직원들이 어떤 프로그램을 고안하였을 때 그 실행 가능성을 평가하기 위한 자료 수집을 얼마나 효과적으로 도와주고 있는가?
> - 직원들이 시작한 초기 단계의 프로그램이 재정적으로 자립할 수 있도록 지원을 해준 적이 있는가?
> - 당신의 기업에는(PAC나 UCLA의 마사지 치료 프로그램과 같이) 조직 전체에 획기적 프로그램들의 개발을 독려하기 위한 예로 사용할 수 있는 프로그램이 있는가?

## 영적 치료

UCLA의 종교 서비스는 아이디어 단계에서 발전하여 전체 병원으로 확산되었던 PAC나 마사지 치료와는 발전되어온 형태가 다르다. 영적 치료 책임자인 카렌 쉬넬 목사는 다음과 같이 이야기한다.

"우리 병원에서 종교는 이미 병원의 모든 부문에 잘 융합되어있습니다. 전문적인 목회 프로그램을 20년 이상 진행해오고 있고, 직원들은 필요하면 언제나 우리를 찾아오고, 환자들에 대한 통합 회진에도 참여하고 있습니다. UCLA는 한 명 한 명의 환자들을 인간으로서 치료하고, 건강을 향상시키고, 고통을 경감시키고, 친절을 베푼다는 숭고한 비전을 가지고 있습니다. 저는 이러한 비전이 우리의 치료자로서의 소명의식을 고취시킨다고 생각하는데 그 치료자는 의사나 간호사일 수도 있고 종교인일 수도 있습니다. 저는 우리 사회가 매우 전문화되어있기 때문에 이와 같은 치료자로서의 역할을 다양한 전문성을 가진 사람들이 다양한 형태로 할 수 있다고 생각합니다. 그렇기 때문에 치료에 있어서 통합적인 접근을 하는 것이 매우 중요합니다. 이제 더 이상 원시 사회에서처럼 어떤 한 사람의 치료자에 의존하는 것은 적합하지 않습니다. 다양한 분야의 치료자들을 다학제 팀의 형태로 모으고 치료를 받는 환자들 각자의 필요에 맞는 맞춤형 치료를 제공할 수 있도록 우리가 기존에 가진 장점들과 혁신의 방향을 조율해 나가야만 합니다."

수년 동안 종교 서비스에 관여하고 있는 직원들은 스스로가 UCLA 치료 팀의 일원으로 자리매김하기 위해서 많은 혁신적인 방식들을 개발하여왔다. 의무기록에 새로운 항목을 추가하여 환자들이 가진 영적 치료 욕구에 대한 자신들의 평가를 기록하고 이를 토대로 다른 의료진들과 협력하여 환자들에게 영적인 지지를 제공할 수 있도록 노력하였다. 유대교 랍비인 펄 바레브는 다음과 같이 이야기한다.

"우리는 항상 우리가 하고 있는 일들을 보다 잘하려고 노력하는 동시에 함께 일하는 의료진이나 환자들의 지속적으로 변화하는 요구에 유연하게 대처할 수 있는 방법을 찾고 있습니다. 사실 우리가 병원의 종교 부문에서 이룩한 혁신들은 의료진이나 환자들과 함께하는 과정에서 대부분 이루어졌습니다. 한번은 이른 아침에 외과로부터 수술에 들어가기 직전의 환자에게 와달라는 요청을 받았습니다. 환자에게 가보니 환자는 가톨릭 신자였고 수술에 들어가기 전에 고해성사를 하려던 참이었습니다. 유대교 랍비로서 그 환자의 고해성사를 받을 수 있는 아무런 권한이 없었지만, 단지 제가 그 자리에 그와 함께 있다는 사실만으로도 그 환자는 어떤 카타르시스를 느끼는 것 같았고 저한테는 영광스러운 순간이었습니다. 저희가 이룬 혁신들은 이렇게 종교들이 가진 공통분모와 인간이 가진 영적 강인함을 토대로 즉흥적으로 이루어진 경우가 많습니다."

이와 같은 즉흥적인 접근방식은 종교 부서에서 만든 '안식일 선물 박스'에도 반영되어있다. 랍비 바레브는 다음과 같이 이야기한다.

"안식일 선물 박스는 유대교 환자들을 위한 저희들의 자원봉사 프로그램의 일환입니다. 유대교의 안식일인 금요일 저녁은 다른 많은 사람들에게도 매우 의미 깊은 날인만큼 아주 좋은 영적 치료의 기회이기에 우리 자원봉사자들은 안식일을 기념하는 선물 주머니를 만들어서 원하는 환자들에게 나누어주고 있습니다. 금요일 오후에 제가 직접 모든 유대교 환자들을 방문하는 것은 불가능하기 때문입니다. 선물을 구입하는 데 사용할 수 있는 예산이 제한되어있기 때문에 안식일의 의미를 잘 살릴 수 있는 것들을 구해서 선물 박스를 만듭니다. 선물 박스에는 양초와 할라빵,[9] 포도주스, 그리고 다른 몇 가지 것들이 들어가는데 이제는 이 지역의 다른 병원에서도 따라 하는 모델이 되었습니다."

쉬넬 목사는 안식일 선물 박스 같은 창의적인 아이디어가 병원의 전임 유대교 원목이었던 랍비 미카 하이먼으로부터 나왔다고 이야기를 한다.

"우리는 매주 금요일 오후 4시 30분에 병원 교회에서 안식일 서비스를 제공하였는데, 랍비 하이먼은 많은 환자들이 오고 싶어도 실제로 그곳에 오지 못한다는 것을 발견하고는 환자들을 직접 방문하는 서비스가 필요하다는 제안을 하였습니다."

대부분의 위대한 혁신은 사실 단순하게 보면 제품이나 서비스를 사용하기 쉽고, 접근하기 쉽게 만든 것에 불과하다. 하지만 이러한 접근성을 높이기 위한 혁신은 많은 기업들을 성공으로 이끌었다.

## 음악 치료

앞의 종교 부문에서 일어난 혁신과 같이 음악치료사와 같은 전문가들도 종종 어떤 특정한 순간에 환자 개인이 가지고 있는 욕구에 관심을 가지는 것을 통해서 환자 진료를 혁신하는 데 일조하게 된다. UCLA에서 음악치료사로 일하는 바냐 그린은 이렇게 이야기한다.

"저는 병동을 돌면서 환자들과 긍정적인 관계를 만들 수 있는 기회를 찾으려고 항상 노력하고 있습니다. 한번은 시술을 받기 싫어서 매우 상심해있는 한 소녀를 보았습니다. 간호사에게 그녀가 지금 어떤 상황인지를 물어보았는데 문제는 그녀와 그녀의 가족들이 영어를 잘 못

---

9) 유태인들이 안식일이나 휴일에 먹는 전통적인 빵

한다는 데 있었습니다. 당장 그녀의 언어를 할 수 있는 직원이 없는 상황이었기 때문에 제가 그녀를 상대해도 괜찮을지 물었습니다. 제가 가방에서 기타를 꺼내자 소녀의 눈이 그 기타에 고정되었고 호기심 어린 표정으로 조용히 바라보고 있었습니다. 조용히 연주를 시작하였고 환자와 그녀의 가족들이 제 연주를 따라 흥얼거리기 시작하였습니다. 저는 노래는 부르지 않았지만 그들이 중동에서 왔다는 것을 알게 되었고 중동 지방 사람들에게 익숙한 음악을 연주하였습니다. 그녀는 제 연주에 완전히 몰입하였고 저에게 친밀감을 표시하였습니다. 그녀에게 친숙한 음악으로부터 시작하여 조금씩 그녀가 알만한 곡들로 범위를 넓혀갔는데, 디즈니의 만화영화 알라딘에서 알라딘과 자스민이 불렀던 '완전히 새로운 세상A Whole New World' 같은 노래를 부르면서는 완전히 그녀와 그녀의 가족들과 하나가 된 느낌이었습니다. 이렇게 환자들과의 만남은 냉랭한 분위기를 깨고 친근감을 가지게 하기 위해서 즉흥적으로 이루어지는 경우가 대부분입니다."

즉흥 연주 수준을 넘어서 바냐는 UCLA 환자들을 위해 음악 녹음을 혁신하는 작업을 진행하고 있다. 바냐는 이렇게 이야기한다.

"몇몇 독지가들로부터 받은 지원금과 일부 기관의 기부를 받아 우리가 연주하는 연주 공간 중 하나에 작은 녹음 스튜디오를 만들기로 하였습니다. 여기에 노트북 컴퓨터와 연결 잭, 녹음된 음악이 저장될 작은 하드드라이브, 그리고 녹음용 소프트웨어가 있습니다. 여기로 와서 함께 놀 수 있는 아이들이 전자드럼이나 수천 가지 소리를 낼 수 있는 키보드 같은 다양한 악기들 중에서 자기가 원하는 악기를 고릅니다. 악기를 다루지 못하거나 심지어는 음악을 전혀 모르는 아이들도 최신 기술의 도움을 받아 함께 참여할 수 있습니다. 실제 이들과 진행한 녹음들을 들어보면 우리도 놀랄 정도입니다. 아이들은 새로운 기술에 흥미를 느껴서 동기부여가 되고 그 과정에서 머리를 많이 쓰게 되면서 실력이 더 늘게 됩니다. 재활치료를 받는 환자들도 드럼을 치는 것과 같은 운동을 통해 도움을 받을 수 있고 음악을 함께하는 이들과 상호작용을 하고 그 과정에서 자신이 맡은 역할을 수행하면서 심리적인 측면에서 도움을 받을 수도 있습니다."

'녹음 스튜디오'를 만든다는 것이 병원에서 흔히 볼 수 있는 일은 아니지만 환자의 경험을 풍부하게 하기 위해서 지속적으로 진화하는 혁신의 과정을 보여준다고 할 수 있다. 핵심적인 것은 고객에 대한 서비스를 혁신하는 과정에는 장애물을 만났을 때 이를 극복하는 임기응변도 필요하고 고객과의 친밀감을 높이기 위한 창의적인 방식을 찾는 노력도 필요하다는 것이다.

### Check Up 당신의 기업은?

- 당신 기업의 제품이나 서비스에 대한 접근성을 높이고 이용을 용이하게 하기 위해서 어떠한 방법을 동원할 수 있는가?
- 직원들이 '안식일 선물 박스'와 같은 형태의 아이디어를 낸 적이 있는가?
- UCLA에서는 직원들이 스스로 만들어낸(음악 치료를 위한 녹음 스튜디오 같은) 혁신 사례들이 자주 내부 커뮤니케이션 채널에 등장한다. 당신은 창의적인 아이디어로 장애물을 극복하고 고객과의 친밀감을 높인 직원들의 사례를 전파하기 위해서 어떤 전략을 적용하고 있는가?

## 직원들을 위한 혁신

환자들에 대한 혁신 중 일부(PAC나 마사지 치료 프로그램의 사례처럼)가 결과적으로 직원들에게도 혜택이 돌아간 것처럼 일부 혁신은 그 반대의 경로를 거치기도 하였다. UCLA에서 이러한 것의 대표적인 예로 처음에 직원들을 위해 시작되었던 리프트 팀 Lift Team 을 들 수 있다. 리프트 팀이 발전되어온 과정은 프로그램 혁신에 대한 중요한 교훈을 줄 뿐만 아니라 직원들을 위한 혁신이 어떻게 결과적으로 고객들의 혜택으로 돌아가게 되었는지를 잘 보여준다.

UCLA는 환자를 이송하거나 환자의 체위를 변경할 때 훈련된 담당 직원들로 이루어진 팀을 투입하기 시작한 최초의 병원들 중 하나였다. UCLA 물리치료실의 책임자인 엘렌 윌슨은 '리프트 팀'이라고 불리는 이 혁신적인 접근에 대해 다음과 같이 이야기한다.

"2004년 당시만 해도 리프트 팀이라는 개념이 매우 생소했습니다. 우리는 간호사들이 환자 이송과 체위 바꾸기 과정에서 상해를 입는 것을 막기 위해서 이 프로그램을 시작하였습니다. 당시 간호사들의 상해율은 상당히 높은 수준이었고 그로 인해 간호사들의 업무만족도 우리의 기대보다 낮은 상황이었습니다. 저는 인사 팀 담당자와 함께 리프트 팀을 구성하는 문제에 대해 연구하기 시작했습니다. 샌 디에고 지역의 한 병원에서 이러한 리프트 팀과 같은 개념의 프로그램이 운영되기 시작했다는 이야기를 듣고 몇몇 컨설턴트들을 만나 우리가 가진 생각을 처음부터 정리해나가기 시작했습니다. 논의가 진행되면서 파일럿 프로그램을 운영해보는 것이 좋겠다는 의견도 제시되었지만 우리는 그냥 곧바로 실행에 들어가기로 하였습니다. 3주 만에 프로그램을 디자인하고, 규정을 만들고, 직원을 채용하고, 이들을 훈련시켰습니다. 실제로 프로그램이 시작되는 데는 약 두 달 정도가 걸렸던 것 같습니다."

엘렌은 리프트 팀을 성급하게 투입함으로써 초래될 수 있는 위험보다 그것을 하지 않아서 발생할 손실이 훨씬 컸을 것이라고 말한다.

"리프트 팀 멤버들은 병원 경험이 전혀 없었습니다. 이 프로그램을 시작하는 데 있어서 가장 큰 비용은 이들에 대한 인건비였지만 간호사들의 상해로 인한 근무 손실, 대체인력 투입 등으로 인해 연간 3만 달러 이상의 비용이 발생하고 있는 상황이었기 때문에 인건비 문제를 감수할 수 있었습니다. 이 프로그램을 시작하고 1년 만에 상해율이 75% 감소하였는데 연간 환자 이송 및 체위 변경과 관련한 상해사고가 40건에서 11건으로 줄어들었습니다."

엘렌은 프로그램 개발 초기부터 '이해 당사자들과의 의사소통'에 주력한 것이 리프트 팀 도입이 성공한 주요 요인이라고 이야기한다.

"우리 팀은 모든 병동의 책임자들을 하나하나 직접 만나서 그들이 어떠한 요구를 가지고 있는지, 어떻게 하면 그들의 요구를 최대한 만족시킬 수 있을지, 언제가 가장 요구가 많은 시간인지를 면밀히 파악하였습니다. 우리의 계획에 반대할 것으로 예상되는 간호 부서 책임자들도 직접 만나서 도움을 요청하였습니다. 이처럼 관련 당사자들이 자신의 의견을 프로그램에 반영할 수 있는 과정을 거쳤기 때문에 프로그램이 시작되는 시점에는 병원 전체의 적극적인 호응을 얻을 수 있었습니다. 물론 프로그램이 완성되어가는 과정에서 문제가 없었던 것은 아니지만 프로그램 자체 진행에 영향을 미칠 만한 문제들은 아니었습니다. 사실 우리가 겪었던 어려움의 대부분은 막연한 불안감이었던 것 같습니다. 검은 유니폼을 입은 건장한 리프트 팀 직원이 중환자실에 들어와서 연약한 환자를 옮기는 것을 그냥 바라보고 있기가 간호사들로서는 불안했을 수 있으니까요. 저희들은 간호 부서와 협조해서 리프트 팀이 환자를 다룰 때는 간호사들이 항상 옆에서 지켜보게 하였습니다. 간호사들의 역할이 직접 환자를 옮기거나 자세를 바꾸는 것에서 환자에게 달려있는 의료 기구들을 관찰하고 그것이 빠지지 않는지, 다른 문제가 발생하지는 않는지를 관찰하는 것으로 바뀐 것입니다."

엘렌은 리프트 팀 프로그램이 단순히 간호사들의 상해를 줄이는 것보다 훨씬 많은 혜택을 가져왔다고 이야기한다.

"리프트 팀은 간호 환경을 보다 안전하게 만들었을 뿐만 아니라 보다 일하기 쉽게 만들어주었습니다. 뿐만 아니라 환자들 입장에서도 상당한 혜택을 보게 되었습니다. 예를 들어 환자들의 자세를 자주 바꾸어주면 욕창이 생길 확률이 현저히 감소하고 호흡기 계통의 합병증이 발생할 확률도 줄어듭니다. 그 밖에도 이 프로그램을 통해서 많은 의학적인 혜택이 환자들에게 돌아갔고 환자들과의 친밀감이 높아지게 된 것도 또 다른 혜택입니다. 팀 멤버들이 두 시간마다 자신이 맡은 병동을 순회하기 때문에 환자들과 자주 만나게 되고 서로 친해지게 됩니다. 우리는 직원들과 환자들로부터 우리 리프트 팀 멤버들의 노고를 치하하는 카드와 편지를 수도 없이 받고 있습니다."

리프트 팀 멤버인 그란벨 테일러는 다음과 같이 이야기한다.

"제가 환자들과 간호사들의 상해를 줄이고 업무 효율을 높이는 데 일조하고 있다고 생각하면 더할 나위 없이 만족스럽습니다."

그의 팀 동료인 스티븐 아놀드가 덧붙여서 이야기한다.

"리프트 팀에서 일할 수 있게 해준 병원 당국에 감사드립니다. 제 스스로 보람 있는 일을 할 수 있는 기회를 가지게 되었고 이로 인해 병원 전체에도 긍정적인 변화를 가져오게 되었습니다."

UCLA의 리더들은 리프트 팀을 만들면서 예상되는 문제들을 분석해서 그 위험을 감수하였지만 과도한 분석을 하느라고 프로그램의 도입을 지연시키지는 않았다. 벤치마킹하고, 전문가에게 자문을 구하고, 어느 정도는 직관에 의존하여 프로그램을 구상하면서 진행 초기부터 계획에 찬성하지 않는 사람들까지 포함한 모든 이해 당사자들의 동의를 구하는 과정을 통해 전국 병원들이 모델로 삼는 프로그램을 탄생시키게 되었다. 리더가 직원들을 위한 혁신 전략을 실행에 옮기면 직원들은 이러한 사실에 감사하면서 그 리더를 본받으려고 한다. 이는 다시 직원들로 하여금 고객들에게 보다 많은 실제적인 혜택을 제공하기 위해 더욱 노력하게 만드는 원동력이 된다.

## 의학교육의 혁신

환자 진료를 혁신하고 의학 발전에 기여할 연구를 수행하는 것이 UCLA의 중요한 사명이기는 하지만 CEO인 파인버그 박사는 다음과 같은 점을 지적한다.

"의과대학이 없었다면 우리 병원은 존재할 수 없었을 것입니다. 우리는 병원 산업을 위해 존재하는 것이 아니라 의과대학 때문에 존재하는 것입니다. 우리 병원이 UCLA 의과대학의 교육 병원으로서 제 역할을 다할 수 있도록 하는 것도 제가 해야 하는 역할입니다. 그렇기 때문에 우리는 치료의학이나 기초의학에서의 혁신뿐만 아니라 의학교육의 혁신을 이루어나가는 데 기여해야 합니다."

UCLA 데이비드 게펜 의과대학의 학생 담당 부학장인 닐 파커 박사는 다음과 같이 이야기한다.

"다양한 배경의 학생들을 입학시키는 저희 의과대학이 전국 10대 의과대학에 들어가기 위해서는 교육 과정의 혁신을 이루어야 합니다. 우리는 병동 회진을 통한 교육을 매우 중요하게 생각하기 때문에 의과대학 1학년부터 환자에 대한 교육을 시작합니다. 의과대학 1학년부터 실제 환자 사례를 가지고 진행하는 소그룹 문제중심학습Problem Based Learning, PBL에 참여하게 되는데 이는 1학년의 해부학, 2학년의 병리학 같은 형식으로 진행되던 전통적인 의과대학 교육과는 매우 다른 방식입니다. 과거에는 의과대학 2년 동안 강의실에서 강의를 듣거나 해부학 실습실에서 사체 해부를 했습니다. 3학년이 되어서 병원 실습을 나가면 그때 처음으로 의사가 환자를 진료하는 것을 볼 수 있었습니다. 하지만 이제 우리는 실제 환자 사례를 가지고 소그룹 토론을 진행합니다. 교과서를 배우고 나서 실제 사례를 접하는 것이 아니라 교과서를 보면서 동시에 실제 사례를 접하게 된 것입니다."

소아과 조교수인 안젤리카 램팔 박사는 의학교육에 대한 이와 같은 실제적이면서 전인적인 접근방식에 따른 교육 과정의 혁신이 학생들의 의견이나 다른 의과대학에서 시도되고 있는 것들을 기초로 해서 이루어지는 경우도 많다고 이야기한다.

"우리가 교육 과정에 적용하고 있는 새로운 시도들 중에 상당수는 학생들로부터 나온 것입니다. 예를 들면 어떤 학생이 저를 찾아와서 의과대학 학생을 소아과 환자와 파트너로 맺어주는 프로그램을 시험적으로 시행하는 의과대학이 있다는 이야기를 했습니다. 그러한 파트너십의 목적은 어린 환자의 경험을 충분히 공감할 수 있는 기회를 가지게 하는 동시에 그 환자의 멘토가 되도록 하는 것입니다. 그 학생은 그러한 프로그램을 우리 학교에서도 시도해볼 수 있는지 물었습니다."

램팔 박사는 UCLA의 소아 진료 책임자인 애미 벌록에게 이에 대한 의견을 묻는 동시에 파커 박사에게도 도움을 요청하였다. 램팔 박사는 그 결과를 다음과 같이 이야기한다.

"그 프로그램을 정규 교과 과정이 아닌 선택 과정에 편성하여 관심 있는 학생들이 선택할 수 있도록 하였습니다."

램팔 박사와 동료들은 이 멘토십 프로그램에 지원하는 의과대학 학생들을 대상으로 각자의 지원 동기가 포함된 지원서를 토대로 평가를 하여 이 프로그램에 적합한 높은 성취동기를 가진 학생들을 선발한다. 이렇게 선발된 12명의 학생들은 다양한 질환을 가진 소아 환자들과 파트너 관계를 맺게 된다. 이 프로그램에 참여하는 환자들의 질환들을 살펴보면 2명의 간이식 환자, 외상 후 스트레스 장애, 우울증, 불안 장애, 염색체 이상, 시각 장애, 그 밖의 다양한 만성 질환들이 포함되어있다. 학생들은 자신의 관심과 배경에 따라 적합한 환자들과 짝을 이루게 되고 프로그램 담당 교수는 멘토 관계를 형성하는 과정을 관찰하면서 필요한 도움을 제공한다.

램팔 박사는 다음과 같이 덧붙여 말한다.

"이들 서로가 서로의 관계를 발전시켜나가는 것을 바라보는 것은 제 자신에게도 놀라운 경험이었습니다. 한 소아 환자는 투석을 하는 환자였는데 그녀의 파트너인 의과대학생과 투석실에서 만나게 되었습니다. 환자의 카테터를 교환해야 했기 때문에 간호사가 학생에게 옆으로 비켜달라고 말했는데 환자아이가 이렇게 이야기했습니다. '아니에요, 그냥 옆에서 볼 수 있게 해주세요. 이 언니는 의사가 될 사람이기 때문에 이런 것을 어떻게 하는지 보고 배워야 해요' 환자와 학생이 서로를 생각하는 마음이 전달되어서 정말 감동적이었습니다. 그 학생은 학교 치어리더로도 활동하고 있는데 환자에게 롤 모델이 되고 있습니다. 어떻게 보면 의대생 언니보다도 병원에 대한 경험이 많을 수 있는 환자아이는 자기 나름대로 그 학생과 공유할 수 있는 것들을 공유하고 있는 것입니다."

교육과 훈련 방식을 혁신하는 것은 모든 기업들에게 매우 중요한 일이다. 오늘날 직원들의 변화하는 욕구와 관심의 범위, 학습 스타일 등을 고려할 때 전통적인 강의식 교육방식에는 많은 변화가 요구된다. 멘토십과 실제 경험을 통한 학습은 오늘날 역동적인 학습 조직에 필수적인 요소라고 할 수 있다.

## 환자들과 함께하는 혁신

UCLA에서 환자들이 함께 참여하여 이루어진 혁신들의 예는 무수히 많지만 지면의 제한 때문에 소아발달 클리닉 책임자인 애미 벌록의 사례만을 소개하고자 한다. 발달 장애를 가진 아이들은 대부분 장기간 병원에 입원을 하고 있어야 하기 때문에 소아발달 클리닉에서는 환자와 가족들의 병원에서의 경험을 더 좋게 만들기 위해 부모들의 적극적인 참여를 유도하는 접근을 하기로 결정하였다. 애미는 다음과 같이 이야기한다.

"우리는 환아 부모 자문위원회의 개념을 적용하였습니다. 대략 네 달 반 동안 우리 부서의 직원들과 함께 어떤 가족을 위원으로 초빙하는 것이 최선일까에 대해서 토의하였습니다. 이곳에 입원하고 있는 다양한 아이들의 입장을 효과적으로 대변할 수 있는 위원 구성을 위해 많은 노력을 한 것입니다."

위원 후보들을 선정한 다음 애미의 팀은 다른 환자 위원회들의 사례를 검토하고, 관련 양식을 만들고, 위원회 규정 초안을 작성한 후, 위원 후보들에게 위원회 참여를 타진하였다.

"우리가 생각했던 후보들 중 95%는 '훌륭하네요. 당연히 참여해야죠!'라고 이야기했습니다. 처음 만나서는 서로 간의 기대치를 설정하고 각자의 역할을 정하였습니다. 그 이후로는 그것들을 계속 발전시켜오고 있습니다."

소아과 환아 부모 자문위원회에 위원으로 참여하고 있는 제니퍼 파인은 다음과 같이 이야기한다.

"우리 위원회와 다른 비슷한 형태의 프로그램과의 중요한 차이점은 우리 위원회는 현재 입원하고 있는 환자들의 경험을 향상시키기 위한 것이 아니라 거의 전적으로 미래의 환자들을 위한 것이라는 점입니다. 우리가 개선하고자 하는 병원 환경이 장기간의 치료를 요하는 환자들이 입원해있는 곳이기 때문에 가장 먼저 했던 일 중 하나가 처음 입원하는 가족들에게 제공할 입원 패키지를 만든 것입니다. 여기에는 간단한 세면도구와 기타 병원에서 처음 며칠을 지내기 위해서 필요한 물건들이 들어있습니다. 아무도 처음에 아이들을 데리고 병원에 오면서 '여기서 한 달 정도 지내야지'라고 생각하면서 오지는 않습니다. 하지만 일단 여기에 오면, 그동안 살던 집과 완전히 다른 환경이라는 것을 알게 되고 어떻게 여기서 지내야 할지 걱정을 하게 됩니다. 세면도구조차 가져오지 않은 경우가 대부분입니다. 그렇다고 아이를 두고 어디를 다녀올 수도 없지요. 이는 매우 고통스러운 경험인데 이 입원 패키지가 부모들이 병원 생활에 어느 정도 적응해서 자신의 물건을 챙길 여유가 생길 때까지 지낼 수 있게 해줍니다. 이 패키지는 우리 병원에 처음 입원하는 모든 가족들에게 무료로 제공됩니다. 이 패키지에는 병원 생활에 대한 정보와 병원과 병원 주변에서 이용할 수 있는 시설들에 대한 정보가 담긴 바인더도 포함되어있습니다. 그 바인더에는 UCLA가 교육 병원이기 때문에 주치의 외에도 전공의와 펠로우, 기타 여러 종류의 의사들이 팀을 이루어서 진료를 한다는 정보도 들어 있습니다. 처음 여기에 와서 이러한 사실을 잘 모르면 왜 여러 명의 의사들이 계속 병실을 찾아오는지 잘 이해하지 못하기 때문에 이를 설명해주는 것입니다. 아이에게 투약되는 약들의 목록을 적을 수 있는 란도 있고 병원에서 제공되거나 스스로 작성하는 모든 문서나 서류들을 모아놓을 수 있는 간지도 있습니다. 사실 작성해야 하는 서류가 아주 많습니다. 또한 아이에게 나타날 수 있는 우울증이나 외상 후 스트레스 장애의 증상을 알려주고 이에 대처하는 방법도 적혀있습니다."

환아 부모 자문위원회의 다른 위원인 리사 벡은 다음과 같이 이야기 한다.

"다른 가족들을 대신해서 병원 환경을 개선하는 과정에 참여할 수 있는 것이 매우 기쁩니다. 제 딸 미란다가 처음 입원했을 때 바인더를 통해서 제공되는 정보의 양에 놀란 기억이 있는데, 이제 앞으로 입원할 환자와 그 가족들의 경험을 보다 나은 것으로 만들기 위한 일에 제가 직접 참여한다고 생각하니 매우 자랑스럽습니다."

> **Check Up**　당신의 기업은?
>
> - 직원들에게 보다 나은 업무 환경을 만들어주기 위한 점진적 혁신 전략에 어떠한 방식으로 노력을 기울이고 있는가?
> - 교육방식에 있어서 어떠한 혁신적인 접근방식을 취하고 있는가?
> - 혁신 과정에 어떠한 방식으로 고객들을 참여시키고 있는가?

혁신이라는 말만 들어도 기가 죽어버리는 리더들이 있다. 이들은 그 날그날 벌어지는 일들을 처리하면서 사업을 성장시키기 위해 동분서주하고 있는 경우가 대부분이다. 궁극적으로 혁신은 아이디어를 실제 행동으로 옮겨야만 이루어지는 경우가 많다. UCLA의 리더들이 지적 호기심을 추구하는 것이 권장되고, 아이디어들이 풍부하게 공유되는 조직문화의 혜택을 본 것은 사실이지만, 더 중요한 것은 이들 리더들이 직원들의 참여를 촉진하는 기업 구조를 만드는 데 많은 노력을 기울였다는 점이다. UCLA에서 직원들이 이루어낸 수많은 혁신들을 가능하게 만든 것은 바로 이 구조적 시스템이라고 하겠다.

알버트 아인슈타인은 획기적인 발명을 하는 데 있어서 구조화된 과정의 중요성에 대해서 '혁신은 그 결과물은 논리적인 구조를 가지고 있지만 결코 논리적인 사고의 산물이 아니다'라고 이야기했다. 일단 좋은 아이디어가 나타나면 위대한 리더들은 그 아이디어를 기회로 보고 그 아이디어를 통해서 얻을 수 있는 최선의 것을 얻으려고 하는 창업자 정신을 발휘하는 것이다.

다음 장에서는 누구나 알고 있는 경영의 원칙들에 충실함으로써 UCLA가 이룬 성과들을 살펴보기로 한다. '환자를 위해 모든 것을 쏟아라' '실수가 발생할 틈을 남기지 말라' '최고의 자리에 안주하지 말라' '주도적으로 미래를 창조하라'는 원칙을 준수함으로써 UCLA는 서비스의 탁월성으로 세계적으로 존경받는 브랜드를 구축하였다. 또한 고객들에게 다른 곳에서는 찾아볼 수 없는 서비스를 경험하게 함으로써 재정적인 이익은 물론 사회적인 명성도 이룩하였고, 이를 통해 '최고의 서비스는 기업을 살찌운다'라는 마지막 원칙을 구현해 내고 있다.

### 실천을 위한 요약

- 당신의 리더십이 미치는 영향을 당신이 들인 노력의 양과 그 노력이 영향을 미치는 범위의 곱으로 계산해보라.
- 기업의 장기적인 성장에 점진적 혁신이 중요하다는 사실을 얼마나 강조하고 있는지 평가해보라.
- 직원들에게 적절한 수단을 제공하고 아이디어 생산과 프로그램 개발 과정을 직접 관할할 수 있는 조직 구조를 구축함으로써 권한 위임을 시행하라.
- 가능성이 보이는 사업 제안에 대해 지속적으로 '그래요, 한번 해봅시다' 라는 접근방식을 취해보라.
- 직원들로 하여금 새로운 프로그램의 성공 가능성을 입증하고 빠른 시간 안에 재정적으로 자립할 수 있도록 독려하라.
- 고객 경험 향상을 위한 토론에서 접근성과 이용의 용이성 측면을 잊지 말라.
- 고객 중심의 혁신을 지속적으로 커뮤니케이션할 수 있는 전략을 개발하라.
- 발명과 혁신을 구분하라.
- 장애 요소를 극복하고 고객과의 친밀감을 높이는 과정에서 즉흥적인 대응을 장려하라.
- 혁신을 위해서는 직원들의 욕구도 충족시키고 변화하는 학습 스타일에 맞추어서 교육방식도 바꾸어야 한다는 사실을 인식하라.
- 혁신 과정에 고객을 참여시킬 수 있는 시스템을 구축하라.

다섯 번째
원칙

# 최고의 서비스는 기업을 살찌운다!

Service Serves Us

chapter 10
# 최고의 서비스 경험에는 보상이 따른다

여기까지 읽은 독자들은 이렇게 질문할지도 모르겠다. '좋아요, 내가 산업의 미래를 바꿀 혁신을 이루고, 항상 일정한 최고의 서비스를 제공해서 고객의 경험을 향상시키고, 안전을 중시하는 문화를 만들고, 지속적으로 서비스의 질을 향상시켰다고 해봅시다. 그런데 이런 모든 것들이 우리 회사의 성공을 위한 가장 근본적인 요소인 고객 충성도에 어떤 영향을 미치는 거죠? 그리고 그게 지속 가능한가요?'

결론부터 이야기하자면 이제까지 살펴본 상품과 서비스의 혁신을 위한 UCLA의 세심한 노력은 실제 재정적, 경영적 성과로 연결되었다. '최고 수준의 서비스'를 제공하기 위한 UCLA의 다차원적인 접근은 최고의 고객 경험을 위한 투자가 어떠한 결과로 연결되는지에 대한 생생한 사례라고 할 수 있다.

많은 리더들이 고객 경험을 향상시키는 것이 중요하다고 생각하지만 많은 경우 실제 그들 회사가 제공하고 있는 고객 경험의 질에 대해서 과대평가하는 경향이 있다. 일부 연구에 의하면 CEO의 80%는 자신의 회사가 고객에게 최고의 경험을 제공하고 있다고 생각하고 있지만 자신이 최고의 경험을 제공받았다고 생각하는 고객은 고작 8%에 불과하다고 한다. 대부분의 리더들은 이와 같은 인식의 차이에도 불구하고 적어도 자신들의 서비스 환경을 개선하려는 의지를 가지고 있다. 사실 고객들에게 최고의 경험을 선사하고 싶지 않은 회사가 어디 있겠는가? 실제로 최고 수준의 고객 서비스를 제공하고 있는 리츠칼튼 호텔의 CEO인 사이먼 쿠퍼조차도 직원들이 '고객 경험의 극한'을 위해서 노력하고 있고, 또한 그 극한을 넘어서 새로운 기준을 만들도록 지속적으로 독려하고 있다고 이야기한다.

컨설턴트로서 나는 그동안 만난 CEO들이 '고객들의 경험을 향상시키고 싶습니다'라고 이야기하는 것을 듣고 있으면 마치 미인대회 참가자들이 '저는 세계 평화를 이룩하고 싶어요'라고 이야기하는 것처럼 들리곤 했다. 둘 다 상투적인 공자님 말씀이라 아무도 거기에 대해 반대하지 않는다. 누가 세계 평화와 보다 나은 서비스 제공에 반대하겠는가? 문제는 이를 정말로 실행할 수 있느냐이다. 실제 고객 경험을 향상시키고자 하는 의도를 가진 리더들 중 많은 수는 고객 경험 향상에 투자하면 사업이 번창한다는 데 대한 믿음이 부족하기 때문에 효과적인 서비스 전략을 도입하는 데 실패한다. 이들 리더들은 고객이 서비스를 이용하는 모든 접점에서 고객의 경험을 향상시키는 것이 중요한 것이라는 사실은 인정하지만 이에 투입되는 비용이 실제 매출 증가나 기업의 성장으로 이어질지에 대한 확신이 없는 것이다.

이 장과 다음 장에서는 '최고의 서비스는 기업을 살찌운다' 라는 UCLA의 마지막 원칙에 대해 다룰 것이다. 이와 관련하여 UCLA의 사례를 통해 내가 고객 경험 대비 수익Return on Experience, ROE이라고 부를 개념에 대해 설명하고자 한다. UCLA는 일관된 서비스와 환자 경험의 향상을 위해 광범위한 투자를 해왔으며 이 장에서는 이러한 투자를 통해 UCLA가 얻은 다음과 같은 이익ROE들에 대해 살펴볼 것이다.

· 수익성 향상
· 고객 충성도 및 의뢰의 증가
· 팀을 통한 공동의 목표 달성
· 직원들의 사기 진작, 이직 감소, 취업 희망자 증가
· UCLA 프로그램들에 대한 지역사회의 강력한 지지

다음 11장에서는 이러한 것들 이외에 브랜드 가치의 제고, 지속 가능한 성장과 같은 현재 UCLA가 향유하고 있고 여러분의 기업에서도 실현될 수 있는 추가적인 ROE에 대해서 기술할 것이다.

내가 컨설턴트로서 막 일을 시작하였을 당시에 한 병원의 이사회에서 병원의 미션을 실현하고자 하는 병원 원장과 재무적 성과를 중요시하는 이사들이 열띤 토론을 벌이던 장면을 지금도 생생하게 기억한다. 그 병원 원장은 병원의 전 부문에 걸쳐서 고객들의 경험을 측정하고 이를 개선할 수 있는 프로젝트에 대한 투자를 승인해줄 것을 이사회에 요청하였는데 고객 경험을 향상시키는 것이 병원의 사명을 달성하는 데 도움을 줄 것이라는 논리였다. 이 제안은 일언지하에 부결되었

는데, 그 이유는 이사들이 이구동성으로 "이익이 나지 않는 곳에 우리 병원의 미션은 존재하지 않습니다."라고 말했기 때문이다. 그 이후로도 여러 곳에서 이 말을 수도 없이 듣고 있기 때문에 먼저 ROE를 통해 실제 수익이 창출된다는 것을 보여주고자 한다.

## 서비스 경제학 - 고객들의 입소문과 수익성

1981년 모리스 홀브룩과 엘리자베스 허쉬만은 제품이나 서비스의 마케팅과 판매에 있어서 감정적 경험의 중요성에 대한 논문을 발표하였다. 이 개념이 이후 많은 호응을 얻으면서 1999년 제임스 길모어와 조셉 파인은 《경험경제 : 일은 연극이고 모든 사업은 무대이다The Experience Economy; Work is Theatre and Every Business a Stage, Harvard Business Press, 1999》라는 책을 발간하였다. 책의 제목이 암시하듯이 길모어와 파인은 우리가 새로운 경제의 시대에 진입하였음을 선언하고 있다. 농업경제 시대가 산업화 시대로 대치되었듯이 길모어와 파인은 우리가 고객들이 단순히 거래나 서비스를 얻으려고 하던 시대에서 자신의 감정에 적합한 경험을 추구하고자 하는 시대로 접어들었다고 주장하였다. 나의 책 《스타벅스 경험The Starbucks Experience》에서도 이야기했던 스타벅스 사례를 통해 길모어와 파인은 서비스 자체에 초점을 맞추던 과거의 관점(편의점에서 판매되는 커피, 한 잔당 1달러)에서 벗어나 감정적으로 적합한 무대와 같은 환경(감정적으로 평안함을 느낄 수 있는 집안 거실과 같은 환경에 곁들여지는 커피, 한 잔당 4달러)을 제공함으로써 매출을 증대시킬 수 있음을 보여주었다.

하지만 길모어와 파인이 보여준 이러한 사례들에도 불구하고, 실제 최고의 서비스를 지향하는 전략을 채택한 기업들이 재무적인 성과를 얻는다는 연구 결과들이 축적되기까지는 많은 시간이 걸렸다. 초기의 연구들은 다수의 사례들을 통해서 서비스의 일관성과 적합한 고객 경험 창출이 차별화된 브랜드 구축과 이익률 증가와 관련이 있다는 것을 보여주었다. 이후 많은 실증 연구들을 통해서 고객 경험 이론을 주창한 이들의 개념이 검증되었는데 주요한 결과들을 살펴보면 다음과 같다.

- 경기가 좋지 않을 때도 보다 나은 서비스 경험에 따르는 추가적인 지불을 한다.
- 상품 자체의 문제로 재구매를 하지 않는 고객은 14%에 불과하다.
- 직원들에게 제대로 대우받지 못한 고객 중에 68%는 고객 관계를 단절한다.
- 고객들과 기능적, 감정적 유대관계를 맺는 데 성공한 기업들은 그렇지 않은 기업들에 비해서 높은 고객유지율(84% 대 30%)과 교차판매율(82% 대 16%)을 보인다.
- 평균적인 고객 가치는 그 고객의 최초 구매액의 10배 정도이다.
- 새로운 고객을 유치하는 데는 기존 고객을 유지하는 데 드는 비용의 6배 정도가 든다.
- 서비스의 질이 낮은 기업들은 이익률과 시장점유율이 매년 각각 1%, 2%씩 감소한다.
- 서비스의 질이 높은 기업들은 평균 이익률이 12%에 달하고 매년 6%씩 성장한다.

이와 같은 맥락에서 스티브 다운턴, 힐브랜드 러스테마, 얀 반 빈은 자신들이 쓴 《서비스 경제학 Service Economics》을 통해서 오라클로부터 지원을 받아 3년 동안 진행한 서비스 산업에 대한 그들의 연구 결과를 보여주고 있다. 이 연구의 목적은 효과적인 서비스 경험 전략을 밝히고 최고의 서비스 환경이 실제로 재무적인 성과를 창출하는가를 검증하는 것이었다. 저자들에 따르면 최고의 서비스에 가치를 두는 전략을 성공적으로 시행한 회사들의 연평균 성장률은 20~40%에 이르렀다. 영업사원의 역할을 확대하여 고객들에 대한 단순한 거래 담당자가 아닌 신뢰감을 주는 조언자로 기능할 수 있도록 해주었을 때 20% 정도의 매출 증가를 달성할 수 있었고, 고객 경험을 효과적으로 향상시킴으로써 고객 충성도를 5% 증가시켰을 때 이익의 증가는 25% 이상이었다.

이러한 연구 결과들은 고객들의 경험을 향상시키는 데 투자하는 것이 현명한 결정이라는 것을 보여주고 있다. 하지만 일부 애널리스트들은 이와 같은 결과들을 의료 부문에 적용하기 어렵다는 주장을 하기도 한다. 존 굿맨과 다이안 워드는 자신들의 저서 《환자 안전과 의료의 질 Patient Safety and Quality Healthcare》에서 이와 같은 의료 부문과 비의료 부문 사이에 흔히 이야기되는 차이에 대해서 설명하고 있다.

대부분의 산업에서는 고객에 대한 서비스를 향상시키면 고객 충성도와 매출이 증가하여 회사의 재무적 건전성이 향상된다는 사실을 이미 받아들이고 있다. 하지만 의료 부문에서는 다음과 같은 몇 가지 이유에서 이러한 개념을 받아들이기를 주저하고 있다.

- 고객들은 그들이 아플 때만 서비스를 이용하기 때문에 전통적 개념의 충성도를 적용하기 어렵고 대부분 병원의 관리자들은 환자들이 자신의 주치의가 추천한 병원으로 간다고 믿는다.
- 거의 모든 고객들이 의료보험을 가지고 있기 때문에 가격에 별로 신경을 쓰지 않으며 그렇기 때문에 최고, 최신 시술만을 원한다.
- 의사들은 의학적 진료에만 신경을 쓸 뿐 전통적인 고객 서비스와 행정 서비스 부문(입원실, 식사, 의료비 청구, 서류 처리 등)에는 별다른 신경을 쓰지 않는다.
- 의사들은 최고의 의료만 제공된다면 서비스의 수준이 떨어져도 상관이 없다는 생각을 가지고 있다.

굿맨과 워드는 자신의 회사에서 수행한 의료 부문에 대한 연구 결과를 통해 이러한 주장들이 틀렸음을 입증하고 있다. 이들의 연구 결과 중 가장 흥미로운 부분은 환자들의 충성도를 결정하는 데 의사들이 제공하는 진료만큼이나 다른 직원들에 의해서 제공되는 서비스 경험이 중요하다는 사실이다.

환자들 자신이 경험한 서비스에 대한 구전 효과 역시 의뢰를 하는 주치의만큼이나 다른 환자들의 병원 선택에 중요한 영향을 미쳤다. 사실 주치의들이 자신의 환자를 어느 병원으로 의뢰할지에 대한 결정 자체가 그들이 의뢰한 환자들의 경험에 많은 영향을 받았다. 또한 굿맨과 워드는 '환자 경험의 향상을 통해서 최고재무책임자와 의사 양측이 모두 받아들이고 인정할 수 있는 가시적인 재무적 성과와 위험 감소를 보여줄 수 있었다. 환자들과 그 가족들의 불만을 파악하여 이를 효과적으로 처리함으로써 환자만족도를 획기적으로 향상시킬 수 있었으며 이에 따른 위험 비용을 감소시킬 수 있었다'라고 언급하고 있다.

UCLA가 이룩한 환자만족도의 획기적인 향상과 이에 상응하는 수익의 증가는 굿맨과 워드가 이야기하는 연구 결과들과 길모어와 파인이 주장하는 경험경제의 관점을 증명하는 사례라고 하겠다. 의료 분야이든 비의료 분야이든 고객만족은 근본적으로 회사의 이익은 물론 장기적인 성공과 직결된다. 이제 여러분 회사의 ROE는 어떤지 따져볼 시점이다.

## 재무적 성과 – 그 중심에는 서비스가 있다

UCLA 영상의학과의 행정책임자인 브렌다 이지는 영상의학과에 있어서 서비스와 수익의 상관관계를 명확하게 파악하고 있다.

"우리 과는 재무적으로 가장 성공적인 해를 보내고 있고 내년에는 더 좋아질 것으로 예상합니다. 지난 5년 동안 많은 민간 영상의학센터들이 문을 닫은 반면 우리는 촬영이 지속적으로 증가하고 있습니다. 저는 이러한 성과가 환자들로 하여금 더욱 좋은 경험을 하게 만들고 그들의 접근성을 향상시킨 데서 직접적으로 기인한다고 생각합니다. 물론 방사선 검사의 질을 향상시키려는 노력은 항상 하고 있지만 그것보다 서비스의 중요성에 대해 더욱 인식하고 있습니다. 환자들의 경험을 향상시킴으로써 환자들뿐만이 아니라 검사를 의뢰하는 의사들로부터도 호응을 얻고 있습니다. 서비스에 대한 우리의 의지를 잘 보여주는 것 중의 하나가 교육이라고 생각합니다. 우리는 우리 직원들

뿐만 아니라 소방관처럼 응급상황에서 방사선에 노출될 가능성이 있는 사람들에게도 교육을 제공하고 있습니다. 이들에 대한 연례 교육 프로그램에 우리 과가 참여하고 있습니다. 그 외에도 전화 응답을 가능한 빠른 시간에 하고 전화를 받지 못하는 경우를 줄이기 위해서 노력하고 있습니다. 고객들의 요구에 항상 귀를 기울이고 그동안 발견하지 못했던 기회가 포착되면 새로운 시도를 통해서 그 기회를 잡으려고 노력합니다. 새로운 시도가 실패하면 다시 이전으로 돌아가 다시 새로운 기회를 기다립니다. 리더십의 관점에서 보면 우리는 고객들에게 적합한 경험을 제공하기 위해서 우리가 편안하다고 느끼는 수준을 뛰어넘어야 합니다."

영상의학과는 환자 경험의 향상과 전례 없는 재무적 성과가 확실한 상관관계가 있음을 보여주고 있지만 이러한 결과를 UCLA의 다른 부문에서도 찾아볼 수 있을까?

UCLA의 최고재무책임자인 폴 스태턴은 서비스에 집중하는 것이 병원 전체의 재무적인 성과에 긍정적으로 기여하고 있다고 믿고 있다.

"재무적인 성과에 영향을 미치는 요인들은 매우 많기 때문에 재무적 성과의 원인을 이야기할 때는 주의해야 합니다. 하지만 서비스 수준을 향상시키려는 열정이 재무적 성과의 주요한 원인인 것은 분명하다고 생각합니다. 2000년대 초반만 해도 우리는 겨우 적자를 면하는 정도였습니다. 아주 어려운 시절이었습니다. 몇 년이 지난 다음에 경영진이 교체되고 나서 완전히 새로운 전략을 시행하였습니다. 이러한 전략에는 비용 구조를 조정하고 인력 수요를 보다 효과적으로 예측하는 것과 같은 재정적 측면도 포함되어있었지만 핵심은 고객에 대한 서비스를 향상시키고 고객만족을 증가시키는 것이었습니다. 이러한 전략이 궁극적으로 우리의 재무 성과가 개선의 길로 들어서게 만든 것입니다. 고객에 대한 서비스와 환자 경험 향상이 만족도 증가와 열광적인 환자들의 반응으로 연결되었습니다. 고객만족의 증가가 높은 치료 성적과 비용 조정과 맞물려서 우리가 의료보험 회사들과 협상을 할 때 보다 유리한 계약 조건을 관철시킬 수 있게 만들어주었습니다. 우리와 관계를 맺은 고객들이 우리의 명성을 더욱 강화시켜주었고 구전을 통해서 보다 많은 의뢰를 받을 수 있게 되었습니다."

폴은 효과적인 비용 조정이 가능한 인프라와 기존 고객의 기대를 뛰어넘는 서비스 제공, 높은 치료 성적과 감성을 자극하는 경험을 통한 의뢰 증가 등을 통해서 병원의 유기적인 성장이 이루어질 수 있다고 말하고 있다.

CEO인 파인버그 박사는 상관관계와 원인결과의 관계가 다르다는 것을 감안하더라도, UCLA에서 서비스 수준 향상과 수익률 향상이 동시에 나타난 것에는 우연의 일치 이상의 무엇인가가 있다고 믿고 있다.

"환자들은 적시에 적절한 치료를 받으면서 의료진과 의사소통하는 데 아무런 문제가 발생하지 않게 되었습니다. 우리가 그동안 달성한 이와 같은 환자만족도의 극적인 향상을 그래프로 표시하면 우리의 수익률 증가 그래프와 정확하게 일치합니다. 서비스 수준의 향상과 환자만족도의 증가를 위해 투입된 비용은 그로 인한 병원의 경제적 이익과 비교하면 극히 미미한 수준입니다. 더 중요한 것은 환자들에게 정서적으로 다가가고 환자 한 명 한 명의 상황을 고려한 환자 중심 진료를 제공함으로써 더욱 많은 의뢰를 받게 되었고 그를 통해서 새로운 환자들을 우리 고객으로 만들 수 있게 되었습니다. 하지만 여기서 만족하지는 않습니다. 대학병원 수준에서 가장 높은 환자만족도를 기록하고 있지만 여전히 개선을 통해서 환자들에게 감동을 줄 수 있는 부분이 많이 남아있습니다. 이러한 것들이 모두 달성된다면 저는 모든 마케팅 활동을 중지할 예정입니다. 환자와 환자 가족들이 우리가 하는 마케팅 활동보다 훨씬 나은 활동들을 대신할 테니까요."

서비스와 환자들의 경험을 향상시키는 데 초점을 맞춤으로써 UCLA는 고객만족도를 획기적으로 향상시킴과 동시에 막대한 수익의 증가를 이룩하였다. 앞으로 개별 병원의 환자 안전과 의료 서비스의 질, 환자만족도를 비교한 자료(현재 이들 자료들은 웹사이트를 통해 확인할 수 있다)들이 고객들이 더욱 이용하기 편한 형태로 제공될 것이다. 이와 같은 의료 서비스의 질과 환자 경험 측정치가 의료기관이 진료비를 지불받는 기준으로 활용되어야 한다는 주장도 점차 설득력을 얻고 있다. 이처럼 고객의 선택과 수익, 그리고 고객의 만족도를 연관시켜서 생각하려는 경향은 더욱 증가할 것이다.

다른 비의료 부문과 마찬가지로 의료 부문에서도 40% 이상의 고객들은 이미 인터넷이나 SNS를 통해서 병원들에 대한 정보를 얻고 있고 이들 중 60%는 이러한 검색을 통해서 얻은 정보를 실제 의사나 병원을 선택하는 데 이용하고 있다. 트위터나 페이스북, 기타 블로그 등에 의료 관련 정보가 급속도로 증가하고 있으며 이러한 정보들은 환자들에게 유용하게 이용되고 있다.

당신의 회사가 제공하는 서비스 수준이 어떤지 알고 싶다면, 그 서비스를 이용한 고객들이 인터넷에 올린 정보를 토대로 향후 고객들이 어떤 결정을 내리는지를 관찰해보면 될 것이다.

> **Check Up** 당신의 기업은?

- 경험경제에 대한 길모어와 파인의 견해를 당신의 사업에 어떠한 형태로 연결시킬 수 있는가? 경험경제를 지지하는 연구 결과들에서 어떠한 통찰을 얻을 수 있는가?
- 당신의 회사에서 '경험'이 아닌 '서비스'를 제공하고 있는 요소는 없는가?
- 모든 고객들이나 혹은 특정 고객들에게 제공하고자 하는 감정적으로 적합한 경험을 도출한다고 할 때, '궁극적인 고객 경험'을 어떻게 기술하겠는가?
- 당신 회사의 고객 경험 대비 수익률 ROE을 측정하고자 할 때 매출, 성장률, 고객 유지율, 교차판매 중 어떠한 것을 성과지표로 이용하겠는가?
- 효과적인 비용 조정이 가능한 인프라, 기존 고객의 기대를 뛰어넘는 서비스 제공, 최고의 서비스와 감성을 자극하는 경험을 통한 의뢰 증가에 당신 회사의 성장이 좌우된다고 생각하는가? 그렇게 생각한다면 어떤 측면의 개선이 가장 중요하다고 생각하는가?

## 팀을 통한 공동 목표 달성

직원들에게 서비스의 중요성과 다른 사람들로 하여금 긍정적인 경험을 하도록 하는 것의 필요성을 지속적으로 강조하다보면, 의도하지는 않았지만 자신이 아닌 다른 사람에 초점을 맞추는 행동을 통해서 팀 구성원들을 하나로 모으고 팀 내에 존재하던 작은 갈등 같은 것들을 해소하게 되는 유익한 결과를 낳는 경우를 흔히 볼 수 있다.

UCLA 마텔 어린이병원의 임상 부문 디렉터이자 소아외과 과장인 제임스 애킨슨 박사는 직원들로 하여금 개인의 문제보다 서비스에 우선순위를 두도록 유도함으로써 나타나는 긍정적인 결과에 대해 잘 이해하고 있다.

"옛날 병원에서 새로 신축한 로널드 레이건 UCLA 메디컬센터로 이전하는 작업의 책임을 맡게 되었습니다. 똑똑하고 의욕이 넘치는 의사들과 직원들, 각 과의 과장들, 병원의 리더들이 각자 자신들의 의견을 저에게 피력하기 시작하였습니다. 처음에 우리를 지배했던 생각은 사실 막연한 두려움이었습니다. 많은 사람들이 '새 병원에서 현재 내가 진행하고 있는 프로그램을 진행할 수 있는 공간을 확보하기 어려울 거야'라거나 '거기서 도대체 어떻게 일하지? 내가 일하게 될 장소는 회복실 혹은 수술실에서 너무 멀어'라고 생각하고 있었습니다. 일부는 물건들을 보관할 수 있는 공간이 너무 적다거나 환자 병실에 배식을 하는 데 많은 문제가 있을 것이라는 생각을 하고 있었습니다. 공간 문제에 대한 논의가 시작되는 시점에 이미 많은 사람들이 120만 평방피트(약 11만 1400평방미터, 약 3만 3600평)나 되는 건물이 너무 작다는 의견을 내놓고 있는 것이었습니다."

이러한 저항에 직면하면서 애킨슨 박사는 관련 당사자들에게 새 병원의 공간 구성과 디자인에 스며있는 환자 중심적 요소에 대해 설명하기 시작하였다.

"환자들이 보다 편안하게 진료를 받을 수 있도록 건물의 효율을 높이는 데 막대한 투자가 이루어졌다는 사실을 많은 구성원들이 모르고 있었습니다. 고객 관점의 디자인을 새 병원 공간에 반영하기 위해서 과거 병원보다 직원들 개인 공간이나 의료진들 공간이 축소된 것인데 여기에 많은 사람들이 불만을 제기하였습니다."

이 문제를 다루기 위해서 애킨슨 박사는 진료 및 행정 부서의 리더들을 모두 불러 모아서 보다 나은 환자 경험을 제공할 수 있는 공간을 만드는 게 우리가 해야 할 가장 중요한 일이라는 것을 인식시키고 이러한 공동의 목표를 위해서 각자의 의견들을 조율해보자는 제안을 하였다.

"모든 구성원들이 공통의 목표에 대한 인식이 생기게 되니까 그동안 제기하던 개인적인 불편에 대해서는 더 이상 문제 제기를 하지 않았습니다. 모두 과거 병원에서 어땠다는 생각에서 벗어나 새 병원에서 어떻게 하는 게 최선일까 라는 생각을 하게 되었습니다. 그러한 과정을 거치고 나서 우리들은 옛날 병원의 서비스보다 더 나은 서비스를 제공할 수 있도록 새 병원의 특성을 최대한 활용한 프로세스와 동선을 만들 수 있었습니다."

애킨슨 박사는 500명의 의사들과 간호사들, 그리고 환자들과도 환자 경험에 중점을 둔 공간 관련 토론을 진행하였다. 이러한 토론을 통해서 구성원들로 하여금 그들이 그동안 해오던 진료와 업무 패턴들을 되돌아보고 옛날 병원에서 당연하게 여겼던 것들에 대해서 다시 한 번 생각해보도록 하였다.

"우리가 현재 이룩한 여러 성과들을 달성하기 위해서 이렇게 병원 전체를 옮기는 대규모 프로젝트를 권할 수는 없겠지만, 이를 통해서 우리가 가지고 있던 고정관념들을 허물고 진정으로 환자를 위한 대안이 무엇인지를 다시금 돌아보게 되었다고 생각합니다. 우리가 불편을 느끼지 않는다는 것이 환자를 위해서도 최선이라는 것을 의미하지는 않습니다. 우리가 느끼는 편안함이라는 것은 그러한 프로세스들이 진료를 제공하는 우리에게 최선이 되도록 구성되어있다는 것을 의미합니다. 모든 프로세스들을 보다 나은 서비스와 진료를 제공할 수 있는지의 관점에서 바라보게 되면서 기존 관행들을 파괴하고 진보를 이끌어낼 수 있었던 것입니다."

실제 환자들의 이동은 정해진 일정보다 일찍 완료되었는데 총 일곱 시간에 걸쳐서 중환자와 일반 환자 모두를 이동식 중환자 유닛, 셔틀, 구급차 등을 이용하여 이동시켰다. 한 환자를 이동시키는 데 소요된 평균시간이 2분 정도였다는 사실은 이동이 매우 효율적으로 이루어졌음을 보여준다. 이동 과정에 대한 환자들의 평가도 매우 긍정적이었다. 새 병원으로 처음 이동된 소아 환자는 11세의 미란다 벡이었다. 미란다는 UCLA 로고가 새겨진 운동복 상의를 입고 마스크를 쓴 채 엄마 리사와 함께 앰뷸런스를 타고 새 병원에 도착하였다. 리사 벡은 다음과 같이 이야기한다.

"아주 세심한 부분까지 신경을 쓰면서 모든 직원들이 친절하게 이동 과정을 챙기는 모습은 미란다가 18개월 동안 UCLA에 입원해있으면서 보아왔던 바로 그 모습과 하나도 다르지 않았습니다."

미란다는 자신의 이송 과정을 간단명료하게 '감동이었어요!' 라는 한 마디로 요약하였다.

 새로운 건물로 이동하는 대규모 프로젝트를 기획하고 실행에 옮기는 과정에서 환자들은 감동을 받고 직원들은 한 치의 오차도 없이 조직적으로 협동하게 될 때, 고객 중심의 서비스 마인드를 강조하는 것이 가지는 장점이 명확해진다. 효과적인 리더십은 팀원들을 규합하여 자기중심적인 생각에서 벗어나 다 함께 보다 큰 목표를 향하게 함으로써 더욱 큰 성취를 이룰 수 있게 한다. 기업을 이끄는 리더들은 누구라도 고객들에 대한 보살핌과 고객의 평안을 모든 구성원들을 하나로 모으는 목표가 되게 할 기회를 가지고 있다.

## 서비스는 직원들의 정신을 살찌운다

고객만족의 상당 부분은 직원들 스스로 만족하고 열심히 일하는 환경을 얼마나 잘 만들 수 있는가에 달려있다는 것을 증명하기 위해서 기업의 리더들은 많은 시간과 노력, 그리고 돈을 투입하였다. 갤럽연구소의 존 플레밍과 짐 애스플런드가 쓴 《휴먼 시그마 : 직원과 고객의 만남 관리 Human Sigma: Managing the Employee-Customer Encounter, Gallup Press, 2007》 같은 책을 보면 일정 수 이상의 직원들이 자신의 업무에 몰입하는 기업들이 그렇지 않은 기업들에 비해서 주당 수익이 2.6배 높다는 사실을 보여주고 있다. 플레밍과 애스플런드는 갤럽의 동료들과 함께 이러한 이익의 증가가 전 세계 어느 업종에나 적용될 수 있다는 사실도 보여주었다.

대부분 기업의 리더들은 직원의 업무 몰입과 수익의 관계에 대해 잘 알고 있지만 그들 직원들의 업무 몰입을 확보하는 데 '서비스'와 '경험'이 중요한 역할을 한다는 사실을 간과하는 경우가 많다. 갤럽에서 개발한 직원들의 업무 몰입 측정도구(Q12)를 살펴보면 직원의 업무 몰입에 영향을 미친다고 알려진 많은 요소들이 리더들이 직원들을 대우하는 방식이나 고객에 대한 서비스를 통해서 직원들이 얻게 되는 이익에 직접적으로 관련되어있다는 사실을 알 수 있다. 예를 들면

Q12의 문항들은 자신의 상사가 자신에게 어느 정도 관심을 가진다고 느끼는지, 자신의 의견이 존중되고 있다고 생각하는지, 업무를 통해서 배우고 성장할 수 있는 기회가 어느 정도라고 생각하는지를 묻는 문항들이 주를 이루고 있다. 3장에서 언급한 바와 같이 이러한 요소들은 '보살핌의 과정'에 상사들이 얼마나 높은 우선순위를 부여하고 헌신하고 있는지를 반영하는 것이라고 해석할 수도 있다. 가령 직원들의 업무 몰입은 부분적으로는 그들의 상사들이 직원들을 대신해서 이해knowing, 믿음maintaining belief, 지지enabling의 서비스 행동을 수행하는 정도에 영향을 받는다고 생각할 수 있는 것이다.

갤럽이 직원들의 업무 몰입을 정의하기 위해서 사용하는 다른 요소는 직원들이 자신이 업무에 실질적인 기여를 하고 있다고 느끼는 정도이다. 이것은 Q12에서 '우리 회사의 미션과 목표를 보면 내가 하고 있는 업무가 중요하다고 생각하게 된다' 라는 문항으로 측정된다. 고객들을 보살피면서 직원들은 조직의 목표와 자신이 긴밀하게 연결되어 있다는 생각을 하게 되고 이에 따라서 자신의 업무에 대한 감정적인 몰입이 증가한다. UCLA 마텔 어린이병원의 운동치료사인 로리 바우디노 박사는 이렇게 이야기한다.

"UCLA처럼 기업의 성공에 서비스가 가장 중요한 요소라는 점이 강조되면, 이는 서비스에 대한 깊은 열정을 가지고 있는 저 같은 직원들로 하여금 우리가 하고 있는 일들이 보다 큰 그림 속에서 어떻게 조화를 이루고 있는지를 알게 해줍니다. 이러한 과정을 통해서 조직과 동질감을 느끼게 되고 우리의 노력을 극대화하기 위해서 조직의 힘과 조화를 이루려고 의도하게 됩니다."

방사선종양학과 외래 사회사업사 팜 호프는 다음과 같이 이야기한다.

"자신의 업무에 몰입하고 함께 일하는 팀원들이 공통의 가치와 직업윤리를 공유하게 만드는 데 의미 있는 서비스보다 더 좋은 것은 없다고 생각합니다. UCLA에서 20년 이상 일하면서 직원들의 사기를 진작시키는 것이 환자 진료에 긍정적인 영향을 미칠 뿐만 아니라 부서 전체의 근무 기강에도 영향을 미친다는 것을 수도 없이 보아왔습니다. 우리 진료실의 모든 직원들은 환자들에게 보다 나은 진료를 제공할 수 있는 환경을 만들기 위해 노력하고 있고 서로를 격려하고 진료 과정에서 서로 돕기 위해 노력하고 있습니다. 예를 들면 혀나 목에 암이 생긴 환자들은 매우 힘든 항암치료와 방사선치료 과정을 견뎌내야 하는데 일부 환자들은 그 과정을 견디지 못하고 치료를 포기하는 경우가 있습니다. 우리 직원들은 환자들이 이 어려운 치료를 무사히 마칠 수 있도록 환자들과 계속 대화하고, 보살피면서 할 수 있는 모든 노력을 다하고 있습니다. 이는 단순히 우리 과만의 문제가 아니라 UCLA의 모든 전문가들이 함께 협력해서 이들 환자들이 치료를 잘 끝낼 수 있도록 노력하는 것입니다. 제가 우리 팀과 최고의 환자 서비스라는 우리의 목표를 자랑스럽게 생각할 수 있게 만들어주는 것은 바로 이렇게 서로 존중하면서 환자 진료를 최우선에 놓는 공동의 노력이라고 하겠습니다."

UCLA 의료의 질 관리 부서의 간호사인 머틀 야마모토는 조직의 서비스 마인드가 지원 기능을 하는 인력들에게도 영향을 미친다고 이야기한다.

"UCLA의 직원들 모두가 환자를 진료하는 기능을 수행하는 것은 아닙니다. 많은 직원들은 보이지 않는 곳에서 환자들에게 보다 좋은 진료를 제공할 수 있도록 돕고 있습니다. 지금 저는 놀라울 정도로 열정적인 의사와 간호사, 약사, 행정직, 기타 직원들과 함께 일하고 있습니다. 모두 함께 최고의 환자 진료를 제공하기 위해서 노력하고 있는 것입니다."

UCLA 방사선과의 행정 직원이자 응급실에서 자원봉사자로 일하는 마이클 리차드는 일상에서 서비스를 실천함으로써 비슷한 성향을 가진 사람들을 회사를 위해서 일하게 할 수 있다고 믿고 있다.

"제가 과에서 하는 일은 기본적으로 임상 의사들에 대한 행정업무들입니다. 진급을 위한 서류를 준비하고 출장 예약을 하거나 비용 정산을 하는 등입니다. 하지만 응급실에서 자원봉사를 할 때는 환자들과 환자의 가족들, 그리고 환자들의 삶에 무언가 보탬이 되는 일을 하고자 노력하는 직원들과 함께 일을 하게 됩니다. 만약 당신이 서비스 마인드가 철저한 자원봉사자라고 하면 이렇게 서비스 정신이 충만한 곳에서 일하는 것을 원할 수밖에 없을 것입니다. 예를 들면 키트 스파이킹스는 UCLA 여행사에서 직원으로 일하면서 응급실에서 자원봉사자들을 관리하고 있습니다. 키트는 제가 아는 한 가장 이해심이 깊고 다른 사람을 배려하는 사람입니다. 환자들의 요구와 취향에 대한 그녀의 감수성은 정말 놀라울 정도입니다. 그녀가 환자들에게 '탄산수를 드릴까요, 아니면 그냥 생수를 드릴까요? 얼음을 넣어드릴까요? 커피는 어떻게 해드릴까요?' 라고 이야기하는 것을 듣고 있으면 마치 리츠칼튼 호텔에 와있는 것 같은 착각을 하게 됩니다. 물론 이렇게 이야기하는 것이 아주 상투적으로 들릴 것이라는 것을 잘 압니다. 하지만 키트로 인해서 저도 자원봉사를 하고 싶다는 마음이 생겼습니다. 응급실 직원들을 도와서 환자들에게 최고의 진료와 최고의 서비스를 제공하고 싶습니다. 이러한 서비스 기운은 전염이 되는 것 같습니다."

동료로부터의 칭찬에 대해서 키트 스파이킹스는 다음과 같이 이야기 한다.

"저는 아주 부유한 사람이라고 생각합니다. 다른 사람들처럼 그동안 살면서 많은 일들을 경험하고 겪었고 그것들을 통해서 지금의 제 부유함을 얻은 것입니다. 우리가 보다 많은 사람들을 다른 사람들을 위해서 봉사하게 할 수 있다면 봉사를 하는 사람이나 봉사를 받는 사람 모두 더 나은 삶을 살 수 있습니다."

간호사 면허를 갱신하지 않아서 정지가 되어있는 캐시 도이치 역시 UCLA의 응급실처럼 서비스가 충만한 공간에서 자원봉사를 함으로써 얻게 되는 보람을 잘 알고 있다.

"제가 응급실에 있는 동안 저를 기쁘게 하는 것은 제가 어떤 사람의 삶을 보다 나은 삶으로 만들고 있다는 느낌입니다. 이러한 응급실 자원봉사의 경험 때문에 저는 제 면허를 다시 갱신하기로 결심하였습니다. 면허가 갱신되면 간호사로 다시 일할 것입니다. 지금은 이 자원봉사 활동이 너무 좋기 때문에 계속할 계획입니다."

훌륭한 서비스는 사람들을 기업으로 끌어들이고 이들이 사랑할 수 있는 직업을 발견하고 계속 일하고 싶은 관계를 구축하게 만드는 것이다. 최고의 서비스 경험을 창조하기 위한 UCLA의 투자는 그들의 가장 중요한 자산인 인적 자원에 확실한 열매를 맺게 되었다. 직원들의 만족도나 업무 몰입에 대한 자료는 UCLA에서 이들 수치가 관계에 기반을 둔 진료가 향상되면 향상될수록 고객만족도가 증가했던 것과 같이 증가일로에 있는 것을 보여주고 있다. 고객의 경험을 중시하는 것은 직원의 업무 몰입과 팀의 결속력 증가, 이직의 감소, 우수한 재원들의 지원 증가 등과 같은 형태의 명백한 ROE로 연결되고 있다.

> **Check Up** 　당신의 기업은?
>
> － 어떻게 하면 서비스 경험에 초점을 맞춤으로써 서로 이해관계가 다른 그룹들이 공동의 목표를 향해 나아가도록 할 수 있겠는가?
> － 서비스 제공이 직원들 스스로에게 주는 만족감과 전체 직원들의 사기와의 관계를 점검해본 적이 있는가?
> － 훌륭한 고객들의 경험 사례들을 직원들의 교육을 위해 어떠한 방식으로 활용하고 있는가?
> － 최고의 서비스를 제공하고자 노력하는 것을 회사가 원하는 성향을 가진 인력들을 채용하기 위한 전략의 일환으로 생각해본 적이 있는가?

## 지역사회에 대한 봉사는 강력한 지지를 낳는다

봉사정신을 타고난 사람들은 그들의 봉사가 긍정적인 결과를 가져올 것이라고 믿는다. 하지만 이들이 자신들의 행동이 서로 주고받는 것이 아니고 누군가 자신들의 친절을 이용하려고 하는 사람들이 있다는 것을 알게 되면 이들은 자신들의 노력을 보다 생산적인 방향으로 집중하려고 하게 된다. 물론 대부분의 사람들은 노역servitude과 전문적인 봉사service professionalism의 차이를 이해한다. 순수한 봉사정신이 그것을 수혜받는 사람들에게 이용당하는 경우도 있지만, 전문적인 봉사는 대부분의 경우 그들이 하는 봉사에 상응하는 이익을 이끌어낸다.

조직에서도 같은 형태의 서비스와 호혜성 간의 역학이 작동한다. 진정으로 직원들 개인과 회사 전체 차원에서 봉사를 독려하는 회사들은 그들이 봉사하는 지역사회로부터 각종 지원과 지지를 얻게 된다. UCLA에서 환자들에게 제공되는 각종 봉사는 과거에 이러한 혜택을 입었던 환자들이나 그 가족들의 자원봉사에 의한 경우가 많다.

산타모니카 UCLA 메디컬센터에서 동물 치료 자원봉사를 하는 베시 콜본스키는 그녀의 가족들이 경험했던 열정이 자신을 자원봉사의 길로 들어서게 했다고 이야기한다.

"UCLA 병원에서 많은 봉사자들을 만났습니다. 제 손자가 선천성 심장병을 앓고 있었기 때문에 UCLA 병원에 수시로 입원을 했었죠. 손자는 결국 4개월째에 산타모니카 병원에서 저세상으로 갔습니다. 손자의 일은 안타까운 일이었지만 병원에 있는 동안 저와 가족들이 받은 보살핌이 너무 고마웠기 때문에 아무 주저함 없이 UCLA에서 자원봉사를 하게 되었습니다. 오히려 이렇게 동물 치료 자원봉사를 하는 것이 저와 제 강아지들의 삶을 더 풍성하게 해주고 있습니다."

직원들의 열정적인 봉사를 통해서 UCLA가 얻는 혜택 중 하나로 의뢰의 증가를 들 수 있다. 영상의학과의 환자고충 담당자인 조이 에드워드는 이렇게 이야기한다.

"UCLA에서 우리의 사명 중 하나는 교육입니다. 우리는 그 사명을 매우 중요하게 생각합니다. 이를 위해서 2004년부터 지역사회 전문가들을 위한 강연을 기획하여 지금까지 진행해오고 있습니다. 이 프로그램은 지역사회의 의사들이 의사면허를 유지하기 위해 필요한 보수교육Continuing Medical Education, CME 평점을 취득할 수 있도록 하기 위해서 시작되었습니다. 일 년에 4회에서 6회 정도 저녁 시간에 강의가 이루어지는데 참석하는 의사들의 전문분야에 대한 최신 지견을 소개하는 데 중점을 두어 강연을 운영하고 있습니다. UCLA 연구자들과 의사들의 지식을 지역사회 의사들과 공유하는 것은 서로에게 모두 좋은 결과를 낳습니다. 이들 지역사회 의사들은 자신이 배운 새로운 지식에 대한 고마움을 자신의 환자들을 우리 병원에 의뢰하는 것으로 표현하게 됩니다."

고객들을 위해서 올바른 일을 하고 그들이 자신의 꿈을 이룰 수 있도록 돕게 되면 이들은 당신이 당신의 꿈을 이룰 수 있도록 돕게 되는 것이다.

이러한 자원봉사와 의뢰 이외에도 UCLA에서는 최고의 서비스를 제공하고자 하는 병원의 노력이 아주 개인적인 방식으로 보답을 받는 경우도 많이 볼 수 있다. 예를 들면 12세의 카메런 코헨은 다리에 생긴 악성종양 치료를 위해 산타모니카 UCLA 메디컬센터에 오랜 기간 입원을 하였다. 그는 입원해있는 동안 아이폰과 아이패드를 위한 어플리케이션을 만들었다. 그리고 '아이스케치'라고 불리는 99센트짜리 어플리케이션의 판매를 통해 얻어지는 수익의 상당 부분을 UCLA에 기증하였다. 자신의 웹사이트(www.cccdevelopment-llc.com)에서 카메런은 이렇게 이야기한다.

> "산타모니카 UCLA 메디컬센터에서 내가 받은 극진한 보살핌에 고무되어서 나는 내가 만든 아이스케치에서 나오는 수익의 일부를 UCLA 마텔 어린이병원이 아이들을 위한 오락기구들을 사는 데 쓰도록 기부하기로 하였다. 이 오락기구들을 통해서 병원에 입원하고 있는 나와 같은 10대들이 병원에서의 시간을 보다 즐거운 시간으로 기억하게 할 수 있을 것이다."

99센트짜리 아이폰 어플리케이션인 아이스케치와 여기서 얻어지는 수익이 UCLA로 기증되고 있다는 사실보다 '최고의 서비스는 기업을 살찌운다'는 원칙을 생생하게 보여주는 사례는 없을 것이다.

리사 벡(그녀의 딸이 옛날 병원에서 새 병원으로 이송된 다음에 '감동이었어요!' 라고 이야기했던)은 2008년 10월 그녀의 딸이 세상을 떠난 후 미란다 벡 소아암 연구재단을 설립하였다. 리사는 다음과 같이 이야기를 한다.

"미란다는 2007년 1월에 백혈병으로 진단받았습니다. UCLA에 입원한 후 우리는 미란다가 필라델피아 염색체를 가지고 있는 것을 알게 되었습니다. 이는 미란다가 골수이식을 받지 않으면 백혈병을 치료할 방법이 없다는 것을 의미했습니다. 일단 항암치료부터 시작하였습니다. 2007년 6월 미란다는 이탈리아에 있는 제대혈 은행에서 얻은 제대혈로 첫 번째 골수이식을 받았습니다. 우리는 이제 미란다의 백혈병이 치료가 될 것이라는 생각에 흥분해있었습니다. 하지만 불행하게도 미란다는 이식 후에 많은 합병증을 겪었고 걷지도 못하는 상태가 되었습니다. 이러한 합병증을 치료하기 위해 UCLA에서 다른 병원으로 전원되었는데 거기서 심각한 감염이 발생하였고 그로 인해 이 세상을 떠났습니다. 종종 저는 미란다가 UCLA에서 마지막을 맞았으면 좋았을 거라는 생각을 합니다. 새로 옮긴 병원에서는 다정하게 이야기를 나눌 사람이 아무도 없었거든요."

리사는 그녀와 미란다가 UCLA에서 나누었던 따뜻한 인간관계에 대해서 다음과 같이 이야기한다.

"미란다와 저에게 18개월 동안 UCLA는 집과 마찬가지였습니다. 미란다는 거의 대부분의 시간을 병원에서 보냈으니까요."

"UCLA에서의 저의 경험 때문에 남편과 저는 우리가 할 수 있는 모든 방법을 동원하여 UCLA와 UCLA의 연구자들을 지속적으로 지원하기로 결심하였습니다. 많은 사람들은 소아암 환자들의 경제적인 부담이 얼마나 큰지, 얼마나 많은 아이들이 암에 걸리는지 잘 모릅니다. 그래서 우리는 아이들도 암에 걸리고 다양한 종류의 소아암이 있다는 것을 사람들에게 알리고, UCLA의 소아암 연구에 필요한 연구비를 모금하는 것을 목표로 삼았습니다."

미란다 재단의 사례는, 자신들이 받은 것을 UCLA의 서비스와 연구, 진료의 사명에 지원함으로써 보답하고 싶어 하는 열정적인 환자들과 가족들이 보내는 수많은 지지 사례 중 하나에 불과하다. 최고의 고객 경험을 제공함으로써 얻어지는 이익을 생각할 때, 리더들은 현재와 과거의 고객들로부터 회사에 되돌려지는 에너지와 선물이 어느 정도인지를 생각해보아야 한다.

### Check Up  당신의 기업은?

- 당신의 고객들과 의뢰인들에게 조직의 경계를 넘는 서비스를 어떠한 방식으로 제공하고 있는가?
- 당신이 판매하는 제품이나 서비스 외에, 교육이나 다른 형태의 지원을 통해서 고객에게 추가적인 가치를 제공할 수 있는 방안이 있는가?
- 당신의 헌신적인 서비스에 대한 지역사회의 지지를 손익 이외의 방법으로 측정할 수 있는가?

## 최고의 경험에 대한 유무형의 보답을 찾아서

UCLA의 환자 중심 진료에 대한 헌신은 어느 기업에서나 중요한 목표인 개별 부서와 병원 전체의 매출 증대에 기여하였다. 매출 증대 이외에도 최고의 고객 경험 제공을 통해 돈으로 측정하기 어렵지만 (기업이 원하는 바람직한 효과라고 할 수 있는) 직원들의 만족도와 자부심 증가를 가져왔다. UCLA의 사례에서 볼 수 있듯이, 기업은 고객의 경험을 향상시키는 데 투자함으로써 직원들의 업무 몰입 증가와 이직 감소, 훌륭한 인재들의 지원 증가, 팀원들의 유대 향상, 지역사회로부터의 지지 등의 결과를 얻을 수 있게 된다.

위대한 신학자이자 철학자였던 알베르트 슈바이처는 이렇게 이야기하였다.

'나는 당신이 어떤 운명을 가지고 있는지 모릅니다. 하지만 내가 확실히 아는 것은 여러분들 중에 진정한 행복을 느끼게 될 사람은 다른 사람들에게 어떻게 봉사할 수 있을지를 고민하고 실천에 옮긴 사람이라는 것입니다'

여기에 기업의 경우를 대입하여 이야기하자면 슈바이처 박사의 말을 다음과 같이 바꾸어보고 싶다.

'나는 당신 기업의 운명을 확실하게 알고 있습니다. 당신 기업의 성공은 조직이 다른 사람들에게 어떻게 봉사할 수 있을지를 고민하고 실천에 옮긴 정도에 비례합니다'

### 실천을 위한 요약

- 고객 경험 관리를 주창할 때는 재정적인 측면과 인간관계적 측면 양측에서 얻어지는 결과를 고려하라.
- 고객 경험 설계와 고객 경험이 조직의 수익에 미치는 영향에 대한 연구에 귀를 기울여라.
- 회사의 매출과 고객 경험 향상을 위한 노력들의 변화 추이를 주의 깊게 관찰하라.
- 고객들에 대한 최고의 서비스가 직원들의 업무 몰입을 높이고, 이직을 감소시키고, 능력 있는 인재의 지원을 증가시킬 수 있는 동력이 될 수 있음을 인식하라.
- 매출과는 상관없더라도 고객들이 자신의 목표를 달성하는 것을 도울 수 있는 방법을 찾아보라.
- 서비스를 제공하고 나서 이를 통해 어떠한 보상이 있는지 살펴보라. 보상이 돌아오지 않으면 서비스의 대상을 조정하라.
- 유형과 무형의 고객 경험 대비 수익ROEs이 있음을 인식하라.
- 유형의 보답뿐만 아니라 무형의 보답도 파악하라.

# chapter 11
# 서비스에는 경계가 없다

기업의 리더들은 기업과 이해관계를 가지고 있는 사람들을 구분하여 직원, 고객, 잠재고객, 이사회 멤버, 주주 등으로 나누곤 한다. 이들 집단 간에는 필연적으로 긴장관계가 발생하게 되는데, 예를 들면 주주의 이익을 추구하다보면 고객의 경험에 부정적인 영향을 미치게 되는 것과 같은 경우이다. 각 집단 간에 이해관계의 충돌이 일어나는 것은 항상 있는 일이지만, 훌륭한 리더들은 '사람을 통해서 사람을 이롭게 하는 것' 이야말로 기업 성공의 핵심 요체라는 것을 잘 이해하고 있다. UCLA가 다양한 이해 당사자들을 이롭게 하고자 하는 노력은 '모든 인류를 치유한다Healing humankind.' 라고 하는 그들의 서비스 비전의 첫 문장에 잘 나타나있다. 일부 병원들은 저가부터 고가까지 다양한 수준의 진료를 준비하여 환자들의 지불 능력에 따라 그에 맞는 수준의 진료를 제공하고 있지만,

UCLA는 모든 환자들에게 동일한 진료를 제공하고 있다. 그렇기 때문에 UCLA의 비전 선언문은 '지불 능력이 높은 환자군을 치료한다 Healing our highest-paying segment'라고 시작하지 않는 것이다. 모든 환자들에게 동일한 서비스를 차별 없이 제공함으로써 UCLA의 리더들은 기존의 경계를 넘어서 지역사회에, 미국 전역에, 아니 전 세계에 깊숙한 영향을 미치게 되었다.

파인버그 박사는 여기에 대해 강한 어조로 이야기한다.

"우리에게 중요한 것은 질병, 지불 능력, 취업 여부, 국적 같은 것이 아니라 사람에게 봉사한다고 하는 사실 그 자체입니다. 우리가 모든 사람들을 아무런 차별 없이 정성으로 보살피면 이를 통해서 많은 놀라운 일들이 일어나게 됩니다. UCLA에서 가능성의 경계는 없습니다."

이번 장에서는 여러분이 서비스와 관련해서 가지고 있었을 여러 가지 고정관념들을 다시 생각해볼 수 있는 기회를 제공할 것이다. 그리고 그 연장에서 여러분이 가진 서비스에 대한 생각의 범위를 넓힐 때 여러분이 얻게 되는 이익에 대해서도 기술할 것이다. 이 장을 통해서 여러분은 기존에 여러분이 가진 서비스의 개념을 한정 짓던 경계를 다시금 생각하게 될 것이며 이러한 경계를 다시 생각해보는 것이 과연 의미 있는 일이고 경제적, 사회적 상식에 부합하는 일인지에 대해서도 생각해볼 기회를 가지게 될 것이다. 파인버그 박사의 말이 암시하듯이 이 장은 여러분이 하고 있는 사업이 과연 어떤 사업이며, 어떤 사람들에게 서비스를 제공하고 있으며, 이러한 서비스가 영향을 미치는 범위가 어느 정도인지에 대해 곰곰이 생각해볼 기회를 제공할 것이다.

## 오늘 직원들을 보살피는 것은
## 조직의 미래를 보살피는 것이다

**오늘**

어떤 기업의 리더들은 내부적(직원) 서비스와 외부적(고객) 서비스를 구분하곤 한다. 하지만 UCLA는 직원에 대한 서비스와 고객에 대한 서비스는 동일하다는 인식을 가지고 있다. 실제 환자들과 직원들은 하나라고 보아도 무방하다.

청력 클리닉의 행정책임자이자 두경부외과의 임상교수인 앨리슨 그라임이 CEO인 파인버그 박사에게 편지를 보냈는데 그 편지는 자신의 개인적인 문제가 아닌 그녀의 가족이 UCLA에서 받은 진료와 관련된 것이었다.

'제 어머니가 금요일 UCLA에서 돌아가셨습니다. … 저는 어머니가 돌아가신 슬픔에도 불구하고 어머니가 입원해계셨던 기간 동안 받았던 보살핌이 너무도 감동적이었기 때문에 이를 알려드리려고 편지를 씁니다. 어머니는 응급실을 통해서 입원하셨습니다. 앰뷸런스에 실려 병원으로 오시는 동안 병원 측에서는 저와 어머니를 연결시켜주기 위해 정중하면서도 진심 어린 걱정을 담아 노력하였습니다. 7층의 내과 병동으로 옮기신 다음에도 주치의와 간호사, 그리고 다른 진료 관련 인력들의 정성은 감동적이었습니다. 아침에 어머니의 상태가 점차 나빠지는 것을 옆에서 지켜보고 있는데 스테이시라는 간호사가 제 심정을 정말로 잘 이해하고 저를 위로해주었습니다. 내과계 중환자실로 옮겨졌을 때 역시 모든 의료진이 진심으로 저를 걱정해주고 저의 말에 귀를 기울여주었습니다. 어머니 치료의 대부분을 담당했던 전공의인 에드워드 리는 저와 제 오빠와 동생을 격려해주면서 어머니의 종말기 치료를 어떻게 해야 할지에 대한 어려운 결정을 내리는 데 정말로 큰 도움을 주었습니다. 오랜 시간 우리와 함께 머리를 맞대고 우리가 원하는 것이 무엇이고 어머니가 원하는 것은 무엇일지에 대해서 진지한 대화를 나누었습니다. 그는 헌신하는 의사의 표본이었다고 생각합니다. 그리고 그런 의사를 만날 수 있었던 것은 우리의 행운이었던 것 같습니다.'

앨리슨의 편지는 계속 이어진다.

'병실을 청소하는 미화원부터 간호사, 의사, 호흡치료사에 이르기까지 모든 사람들이 최선의 진료가 무엇인지를 몸으로 보여주었습니다. 저도 저지만 저의 오빠와 여동생은 정말로 감동을 받았고 모든 일들이 너무도 효율적이면서도 상대방을 배려해서 진행되는 것을 보면서 마음의 평화를 느꼈습니다. 어머니에게 마지막 작별을 고하는 순간이 왔을 때 제공되었던 영적인 보살핌은 어머니를 편안히 보내드리는 데 많은 도움을 주었습니다. 어머니의 마지막을 함께했던 로만 간호사는 차분하게 우리를 도우면서 어머니가 저세상으로 가셨다는 것을 알려주었습니다. 비록 어머니는 가셨지만 그 과정은 정말로 '최고의 환자 경험'이었습니다. … 어머니와 저희 가족들을 보살펴주셨던 모든 의료진과 직원들에게 감사하다는 말을 전하고 싶습니다. UCLA는 정말로 최고의 의료기관입니다.'

냉소적인 사람들은 '앨리슨의 가족들은 당연히 최고의 진료를 받을 수밖에 없습니다. 그녀가 UCLA의 높은 자리에 있으니까 그녀의 어머니가 VIP로 대우를 받았겠지요' 라고 말할지도 모른다.

하지만 이러한 비판은 고객 중심의 서비스를 제공하기 위해서 무엇이 필요한지에 대해 잘 이해하지 못하는 사람들이 하는 말이다. 진정으로 고객을 위하는 기업의 DNA에는 서비스를 받는 개개인이 가진 고유의 필요와 욕구들에 기초한 서비스를 제공함으로써 모든 사람들을 VIP로 대우한다는 생각이 뿌리 깊이 박혀있다.

진료 보조원인 록사나 바르가스는 병원에서 직책을 가지고 있지도 않고 자신이 UCLA의 환자도 아니지만 자신이 근무하는 병동의 사회사업 담당자로부터 VIP 대우를 받았다고 이야기한다.

"저희 병동을 담당하는 사회사업사인 팜 호프는 항상 저를 격려해주었습니다. … 금년에는 안 좋은 일들이 많이 있었습니다. 제 개인적으로도 많은 어려움이 있었고 조카인 애쉴리는 소화기 계통의 암에 걸렸습니다. … 모든 상황이 절망적이었을 때, 팜은 저와 제 조카의 어머니에게 이러한 상황을 헤쳐나가기 위해서 어떤 일들을 해야 하는지에 대해 한 단계 한 단계 알려주었습니다. 이러한 과정을 통해서 팜은 저희 가족들의 마음 한 자리에 진정한 희망으로 자리 잡았습니다. 정말로 그녀에게 깊은 감사와 사랑을 보냅니다."

록사나에 대한 팜의 보살핌은 아마도 그녀가 담당하는 병동의 다른 환자들에게 제공된 것과 같은 것일 것이다. 어떤 서비스가 그 서비스를 받는 사람들이 가진 필요와 욕구를 충족시켜주고자 하는 의도에서 제공될 때 서비스를 제공하는 사람의 진심이 전달되는 진정한 서비스가 된다. 그렇지 않은 서비스는 억지로 꾸민 것 같은 느낌을 주고 그 서비스를 받는 사람의 마음에 진심이 전달되지 않는 것이다.

사람에게 다가가는 진심 어린 서비스를 제공하기 위해 UCLA에서는 지속적으로 서비스 혁명을 이룩하여왔는데 그 과정에서 항상 공감을 강조하여왔다. 도움을 원하는 동료든, 병에 고통받고 있는 가족의 병상을 지키는 직원이든, 혹은 완전한 이방인이든 UCLA에서 제공되는 모든 진료는 동정과 공감에 기초하여 제공된다. 말리부에 있는 UCLA 외래 진료소의 행정책임자인 진 듀란트는 다음과 같이 이야기한다.

"우리 직원들은 항상 뼈가 부러진 사람들이나 급하게 치료를 요하는 사람들을 보고 있습니다. 그들에게는 그런 것이 일상적인 일들이지요. 하지만 방금 뼈가 부러진 환자에게는 일생일대의 중요한 사건입니다. 우리는 우리 앞에 있는, 일생일대의 사건을 겪고 있는 환자의 경험을 공감하고 우리가 가진 사고의 틀에서 벗어나기 위해서 끊임없이 우리의 시각을 새롭게 하려고 노력하고 있습니다."

간이식 병동의 호흡치료사인 델리아 드 새시아는 환자에게 진정으로 공감하고 있는지는 환자의 상태가 나빠졌을 때 극명하게 드러난다고 이야기한다.

"그런 상황을 맞이하면 저는 호흡을 가다듬고 내가 그런 상황에 빠졌다면 어떤 치료를 받고 싶을지에 대해서 생각합니다. 사람들이 상태가 나빠져서 생명의 위협을 느끼거나 공포에 휩싸이게 되었을 때 최선을 기대하기는 어려울 것입니다. 하지만 그 반대로 제가 제공하는 치료가 그들에게 최선이 되게 할 수는 있습니다."

UCLA 응급실의 간호사인 진 러브랜드는 종종 사람들이 치료받기를 원하지 않는 상황에서 서비스를 제공하는 것이 얼마나 강인한 마음가짐을 요구하는지에 대해서 이야기한다.

"목숨을 끊으려고 스스로에게 총을 쏜 환자가 응급실에 왔습니다. 그는 죽기를 원했고 자살 기도가 실패로 끝나는 것을 원하지 않았습니다. 응급구조사들이 환자를 응급실에 눕혔을 때, 자신은 도움을 원치 않는다고 고함을 지르고 난리를 피웠습니다. 이러한 상황이 바로 당신이 그 환자의 가족과 같은 마음으로 또 다른 형태의 공감을 발휘하여야 하는 상황입니다. 어떻게 보면 자신이 할 수 있는 범위를 넘는 것 같은 느낌도 받을 수 있습니다. 하지만 우리 모두는 가족이고 또한 우리 모두는 다 같은 인간입니다. 그러한 순간에 저는 그냥 제가 할 수 있는 최선을 다합니다."

자신의 사업과 관련된 모든 이들에게 최고의 서비스를 제공하려는 리더들이 보다 많아진다면 직원들이 그 사업의 후원자가 될 가능성도 높아지게 될 것이다. 위대한 리더들은 직원들을 고객으로 만드는 것의 가치를 잘 알고 있다. 사실 이러한 것은 1914년 헨리 포드가 직원들에게 당시 자동차 공장 근로자 임금의 두 배에 달하는 5달러의 일당을 지급한 배경이기도 하다. 헨리 포드는 직원들에게 충분한 임금을 지급해서 직원들이 포드 자동차를 살 수 있도록 해야 한다고 생각했다. 바람직하게는 여러분 회사의 직원들이 당신 회사의 제품이나 서비스를 구매할 수 있는 위치가 되었을 때, 그들이 당신 회사의 고객이 되어야 할 것이다. 그렇지 않고 경쟁회사의 고객이 된다면 그 이유는 무엇인지, 서비스에 무슨 문제가 있는 것은 아닌지에 대해서 심각하게 고민해봐야 할 것이다.

## 미래

고객들에 대한 서비스와 직원들에 대한 서비스에 차이가 발생하는 것처럼 오래된 직원과 신입직원에 대한 서비스에서도 차이가 자주 발생한다. 일부 기업에서는 직원의 지위와 회사에 대한 공헌에 따라서 직원들을 차별대우하는데, 이러한 회사의 중간관리자들은 연공서열이나 기타 다른 기준에 따라서 공식, 비공식 처우기준을 만들기도 한다. 이러한 경우 신입직원은 자신의 권리를 위해 투쟁해야 하는 입장에 놓이게 된다. 예를 들면 많은 TV 드라마에서 전공의들은 비인간적인 대우를 받는 것으로 나오는데 마치 몰인정한 통과의례를 견뎌내고 있는 것처럼 보인다.

UCLA 수련부 차장이자 응급의학과 부교수이면서 인기 TV 시리즈인 ER의 의학자문을 했던 마크 모로코 박사는 이렇게 이야기한다.

"인격적으로 존중받지 못하고 비인간적인 대우를 받는 전공의들의 이미지는 지난 시대의 유물일지도 모릅니다. 하지만 이곳 UCLA에서는 전공의들이 존중받고, 정당한 대우를 받고 있다는 것을 보증할 수 있습니다. 우리는 그들이 장차 우리의 비전을 실현할 사람들인 동시에 리더가 될 사람들이라는 것을 잘 알고 있습니다. UCLA의 리더들은 이러한 믿음을 모든 부서에 전파하고 지키기 위해서 노력하고 있습니다. 만일 UCLA의 존재 이유가 '인류를 치유한다'는 것이라면 그 치료자들과 장차 치료자가 되기 위해서 훈련을 받고 있는 이들에 대해서도 최고의 인간애를 보여주어야 합니다. 여기서 훈련받고 있는 대부분의 전공의들이 세계 도처에서 의업에 종사할 것이고 그들 하나하나가 UCLA를 대표하게 되는 것입니다. 또한 그들 중 일부는 여기 UCLA에서 일하게 될 것이고 당연히 우리의 미래와 연결되어 있습니다. 학생들과 전공의들을 잘 대우하는 것은 우리의 의무일 뿐만 아니라 우리 모두에게 도움이 되는 것입니다."

영성 치료 부서의 책임을 맡고 있는 카렌 쉬넬 목사도 같은 관점에서 이렇게 이야기한다.

"우리는 우리의 임상목회 수련 프로그램을 우리 프로그램에 참여하는 이들을 훌륭한 영성 치료자로 키우는 기회라고 보고 있습니다. 그 과정에서 우리 직원들은 세계 각국에서 온 뛰어난 재능을 가진 종교 지도자들과 함께 일할 수 있는 기회를 가지게 됩니다. 저는 이 과정을 대화라는 관점에서 바라보고 있는데 학생들은 현재는 물론 미래의 우리 서비스 제공 능력을 풍성하게 길러주고 있는 것입니다. 저로 하여금 학생들의 입장에서 생각하게 하고 학생들을 보살펴야겠다는 신념을 가장 크게 불러일으키는 것은, 지금 이 학생들이 앉아있는 그 의자에 우리 대다수도 앉아있었다는 사실입니다. 저 역시 임상목회 수련을 이곳 UCLA에서 받았고 우리 부서의 유코 우에수기 목사도 여기서 수련을 받았습니다. 그렇기 때문에 여기서 수련받고 있는 수련생들을 볼 때마다 삶의 활력을 느끼게 됩니다. 그들을 보살피는 것은 우리의 미래를 보살피는 것입니다."

불행하게도 기업의 리더들은 단기간의 실적에 집착하는 경우가 많다. 분기마다 실적을 내야 한다는 압박감은 자신도 모르는 사이에 고객들을 매출에 따라서 구분하고 경험이 적은 직원들을 차별대우하게 만든다. 이익 추구는 종종 사람들을 부당하게 대우하게 만들어서 결국 고객이 등을 돌리고 직원들이 회사를 그만두게 만든다. 기업은 이익을 내기 위해서 존재하는 것이 아니라 고객을 만들기 위해서 존재한다는 말이 있다. 이익은 결국 고객을 통해서 만들어진다. UCLA에서 고객이라는 말은 매우 광범위한 사람들을 포함한다. 사실 이는 '인류'와 동의어라고 할 수 있다.

모든 기업의 리더들은 그의 회사 직원들과 고객들이 모두 똑같이 공평하게 대우받고 있다고 생각하고 싶어 하지만 일부 기업에서는 리더들이 직원들보다 고객을 우선적으로 생각하고 챙기는 것이 사실이다.

그러한 상황에서 직원들이 리더에게 이익이 돌아가도록 자신의 돈을 사용할 마음을 먹지는 않을 것이다. 마찬가지로 대부분의 리더들은 모든 직원들이 공평하게 대우받고 있다고 생각하고 싶어 하지만 각 부서의 직원들이 실제 어떠한 대우를 받고 있는지 회사의 모든 계층의 직원들과 대화를 나누는 경우는 별로 없다.

### Check Up   당신의 기업은?

- 당신이 가지고 있는 고객에 대한 정의는 무엇인가? 그러한 정의를 확장할 때의 장점과 단점은 무엇인가?
- 직원들이 당신 회사의 제품과 서비스를 구매하는가? 회사의 특성상 직원들의 구매가 불가능하다면 구매가 가능한 상황에서 그들이 구매를 할 것으로 예상하는가?
- 고객들에 대한 대우와 직원들에 대한 대우에 서로 다른 기준을 적용하는가?
- 고객들도 등급을 나누어서 다르게 대우하는가? 이러한 차이는 전략에 의해서 세분화된 것인가 아니면 저절로 그렇게 된 것인가?
- 직원들은 자신들이 직위에 상관없이 동등하게 대우받고 있다고 느끼는가?

## 서비스 제공을 위해 제한된 자원을 효율적으로 활용한다

서비스 비전을 확대하거나 고객의 정의를 확장하는 것은 기업으로 하여금 새로운 도전에 직면하게 하는데, 특히 이러한 것들을 가능하게 하기 위한 자원을 확보해야 한다는 측면에서 그러하다. UCLA 헬스 시스템의 원무책임자인 헬렌 콘트레라즈는 이렇게 이야기한다.
"우리는 그동안 우리가 가진 한정된 자원을 최대한 효율적으로 활용하면서 많은 어려운 사례들을 해결해왔습니다. 이 과정에서 많은 사람들이 도움을 주었는데 환자와 지역 주민, 보험회사 관계자, 수련을 받고 있는 의사들, 그리고 연구소의 연구자들도 포함되어있습니다. 진료에 투입되는 자원을 모니터링하는 방법 중 하나는 제가 위원장을 맡고 있는 고액진료비 위원회를 통해서입니다. 다양한 분야의 위원들이 참여하는 이 위원회에서는 매우 복잡하고 고액의 진료비가 발생할 것으로 예상되는 환자의 사례를 찾아 도움을 줄 수 있는 계획을 세우는 일을 합니다. 예를 들면, 저희 위원회에서는 UCLA에 유학 중인 딸을 만나기 위해 중국에서 온 중국인 부부의 사례를 다루었습니다. 이 부부는 학교 근처 카페에서 딸과 만나 이야기를 나누고 있었는데 갑자기 차가 달려들어 남편을 덮쳤고 그 사고로 인해 남편은 두 다리를 모두 절단해야 했습니다. 차의 운전자는 무면허였는데 간질 발작이 일어났던 것으로 보였고 그 운전자가 남편의 진료비를 부담하는 것은 불가능한 상황이었습니다. 우리 위원회에서는 초기부터 이 사례를 파악하여 6개월간의 입원 기간 동안 가능한 모든 도움을 제공하였습니다. 입원 기간 동안의 여러 장애 요소들, 퇴원 계획, 기타 추후 치료 계획까지 모든 측면을 검토하였습니다. 관련 부서들을 동원해서 아내가 이 상황을 헤쳐나가는 데 필요한 도움을 주었고 지역의 중국인 커뮤니티와 접촉해서 퇴원 후 거주할 집도 알아봐주었습니다. 딸이 아파트 2층에 살고 있었지만 환자는 두 다리를 모두 절단했기 때문에 1층 아파트를 새로 구했습니다. 퇴원 후 갑자기 신장 기능이 나빠지는 일이 발생하였는데 우리 팀이 외래 투석기관과 연결시켜서 치료를 받을 수 있었습니다. 우리는 환자의 상태와 그 환자가 살았던 중국 마을의 열악한 의료시설을 감안하여 그 환자가 본국으로 송환되지 않도록 하는 일까지 처리하였습니다. 이 사례를 다루는 동안 우리 위원회는 매우 적극적으로 일을 처리하였고, 처음부터 우리가 가지고 있지 않은 자원을 가진 모든 사람들과 협력해야 한다는 사실을 잘 알고 있었습니다."

개별 환자의 요구를 예측하고 여기에 대응하는 것 이외에 헬렌의 위원회에서는 보다 큰 규모의 문제도 다루고 있다. 헬렌은 이렇게 이야기한다.

"노숙자들을 보살피는 문제도 우리에게 중요한 이슈입니다. 이를 다루기 위해서 우리는 산타모니카 지역에서 노점상들과 협력해서 노숙자 환자들을 돕는 프로그램을 시작하였습니다. 노점상들과 함께 노숙자 환자들에게 정보를 제공하고 도와주어서 이들이 장애인 등록을 받도록 한 것입니다. 일반적으로 장애인 등록을 해서 보조금을 받기까지는 2년에서 2년 반이 걸립니다. 파일럿 프로그램을 시작한 지 2년 반이 지난 현재 136명의 노숙자들이 장애인 등록이 되어서 이 프로그램이 아니었으면 받지 못했을 보조금을 받고 있습니다."

파인버그 박사는 사용되는 모든 비용을 관리하는 것은 UCLA에서 진행되고 있는 모든 프로그램들의 영속성을 위해 매우 중요한 일이라고 말한 바 있다. 캘리포니아 주정부가 심각한 재정 위기를 겪던 시기를 파인버그 박사는 이렇게 기억한다.

"당시 우리는 병원 개원 이래 최고의 해를 보내고 있었습니다. 경제 상황이 좋지 않았는데도 불구하고 최고의 성과를 만들어낸 것입니다. 다른 병원들은 어려움을 겪고 있었지만 우리는 지속적으로 성과를 냈습니다. 다시 말하지만 이것은 우리가 우리 환자들에게 최선의 진료를 제공했고 우리 가족을 치료하는 것처럼 정성을 다해서 진료에 임했기 때문에 가능했던 일입니다."

파인버그 박사는 그해에 5천만 달러의 이익을 냈음에도 불구하고 리더들은 병원의 자원에 대해 매우 주의를 기울여야만 했다는 이야기도 덧붙였다.

"우리가 얻은 이익의 절반가량은 UCLA 의과대학의 교육을 위한 재원으로 쓰입니다. 나머지 절반도 대부분은 새로운 기기를 구입하고 병원 환경을 개선하는 데 사용되었습니다. 또한 보험을 가지고 있지 않거나 보험이 충분하지 않은 지역사회의 환자들에게 진료를 제공하여야 하는 의무도 가지고 있습니다. 그해에 UCLA는 이와 같은 무료 진료와 무료 검진, 지역사회 건강 강좌 등에 5200만 달러를 지출하였습니다."

경제 불황 속에서도 UCLA 헬스시스템은 많은 이익을 거두었지만 UCLA의 리더들은 캘리포니아 주정부가 '재정 위기'를 선언하고 그 영향이 UCLA가 속해있는 캘리포니아 주립대학 시스템 전체에 영향을 미쳤기 때문에 직원들의 무급 휴가와 급여 삭감을 고민해야만 했다.

의료산업이 아닌 다른 산업의 일반적인 기업 리더는 5천만 달러의 이익을 내면서도 직원들의 무급 휴가와 급여 삭감을 고민하고 보험이 없거나 보험이 충분하지 않은 환자들, 혹은 노숙자 환자들에게 진료를 제공하는 문제에 대해 고민할 필요는 없다. 하지만 모든 리더들은 자신의 기업이 가진 제한된 자원을 가지고 어떻게 하면 최고의 이익을 내는 동시에 사회 전체의 편익을 극대화할 수 있는지에 대해 고민하여야 한다. 한 대형 무선전화 회사를 예로 들면, 이 회사는 회사의 고객 서비스 센터에 수차례 항의 전화를 한 고객들의 서비스를 해지한 일로 2007년 신문의 1면을 장식한 일이 있다. 그 회사의 대변인은 로이터 통신과의 인터뷰에서 다음과 같이 이야기했다.

"이 고객들은 우리가 생각하기에 지나치다고 생각될 정도로 많은 전화를 고객센터에 했습니다. (우리가 그러한 조치를 취한 것은) 우리 회사가 고객 서비스를 향상시키기 위해 많은 노력을 하고 있고 그것이 우리 회사가 최우선 순위를 두고 있는 가치이기 때문입니다."

본질적으로 그 전화 회사의 리더들은 회사에 많은 요구를 하는 일부 고객들과의 관계를 선택적으로 단절함으로써 대다수 고객들에게 보다 나은 서비스를 제공할 수 있다는 생각을 가지고 있는 듯하다. 자원을 효율적으로 사용하는 것은 여러 가지 형태로 나타날 수 있다. 서비스의 범위를 정하는 과정에서 그것이 가지는 재정적 영향을 면밀히 검토해야 하고, 실행 가능해야 함과 동시에 기업이 가진 가치와 미션에도 부합해야 한다.

UCLA의 고액진료비 위원회는 조직이 가진 자원만으로는 해결할 수 없는 사례를 발굴하고 외부 기관들과 협력하여 서비스를 제공할 수 있는 방법을 찾음으로써 비용을 고려하면서도 미션에 입각한 접근을 한 하나의 예가 된다. 기업이 이익을 내기 위해서 리더들은 가능한 적은 비용으로 많은 것을 얻고자 하는 압력을 받는다. 효율적인 리더들은 적은 비용으로 보다 많은 것을 하면서 동시에 그들의 고객들을 잘 보살필 수 있는 방법을 찾아낸다. 그들은 그들이 가진 자원을 배분함에 있어서 보다 많은 자원이 요구되는 서비스를 처리할 수 있는 체제를 개발하고 그 과정과 결과가 회사의 미션과 비전, 가치에 부합하도록 한다. 그들은 또한 회사가 제공하는 긍정적인 서비스의 영향을 극대화할 수 있는 전략적인 제휴관계를 항상 찾고 있다.

## 지역사회에 대한 서비스의 경계를 넘어서

고액진료비 위원회가 노숙자 환자들이 장애 보조금을 받을 수 있도록 한 예에서 보듯이, UCLA 리더들은 지역사회의 여러 환자 단체들의 다양한 요구를 충족시켜줄 수 있는 방법을 항상 고민하고 있다. 통역 서비스 부서의 관리자인 할라 팸은 이렇게 이야기한다.

"로스앤젤레스라는 도시가 가지는 특성상, 우리는 다양한 문화적 배경을 가진 사람들에게 진료를 제공하고 있고 이 과정에서 다양한 언어 통역이 필요합니다. 따라서 우리 의료통역사들은 몇 가지 언어를 구사할 수 있고 다양한 언어를 구사할 수 있는 능력을 갖춘 학생들에게 자원봉사 활동을 하도록 독려하고 있습니다. 이들 자원봉사자들은 언어능력 시험을 통과한 뒤 정해진 훈련 프로그램을 이수해야 현장에 배치될 수 있습니다. 이렇게 얻어진 자원봉사 기회는 자원봉사자들 자신에게도 이익이 되는데, 대부분의 자원봉사자들이 환자들과 만날 기회를 갖고 싶어 하는 의예과 학생이나 의과대학 진학을 원하는 학생들이기 때문입니다. 이들과 함께 환자들 개개인의 요구에 적합한 통역 서비스를 제공하기 위해 노력하고 있습니다."

여러분의 사업을 지지해주는 지역사회에 봉사할 수 있는 한 가지 방법은 여러분 기업의 서비스를 통해서 지역사회가 가진 고유한 요구가 충족되도록 하는 것이다(예를 들어 문화적 특이성을 가지는 그룹에게 서비스를 제공하거나 특정 언어를 사용하는 직원이나 자원봉사자를 확보하는 것 같은). 다른 방법으로는 직원들로 하여금 지역사회의 여러 자원봉사 활동에 참여하도록 독려하는 것이다. UCLA 헬스시스템의 IT 책임자인 할 북바인더는 지역사회의 자원봉사 활동에 참여하는 것을 UCLA의 서비스에 포함되도록 리더들이 적극적으로 노력하고 있다고 말한다.

"우리 리더들과 직원들은 사람을 소중하게 생각합니다. 그들이 우리의 환자든 아니든 상관없습니다. … 저는 IT 부서에서 근무하기 때문에 직접 환자를 만날 일은 없습니다. 하지만 저는 UCLA의 의료진들이 환자들의 생명을 구하고 있는 것과 최근 환자 중심의 문화가 정착되어가는 것을 아주 자랑스럽게 생각합니다. 지난 8년 동안 저는 로스앤젤레스의 미드나잇 미션 Midnight Mission[10]에서 자원봉사를 했습니다. 여기서 여러 가지 중독으로부터 회복기에 있는 사람들이 새로운 직업을 구하는 것을 도와주는 프로그램의 책임을 맡아서 진행해왔습니다. 경기가 침체되기 전까지 80%의 사람들이 새로운 직업을 찾게 도와줄 수 있었습니다. 최근 경기가 침체되면서 이 수치는 좀 떨어졌습니다. 하지만 우리 프로그램을 이수한 사람들의 취업률은 프로그램을 이수하지 않은 사람들에 비해 월등히 높습니다. 약물 중독 경험이 있는 사람들이 다시 중독에 빠지는 비율은 안타깝게도 매우 높기 때문에 이들이 치료소에서 나오면서 새로운 직업을 바로 잡지 못하면

---

10) LA 지역의 빈곤층과 약물이나 알코올 중독자들에게 지원을 제공하는 자선기관

거의 대부분이 다시 중독에 빠지거나 범죄를 저지르게 됩니다. 제가 진행하는 프로그램은 주로 여성들과 그 아이들을 시설에 보호하면서 직업훈련을 시켜서 보다 좋은 직업을 가질 수 있도록 하는 것입니다. 여기에 오는 여성들을 보면 일은 하고 있지만 그 일에서 얻는 수입만으로는 생계가 곤란한 사람들이 대부분입니다. 또한 많은 경우 그러한 상황을 어떻게 헤쳐나갈지에 대한 명확한 비전도 가지고 있지 않습니다. 이 프로그램은 이들이 자신의 목표를 명확히 하고 그 목표를 달성할 수 있는 수단을 제공하는 것입니다. 많은 전, 현직 UCLA 헬스시스템의 직원들이 이 프로그램에 자원봉사를 하고 있습니다."

할은 이 프로그램도 UCLA의 리더들과 직원들에 의해 지원을 받는 수없이 많은 자원봉사 활동 중 하나에 불과하다고 말한다.

UCLA 헬스시스템 직원들을 위한 소식지에는 동료들이 참여하고 있는 지역사회 활동의 사례가 항상 넘쳐난다. 이 소식지에 최근 소개된 다음 몇 개의 기사 제목만 살펴봐도 UCLA 직원들이 지역사회에서 얼마나 다양한 활동에 참여하고 있는지를 엿볼 수 있다.

- UCLA 자원봉사자들, 수천 명의 주민들에게 무료 진료 시행
- UCLA 산타모니카 병원 의료진, 마라톤 대회에서 자원봉사
- UCLA 헬스시스템의 건강한 심장 캠페인 모금 활동
- UCLA 의사들, 학생들의 노숙자 의료봉사 활동 지원

UCLA의 리더들은 고객의 정의를 확장해온 것과 마찬가지로 지역사회의 개념도 확장해왔다. 파인버그 박사는 이렇게 이야기한다.

"우리 환자들의 상당수는 LA 카운티 외부에서 옵니다. 따라서 우리

의 지역사회에 대한 지원도 더 넓은 지역에서 이루어져야 합니다."

텍사스 주의 샌안토니오에 있는 가사 콜리나 병원은 이러한 UCLA 리더들의 LA 이외 지역으로의 지원 확대 의지가 실천으로 옮겨진 경우이다. 이 병원의 재활 부문 책임자인 제프 후지모토는 이렇게 말한다.

"저는 우리 병원에서 환자 이송 팀을 만드는 데 참고할만한 프로그램을 찾다가 UCLA를 방문하기로 하였습니다. 병원의 명성도 있었지만 UCLA 환자 이송 팀의 성과가 바로 제가 찾던 것이었기 때문입니다. UCLA를 방문하였을 때, UCLA의 리더들은 저의 기대를 훨씬 뛰어넘었습니다. 그 프로그램의 책임자인 엘렌 윌슨을 만났는데 정말로 훌륭한 사람이었습니다. 그녀는 저에게 많은 시간을 할애해서 저의 궁금증을 해소시켜주었고 팀 관리자와 2명의 팀원들도 직접 만나볼 수 있었습니다. 팀이 직접 업무를 수행하는 과정도 지켜보았는데 이를 통해 중환자실의 각기 다른 상황에서 이들이 어떻게 업무를 처리하는지도 알 수 있었습니다. UCLA 직원들의 시간과 지혜를 저에게 할애해준 것이 우리 병원의 환자 이송 프로그램을 재구성하는 데 큰 도움이 되었습니다."

현장 방문을 하도록 도와주는 것 이외에도 UCLA의 리더들은 환자들과 의사들, 다른 병원을 위해 첨단 기술을 이용하여 도움을 주고 있다. 예를 들면 UCLA 원격뇌졸중 네트워크 프로그램은 UCLA의 뇌졸중 전문가들이 비디오 기술을 이용해서 다른 병원 의사들이 환자들의 일과성허혈증상 Transient Ischemic Attack 이나 다른 뇌졸중 증상들을 정확하고 빠르게 진단하는 것을 돕고 있다.

UCLA가 환자나 다른 의사들, 다른 병원을 도와야 할 의무를 가지고 있는 것은 아니지만 UCLA의 리더들은 이러한 일을 UCLA의 주요한 업무 중 하나라고 생각하고 있다. CEO인 데이비드 파인버그 박사는 이렇게 이야기한다.

"아무것도 없는 진공 상태에서 환자를 낫게 할 수는 없습니다. 지식을 나누는 것이야말로 서로에게 도움이 되는 일입니다. 우리는 가르치면서 동시에 배웁니다. 우리 신경과의 과장인 존 마지오타 박사를 예로 들면, 방금 뉴욕 장로교 병원에 다녀왔는데 거기에는 그의 어머니가 입원해계십니다. 그녀를 문병하는 동안 마지오타 박사는 간호사가 바닥에서 휴지를 줍는 것을 보았고 의료진이 자신에게 다가와 '별일 없으세요?'라고 묻는 것을 경험했습니다. 또 중환자실의 담당 의사와 어머니의 상태에 대해서 의학적인 용어를 사용해 대화를 나누는 과정에서 그 의사가 '어머니의 의학적인 상태도 중요하지만 당신이 어떻게 지내고 있는지도 궁금합니다. 식사는 제대로 하고 계세요? 숙소는 어디에 구하셨나요?'라고 묻는 것에 깊은 인상을 받았습니다. 마지오타 박사에게 그 이야기를 듣고 저는 20명의 직원을 뉴욕 장로교 병원에 보내서 그 접근방식을 배우도록 했습니다. 사업에서는 주는 것이 있으면 받는 것이 있는 법입니다."

서로 긴밀하게 연결되어있는 오늘날 세계에서 지리적인 경계를 넘어서 정보와 서비스를 나누는 일은 흔하게 일어난다. UCLA의 리더들은 자신들이 의료 '커뮤니티'의 일원임을 잘 인식하고 있음과 동시에 그 커뮤니티에 대한 서비스를 통해서 그들 자신도 도움을 받는다는 신념을 가지고 있다. 리더들이 기업의 가장 기본적인 서비스 기능을 충실히 수행해야 하는 것은 의심할 여지가 없다. 하지만 기업의 리더들이 지역의 경계를 넘어서 자신들을 필요로 하는 곳에 서비스를 제공할 수 있을 때 그들은 그들의 브랜드를 더욱 널리 알리고 서비스 리더로서의 명성을 더욱 높일 수 있는 것이다.

## 서비스의 경계를 세계로 넓히다

UCLA의 소아 심장이식 프로그램의 책임자인 후안 알레요 박사는 '지역사회'의 정의를 세계로 확장해서 보다 넓은 지역사회에 봉사할 수 있는 기회를 가지게 되었다. 알레요 박사는 여기에 대해 이렇게 이야기한다.

"소아 심장학에 대한 강연을 위해 페루의 리마에 처음 갔습니다. 그 후 두 명의 동료 의료진과 함께 계속해서 진료 봉사를 가게 되었고 이 것이 더욱 확대되어서 15명의 UCLA 의료진이 페루의 의료진과 함께 아이들을 진단하고, 심도자술을 시행하고, 초음파를 이용한 수술을 하게 되었습니다. 지금은 'Hearts with Hope'이라는 재단 (www.heartswithhope.org)으로 발전하여 완전히 자원봉사에 의해 운영되고 있지만 초기에는 사실 저 혼자뿐이었습니다. 병원에서의 제 일과가 끝난 다음에 이 일과 관련된 일들을 하기 시작합니다. 보통 저녁 7시 정도에 시작하는데 나머지 저녁 시간을 온전히 이 일에 투자합니다. 몇몇 회사들이 지원을 해주고 있고 이 일에 동참하고 싶어 하는 사람들도 늘어나고 있습니다. 매년 3주간의 현지 봉사를 나가는데 2주는 심장 수술과 심도자술을 시행하고 나머지 1주는 전기생리검사 및 관련 시술을 시행합니다. 우리와 함께하는 모든 이들은 자신의 휴가를 이용해서 이 일에 참여하고 있습니다. 너무 많은 사람들이 참여를 원하고 있어서 UCLA의 심장전문의를 제가 다 데리고 있는 것 같은 느낌이 들 때가 있습니다. 지금은 UCLA에 환자를 의뢰하는 심장전문의들도 함께 참여를 하고 있는데, 이들은 자신의 개인 진료시간을 할애해서 이 프로그램에 참여하는 것입니다. 이들의 대다수는 UCLA에서 수련을 받은 사람들입니다. 하지만 이러한 프로그램 때문에 UCLA의 진료가 지장을 받아서는 안 되기 때문에 우리가 페루에 가있는 동안 병원의 모든 진료가 원활하게 돌아갈 수 있도록 만전을 기하고 있습니다."

알레요 박사는 외국의 환자들에게도 눈을 돌려야겠다는 생각을 가지게 된 많은 동기가 있다고 이야기했다. 여기에는 해당 국가의 의료 수준을 높이고, 그 나라의 경제 수준에 맞는 가격으로 의료를 제공하고, 젊은 의사들에게 의료 기술과 함께 의사의 사회적 책임에 대한 인식을 가르치고, 궁극적으로는 국가 간의 친선을 도모하고자 하는 동기가 포함된다. 알레요 박사의 'Hearts with Hopes' 프로그램은 UCLA 의료진들에 의해서 시작된 많은 다른 비슷한 노력들(아이티 대지진 뒤의 의료구호 팀이나 UCLA 소아마취과 교수인 사무엘 윌드 박사가 시작한 르완다의 어린이들에게 구개열 수술을 시행하는 프로그램 등)과 마찬가지로 다른 나라 국민들과의 관계를 강화하고 이를 통해 UCLA의 브랜드 가치를 더욱 높이고 있다.

중동 환자들의 코디네이터인 메이지 매타는 UCLA 의료진들의 성과를 높이 평가하면서 그들이 의도하지는 않지만 그것이 UCLA의 브랜드 가치와 국제적인 명성을 얼마나 높이고 있는지에 대해서 이야기한다.

"제가 담당하는 많은 아랍 환자들은 미디어에서 다루어진 우리 의사들의 이야기를 접하거나, 여기서 진료를 받은 다른 환자의 추천, 진료 성과에 대한 인터넷 검색 등을 통해 우리를 찾아옵니다."

외국 환자들의 경우 추가적인 요구를 가지고 있는 경우가 많지만, 메이지는 외국 환자들을 치료하는 것이 환자와 환자의 나라에 도움을 주는 동시에 UCLA에도 도움이 된다고 생각한다.

"환자들이 여기서 자신의 나라에서는 생각할 수 없는 최고 수준의 의료 서비스를 제공받는 것은 사실이지만 저는 그것보다 그러한 치료가 가지는 사회적인 이득을 같이 생각합니다. 이들 환자들이 모국으로 돌아가서 자신의 경험을 여러 사람에게 이야기할 때, 이들은 단지 의학적인 측면만을 이야기하지 않습니다. 이들은 자신이 UCLA에서 받았던 친절과 정중하면서도 인간적인 대우에 대해서도 이야기하게 됩니다. UCLA는 이들에게 미국을 대표하는 존재가 되는 것입니다."

UCLA에서 진료를 필요로 하는 외국 환자들이 진료비를 부담할 능력이 되지 않을 때는 국내 환자들의 경우처럼 사안에 따라서 자선단체를 통한 도움이 제공된다. 말와 나임이 그런 경우였다. 2003년 4월 미국이 이라크를 침공하였을 때 아홉 살이었던 말와는 자신이 살던 동네에 폭탄이 터져서 어머니가 죽고 그녀 자신은 오른손 엄지와 코를 잃었다. 미국의 원조기관은 UCLA와 성형외과 과장인 티모시 밀러 박사에게 협조를 요청하였다. 밀러 박사 팀은 무료 수술을 통해서 말와의 코를 복원하는 데 성공했지만 엄지손가락은 살리지 못했다. 7개월이 지난 후 말와는 이라크로 돌아갔다. 팔레스타인 아동구호기금의 도움으로 밀러 박사 팀은 말와를 다시 미국으로 데리고 와 추가적인 수술을 할 수 있었다.

UCLA의 환자 코디네이터인 테레사 무싸는 말와가 심리적인 안정을 가질 수 있도록 도우면서 필요한 물건들도 제공해주었는데 그 경험을 이렇게 이야기한다.

"여태까지 저를 필요로 하는 많은 환자들을 경험했고 그동안 했던 일들을 사랑하지만, 만일 당신이 말와와 같은 아이에게 도움을 줄 수 있는 기회를 가지게 된다면 이는 정말로 일생일대의 경험이 될 것입니다."

당연히 말와에 대한 진료는 전 세계적으로 언론의 집중적인 관심을 받게 되었다. 커트 스트리더는 〈LA 타임스〉에 UCLA가 말와를 치료해준 것의 중요성에 대해 다음과 같은 기사를 썼다.

'말와 나임은 그녀의 얼굴과 그녀의 인생이 미국의 한 외과 의사에 의해 바뀌는 경험을 했다. 그녀를 LA로 데려온 것은 포탄의 파편이었다. 뜨겁고 날카로운 파편은 그녀의 다리와 위장, 그리고 그녀의 오른손을 관통했다. 그 파편은 그녀의 깊은 갈색 눈을 담은 그녀의 얼굴을 짓이겼고 코는 떨어져나갔다. … UCLA 병원과 성형외과 과장인 팀 밀러는 무료 진료를 통해서 그녀의 얼굴을 되찾아주었다'

경제적으로 어려운 시기에도 리더들은 그들이 기업의 손익에 대한 개념을 초월하는 서비스에 대한 의사결정을 내려야 한다는 사실을 알고 있다. 회사의 미션과 비전을 심사숙고한 뒤, 이들 리더들은 바람직한 일들을 제때에 시작하여야 하며 이러한 것들이 언젠가 기업에 긍정적인 이익으로 돌아올 것이라는 것을 믿어야 한다.

UCLA의 리더들과 밀러 박사와 같은 의사들은 모든 가치 있는 추구가 금전적인 이익으로 돌아오는 것은 아니라는 사실을 잘 알고 있다. 하지만 이들 리더들은 자신들의 자선행위가 사회에서 소외된 계층과 자선행위를 통해 가장 큰 혜택을 받을 것으로 생각되는 이들에게 돌아가도록 노력하고 있다.

| Check Up | 당신의 기업은?

- 자원을 효율적으로 활용하고 서비스 제공을 극대화하기 위해서 어떤 감시 프로세스를 가지고 있는가?
- '지역사회'를 얼마나 넓게 정의하고 있는가? 기업이 위치하고 있는 지역인가, 전국적인가, 아니면 국제적인가?
- 회사의 수익에 보탬이 되지 않지만 지역사회에 도움이 되는 서비스 제공을 결정할 때 어떠한 조건들을 고려하는가?

## 국가를 위해 헌신한 이들을 보살핀다

매우 다양하고 많은 지역사회의 요구가 있다는 점을 감안하면 기업의 리더들이나 소유주들이 어떤 요구에 응할지를 결정할 때, 아주 전략적인 관점에서 결정하는 경우가 종종 있다. 리더들이나 마케팅 담당자들은 그들의 주요 고객들에게 가장 호소력이 있는 이슈를 발굴해서 여기에 기부나 마케팅 노력을 집중한다. 이와 같은 기업의 사회적 책임을 전략적인 관점에서 바라보는 접근은 기업의 예산이 넉넉하지 않은 시기에 외부의 재원을 모을 수 있는 정당성이 결여되어있기 때문에 지속적으로 시행하기 어렵다. 이와는 대조적으로 UCLA의 사회 기부 프로그램은 어떤 문제에 대해 마음에서 우러나는 열정을 가진 리더들에 의해서 시작되었다. 이러한 리더들은 UCLA와 지역사회에서 비슷한 생각을 가진 사람들을 규합하게 된다.

이러한 열정적인 협력의 예가 UCLA의 오퍼레이션 멘드Operation Mend 프로그램이다. 자동화 콜센터 산업을 창시하고 UCLA 병원의 이사회 멤버이기도 한 로날드 카츠는 이라크와 아프가니스탄에서 부상을 당한 군인들에게 최선의 의료지원을 하기 위해서는 UCLA 의사들이 가진 의술의 도움을 받을 필요가 있다고 생각하였다. 카츠의 이러한 아이디어는 UCLA 최고경영진은 물론 전체 의료진의 지지를 받게 되었다. 자신의 카츠 패밀리 재단을 통해 이 프로그램에 소요되는 비용의 일부를 지원하고 있는 로날드는 Operation Mend를 'UCLA 헬스시스템과 브룩 군병원 간의 협력이 성공한 놀라운 예'라고 말한다.

의과대학 학장인 레비에 의해서 카츠에게 처음으로 추천된 의사는 앞서 소개된 말과 나임을 치료했던 성형외과 과장인 티모시 밀러 박사였다. 밀러는 이렇게 이야기한다.

"이 프로그램은 진정한 자선가인 카츠의 노력에 힘입어서 시작되었습니다. 그는 얼굴과 손에 심한 화상을 입은 한 해병대 병사의 사례를 보고서는 의과대학 학장이었던 제리 레비 박사를 찾아갔습니다. 그 자리에서 학장님께서 저한테 전화를 하셔서 이라크와 아프가니스탄에서 부상을 입은 해병들을 수술해줄 수 있겠냐고 물으셨습니다. 저는 당연히 '하겠습니다'라고 바로 대답했습니다."

어떻게 그렇게 빠른 결정을 내릴 수 있었느냐는 질문에 밀러 박사는 이렇게 이야기한다.

"제가 소방관들이나 화상, 피부암 환자들에게 많은 재건 수술을 해 왔지만 사실 제 수입의 대부분은 미용 성형 수술로 얻어졌습니다. 제 자신도 베트남전에 참전했던 재향군인으로서 그 제안은 저에게 정말 중요한 의미를 가진 것이었습니다. 부상을 당한 군인들에게 최고 수준의 의료를 제공하고 제가 베트남에서 돌아왔을 때는 가능하지 않았던 모든 지원을 해주고 싶었습니다. 이 젊은이들은 우리를 대신해서 그 위험에 자신의 모든 것을 쏟아부었고 우리는 그들에게 많은 빚을 지고 있습니다. Operation Mend는 저한테 있어서 성형외과 의사로서 이들에게 은혜를 갚을 수 있는 좋은 기회였습니다. 그 기회가 오자마자 붙잡은 것이고 제 일생을 통해서 가장 보람 있는 일이 되었습니다."

Operation Mend 프로그램의 많은 환자들은 UCLA에서의 치료를 통해 희망을 회복하고 정상적인 삶으로 돌아갈 수 있다는 확신을 가지게 된다. Operation Mend 프로그램의 첫 환자로서 UCLA에서 치료를 받은 해병 아론 맨킨은 자신이 전쟁 중에 입은 부상은 전혀 상상할 수 없었던 일이라고 말한다.

"사람들은 전장으로 나가게 되면 이런 생각을 하게 됩니다. '그래, 부상을 당하기는 싫지만 가능성은 언제나 있어' 저는 만약 신체의 일부를 잃는다면 살아갈 수 있을까, 라는 생각까지도 해보았습니다. 팔이 없다면, 뭐 살 수 있겠죠. 다리가 없다면, 그래도 살 수 있겠죠. 그런데 손가락과 얼굴을 잃는다는 생각은 하지 못했습니다. 그런데 그게 바로 제 현실이 되어 눈앞에 나타난 것이죠."

맨킨은 자신이 텔레비전에 출연한 것을 계기로 시작된 UCLA의 Operation Mend 프로그램을 이야기한다.

"부상을 당한 후에 저는 텍사스 주의 샌안토니오에 있는 브룩 군병원의 화상 병동으로 후송되었고 시간이 지나면서 제 얼굴에도 적응이 되어가고 있었습니다. 얼마 지나서 제가 부상을 당하기 전에 언론 및 홍보 관련 훈련을 받았고 인터뷰를 하는 방법도 알고 있었기 때문에 환자들의 대언론 창구 역할을 맡게 되었습니다. 하루는 폭스 TV 뉴스의 유명한 앵커인 루 답스와 인터뷰를 하게 되었습니다. 그가 저에게 '앞으로 어떤 계획을 가지고 계십니까?' 라고 질문을 했는데 군대가 저의 잘생긴 얼굴을 돌려주어야 할 이유에 대해서 농담을 했습니다. 그런데 론 카츠와 그의 아내 매디가 그 텔레비전 프로그램을 보고 있다가 '왜 그렇게 하지 못하지? 왜 우리는 그동안 아무것도 하지 않고 있었지?' 라고 생각했다고 하더군요. 론은 바로 그 일에 착수했고 UCLA Operation Mend 프로그램이 시작되었습니다. 그리고 제가 바로 이 프로그램에 참여하는 첫 환자가 된 것입니다."

수술부의 차장인 쉐넌 오켈리는 UCLA의 리더들이 론 카츠의 아이디어를 실제 프로그램으로 만들었던 과정에 대해 설명한다.

"몇 명의 외과 의사를 포함한 UCLA 팀들이 브룩 군병원의 담당자들과 논의를 하기 위해서 샌안토니오로 갔습니다. 처음에 군병원 담당자들은 자신들도 충분한 자원을 가지고 있다고 생각했고 환자들이 LA까지 먼 거리를 이동해야 했기 때문에 과연 우리의 도움이 필요한지에 대해서 회의적인 시각을 가지고 있었습니다. 텍사스에서 돌아오면서 저는 우리 팀들과 함께 부상당한 군인들의 모든 면을 잘 보살피기 위한 완벽한 계획을 수립하였습니다. 우리는 환자들이 도착해서 퇴원할 때까지 빈틈없는 진료가 가능하도록 진료 흐름도를 작성하였습니다."

쉐넌은 이러한 Operation Mend 프로그램 초기의 노력을 인정받아 그해 병원으로부터 올해의 영웅상을 수여받았다. 물론 그때까지도 Operation Mend 프로그램은 여전히 만들어지고 있는 과정이었지만 올해의 영웅상 수여 이유에는 다음과 같은 말이 적혀있었다.

'공항의 게이트에서부터 직접 군인들을 마중 나가서 항상 이들의 옆을 지키면서 그들의 질문에 답해주고 그들의 걱정을 해소시켜주었습니다. 모든 진료 약속에 그들을 에스코트하였고 자신의 주머니를 털어서 필요한 비용을 지출하였습니다. 그는 모든 군인들이 UCLA에서 퇴원한 이후에도 그들과 개인적인 친분 관계를 지속해나가고 있습니다'

Operation Mend 환자였던 리차드 야로시 하사는 쉐넌과 같은 이들이 자신들의 요구를 기꺼이 들어주기 위해서 노력했던 점을 매우 높이 평가한다.

"UCLA에서 저를 보살펴준 모든 직원들에게 감사드립니다. 저는 가슴과 등을 제외한 전신에 60% 화상을 입었고 화상으로 귀를 잃고 코도 반이 없어졌습니다. UCLA에서의 수술은 코를 재건하고 입술 주위의 당기는 상흔을 느슨하게 하는 것이었습니다. Operation Mend 프로그램을 통해서 이 수술을 받고 싶었고 저와 몇몇 동료가 혜택을 보게 되었습니다. 물론 UCLA가 이런 일을 할 의무는 없었지만 그들은 이 일을 기꺼이 맡았습니다."

해병인 오요아나 알렌드도 비슷한 경험을 이야기한다.

"이 프로그램은 한 사람의 인생을 변화시켜주는 프로그램입니다. UCLA의 의료 수준이 어느 정도인지, 수술에서의 회복도 얼마나 빠른지는 보셔서 잘 아실 겁니다. 뿐만 아니라 UCLA에서의 경험은 저에게 너무도 포근한 느낌을 주었습니다. 수술 결과가 좋았던 것 이외에도 저는 버디 가족 프로그램Buddy Family program에도 감사를 전하고 싶습니다. 제 남편은 현역 해병으로 임무를 수행 중이어서 두 번에 걸친 저의 수술에 제 옆에 있지 못했고 다른 가족들도 오지 못했지만, 가족 프로그램을 통해서 저와 가족 관계를 맺은 많은 가족들이 제 옆을 지켜주었고 제가 혼자가 아니라는 사실을 느끼게 해주었습니다."

버디 가족 프로그램의 코디네이터인 다나 카츠는 이러한 사회적 지지의 중요성에 대해 이렇게 이야기한다.

"프로그램에 참여하는 부상 군인들의 완벽한 치료와 마음의 평안을 돕기 위한 UCLA의 노력의 일환으로 저의 시아버지이신 론 카츠가 버디 가족 프로그램에 대한 아이디어를 내시면서 저와 제 남편에게 아론 맨킨의 첫 번째 가족이 되어줄 것을 권유하셨습니다. 아론은 그의 아내와 딸과 함께 병원에 왔기 때문에 저희는 타지에 와있는 그들의 가족 같은 역할을 해주었습니다. 그 후 지속적으로 버디 가족 프로그램을 발전시켜왔습니다. 아론 가족의 경우 UCLA의 티버튼 하우스에 도착한 그들을 마중 나가서 그날 저녁 우리 집에 초대해 저녁을 같이하기도 했습니다. 이후 치료를 받는 전 기간 동안 아론과 그 가족들이 가지고 있는 모든 측면의 요구들을 예측하고 들어주는 역할을 하였습니다."

블레인 스캇 중사는 UCLA에서 그가 받은 수술뿐만 아니라 자신의 가족들에게 베풀어진 보살핌에 대해 매우 감사하고 있다.

"UCLA의 Operation Mend는 저에게 정말로 많은 것들을 베풀어주었습니다. 저는 그저 입을 재건하고 다친 눈을 치료하면 좋겠다고 생각했는데 거기서 더 나아가 저에게 새로운 코를 만들어주고 발목까지 치료해주었습니다. 그것보다 더 대단한 것은 프로그램 담당자들이 저의 가족들이 입원 기간 내내 아무런 걱정 없이 지낼 수 있도록 보살펴준 것입니다. 사실 제 경제적인 능력으로는 가족들을 티버튼 하우스에 묵게 하고 숙식을 제공한다는 것이 불가능하였습니다. 하지만 프로그램의 도움으로 이러한 것들이 가능하게 되었습니다. 훌륭한 수술 실력 덕분에 제 얼굴도 조금씩 예전 모습을 찾고 있습니다. 이 모든 것이 카츠 패밀리 재단의 기부와 UCLA의 헌신으로 가능한 것입니다. 물론 이 프로그램에 기부를 하고 있는 수많은 사람들의 덕분이기도 합니다. 저와 제 동료들에게 이러한 일을 가능하게 해준 모든 사람들과 악수를 하고 포옹을 할 수 있으면 좋겠습니다. 평생 그 은혜를 잊지 않겠습니다."

지금 여러분이 읽고 있는 이 책에서 나오는 수익금은 Operation Mend에 기부되며, 여러분도 프로그램의 홈페이지(www.operationmend.ucla.edu)를 통해 직접 기부를 할 수 있다.

Operation Mend는 UCLA의 핵심 역량인 의료, 서비스, 리더십에 기반을 두어 잘 계획되고 실행에 옮겨진 프로그램이다. 이는 또한 기존 UCLA 직원들과 의사들의 능력, 병원과 지역사회의 협력을 통해 가능하였다. UCLA 간이식 프로그램의 임상전문간호사인 패티 테일러와 그녀의 퀼트 그룹이 Operation Mend 환자들이 사용할 퀼트 침구를 만든 것이나, 지역사회의 자원봉사자들이 버디 가족을 자청하여 극진한 보살핌을 베푼 것이나, 밀러 박사 같은 사람이 최고 수준의 의술을 제공한 것이나 UCLA의 리더들은 이러한 모든 자원들을 하나로 묶어서 국가를 위해 헌신한 이들에게 최고의 보살핌을 베풀었다.

어느 기업이든 이익을 내는 서비스 부문에 쏟는 열정과 같은 정도의 열정을 지역사회의 서비스에 쏟아야 하는 시기를 만나게 된다. 우리가 이와 같은 열정을 수용하게 된다면 서비스의 경계를 확장하는 것의 중요성을 깨닫게 될 것이고 '최고의 서비스는 기업을 살찌운다' 라는 원칙의 참의미도 깨닫게 될 것이다.

### 실천을 위한 요약

- 전통적인 정의를 넘어서는 '고객'에 대한 정의를 숙고하라.
- '직원'들이 당신 회사의 고객이 될 가능성을 높일 수 있는 방법을 찾아라.
- 다양한 종류의 고객들과 직원들의 서비스 경험에 나타나는 의도하지 않은 차이를 찾아라.
- 당신이 가지고 있는 지역사회라는 개념의 폭이 어느 정도인지를 생각해보라. 그 폭을 유지할 것인지 바꿀 것인지를 전략적으로 결정하라.
- 이익이 나지 않음에도 불구하고 서비스가 제공되어야 하는지를 결정하는 데 필요한 판단 기준을 만들어라.
- 조직이 전략적으로 중요하게 생각하는 것이 아닌, 당신의 순수한 열정에 가장 잘 부합하는 행동의 이유를 찾아라.
- 당신을 위해서 헌신하는 사람들을 보살필 수 있는 방법을 찾아라.
- '최고의 서비스는 기업을 살찌운다'라는 생각에 대해 토론하고 이러한 대화를 통해서 어떠한 것이 얻어지는지를 관찰하라.

결론

# 스타벅스 같은,
# 리츠칼튼 같은 서비스를 향해서

UCLA 헬스시스템은 우리가 상상할 수 있는 가장 복잡한 조직 중 하나라고 할 수 있다. 이는 본질적으로는 세계 최고 수준의 의료를 제공하는 의료기관과, 의료 인력에게 탁월한 교육을 제공하는 교육기관, 그리고 미래 의료를 창조하는 첨단 연구기관이라는 세 개의 기업이 하나의 조직으로 구성되어있다. 이들 모든 사업 부문에서 UCLA는 서비스를 제공받는 고객들이 해를 입거나 의도하지 않은 사망에 이르게 되는 것을 예방하기 위해서 기술과 인간이 결합된 안전문화를 개발해야 하는 임무를 가지고 있다. 각각의 사업 부문은 지속적인 질 향상, 보다 나은 결과를 얻기 위한 책임의식, 고객 중심의 진료를 제공하기 위해 프로세스를 보다 간소화하려는 열정 등을 통해서 자신의 과업을 성공적으로 수행해오고 있다. 이제까지 살펴본 놀라운 성과들에도 불구하고 UCLA의 리더들은 여전히 직원들에게 고객만족을 더욱 향상시키고 서비스 제공의 일관성을 극대화 할 것을 요구하고 있다. 이들 리더들은 서비스를 거래라는 관점으로 바라보지 말고 모든 고객과의 관계에서 인간적인 보살핌과 열정이 필수적인 요소가 되어야 한다는 메시지를 지속적으로 직원들에게 전달하고 있다. 하지만 이들 리더들이 그들의 제품과 서비스를 고객들에게 제공하고 있는 외부 환경은 정부의 규제가 극심하고, 정치 상황에 따라 급변하고, 재정적으로도 많은 어려움이 있는 상황이다.

마지막 결론을 쓰면서 나는 UCLA가 주는 핵심적인 교훈들을 되새겨보고 독자들로 하여금 이 책에서 다루어진 개념들을 행동에 옮기게 하는 가장 좋은 방법은, 기회가 있을 때마다 환자 진료 사례에 대해 이야기한 UCLA의 CEO 데이비드 파인버그 박사의 성공 과정들을 따라 해보는 것이라는 것을 깨닫게 되었다. 이를 위해서 UCLA의 환자였던 제이 울프와 케서린 울프의 이야기를 하고자 한다.

제이와 케서린은 캘리포니아 주의 말리부에 살고 있었는데 제이는 그곳에 있는 페퍼다인 법학전문대학원의 3학년 학생이었다. 이들 부부는 첫 번째 아기를 낳았고 부부 모두 건강상 아무런 문제가 없었다. 케서린은 담배를 피우지 않았고 정기적으로 운동을 했으며 체중도 정상이었다. 하지만 아들 제임스가 태어난 지 여섯 달 만에 26살의 케서린 울프는 선천성 기형이 있던 뇌혈관의 파열로 인한 출혈성 뇌졸중으로 쓰러졌다. 그녀의 주치의였던 신경외과 의사인 네스터 곤잘레스 박사는 그때의 상황을 이렇게 이야기한다.

"케서린의 케이스는 여러 가지 측면에서 저희에게 큰 도전이었습니다. 일단 부위가 기술적으로 수술적 접근이 매우 어려운 부위였고 그녀가 가지고 있던 동정맥 기형은 제가 여태까지 본 사례 중에 가장 복잡하고 어려운 경우였습니다. 게다가 출혈이 동반되었기 때문에 뇌압이 계속 올라가는 문제도 있었습니다. 뇌압의 상승으로 인해 뇌실질이 척수 쪽으로 이탈하고 있는 상황이었습니다. 일반적으로 그 정도 상황이면 치료가 정말로 어렵습니다. 환자의 대부분은 사망하게 됩니다. 혈관 기형 부위가 우리 몸의 주요한 기능을 조절하는 뇌간의 주요 구조와 너무 가까이 있었습니다. 제가 우선적으로 해야 했던 것은 수술로 케서린의 생명을 구할 가능성이 얼마나 되는지를 결정하는 것이었습니다."

곤잘레스 박사는 아무것도 하지 않는 것이 수술을 하는 것보다 더 위험하다는 결론을 내리고 케서린의 남편 제이와 의논을 하였다.

"저는 수술을 할지 말지를 결정하는 과정에서 중요한 사항 중의 하나가 가족들과 대화하는 것이라고 생각합니다. 저는 그녀의 남편과 매우 허심탄회한 대화를 나누었고 수술을 했을 때 예상되는 모든 위험에 대해 설명하고 그 가능성이 매우 높다는 것도 이야기해주었습니다. 하지만 UCLA는 케서린과 같은 환자를 살리려는 시도를 해볼 수 있는 몇 안 되는 병원 중 하나였고 그것이 우리가 여기 존재하는 이유이기도 했습니다. 그래서 우리 팀은 뇌압을 낮추고 기형을 제거하기 위한 수 시간에 걸친 수술에 돌입하였습니다. 수술은 생각했던 대로 매우 어려웠습니다. 수술을 하는 동안 아주 미세한 움직임도 자칫하면 환자에게 해를 입힐 수 있기 때문에, 저의 모든 신경을 환자에게 집중하기 위해 수술하는 동안에는 절대 시계를 보지 않습니다. 모든 주의를 기울여서 우리 팀은 기형이 있는 혈관들을 제거하고 혈종도 제거했습니다. 수술을 마쳤을 때, 몸의 모든 에너지가 소진된 느낌이었기 때문에 한 8시간 정도 수술을 했다고 생각했습니다. 하지만 실제는 16시간을 수술한 것이었습니다. 저는 우리가 할 수 있는 모든 것을 다했다고 확신합니다. 하지만 그녀가 깨어날지, 다시 걷고 말을 할 수 있을지는 기다려봐야 하겠지요."

그녀는 결국 깨어났고, 다시 걷고 말하게 되었다. 케서린은 수술을 마친 지 24시간도 되지 않아서 간호사가 발가락을 움직여보라는 말에 반응했다. 하지만 모든 회복이 다 빠른 것은 아니었다. 안면의 부분 마비와 복시, 오른손 운동 기능 부전을 가져온 7번 뇌신경 손상으로부터 회복하는 데 4개월이 걸렸다. 연하 기능이 회복되어서 다시 먹을 수 있기까지 11개월이 걸렸고 휠체어에 의존해서 지낸 지 1년 만에 지팡이를 짚고 걸을 수 있게 되었다.

제이와 케서린은 케서린의 생명을 구했던 수술뿐만 아니라 그들이 받았던 친절과 공감에 감사를 보내고 있다. 제이는 이렇게 이야기한다.

"UCLA의 모든 직원들은 우리가 너무도 어려운 시간을 잘 지나올 수 있도록 저희를 도와주었습니다. 그들은 케서린이 필요로 하는 모든 것들을 도와주고 지원해주었고 진정한 돌봄을 보여주었습니다."

케서린 역시 이렇게 이야기한다.

"저한테 UCLA는 최고의 의료와 진정한 보살핌, 그리고 삶을 의미합니다. 병원 직원들이 저와 가족들에게 용기를 북돋워주고 진심을 다해 보살펴준 것은 말로 표현할 수 없을 정도입니다."

제이는 또 이렇게 덧붙인다.

"파인버그 박사는 의학적으로 급박한 상황에서 많은 친구와 가족들이 도와주고 응원하는 것을 많이 보아왔는데 우리 상황은 이러한 응원과 지지의 새로운 패러다임을 만들었다고 말해주었습니다. 케서린이 뇌출혈을 일으키고 얼마 되지도 않아서 페이스북 그룹이 만들어지고 웹사이트(katherinewolf.info)가 만들어져서 전국 각지, 세계 각지의 사람들이 저희를 돕기 시작하였고 수없이 많은 사람들이 이곳을 방문하였습니다. 케서린의 처음 상태가 매우 심각했고 UCLA에 아주 오랫동안 입원해있었기 때문에 우리는 의사나 간호사, 치료사들은 물론 창구 직원부터 경비원들까지 병원의 모든 사람들과 아주 친한 사이가 되었습니다. 케서린의 스토리는 그녀의 젊은 나이와, 우리 친구들과 지역사회가 보여준 엄청난 지지, 그리고 기적적인 회복까지 모든 측면에서 주목을 받고 있습니다. 저는 케서린의 사례가 UCLA 직원들의 장점을 잘 보여주는 것이라고 확신합니다. 우리는 그들이 케서린에게 베풀어준 전문적인 지식과 기술, 친절, 헌신에 감사하기 위해서 우리가 할 수 있는 모든 것을 했습니다. 우리는 직원들이 그들의 서비스에 감동한 환자와 가족들이 보내는 작은 감사의 선물조차 받지 않는 것을 너무 많이 보았습니다. 우리는 우리에게 많은 시간을 할애하고 진심으로 보살펴준 UCLA에 대해 영원히 감사할 것입니다."

이 책에서 이야기했던 모든 교훈들이 이 케서린의 사례에 담겨있다고 해도 과언이 아닐 것이며 그녀가 UCLA에서 경험한 여러 가지 것들은 여러분 기업의 서비스를 개선하는 데 기본 틀로서 사용할 수 있을 것이다. 케서린의 안전을 보장하는 모든 것들은 수술실의 프로세스와 시술 과정에 스며들어있다. UCLA 리더들이 안전을 중시하는 문화를 만들기 위해 시행한 모든 노력들은, 곤잘레스 박사로 하여금 수술 과정에서 수술 자체와 관련 없는 다른 위험 요소들이 나타나지 않을지, 혹은 발견되지 않은 어떤 안전상의 문제가 있는 것은 아닌지와 같은 불필요한 걱정에 빠지지 않고 수술 과정에서 나타날 수 있는 위험에만 온전히 집중할 수 있도록 해주었다. 물론 곤잘레스 박사 자신도 환자의 안전에 대한 책임을 지고 있는 만큼 수술이 가지는 위험과 이익을 면밀히 검토하여 최악의 경우인 사망까지 포함한 예상 결과에 대해 솔직하게 커뮤니케이션을 했다. 케서린의 수술과 회복, 재활에 관련되어있던 모든 사람들은 그녀의 안전과 관련하여 '실수가 발생할 틈을 남기지 말라'는 UCLA의 두 번째 원칙을 지키기 위해 필요한 것들을 정확하게 수행하였다.

곤잘레스 박사와 다른 외과 의사들이 그들의 능력을 최대로 발휘할 수 있도록 최신 시설과 기술을 갖추고 케서린 치료의 전 과정에 요구되는 탁월한 능력을 갖춘 직원들을 채용하고 훈련시킴으로써 UCLA의 리더들은 최고의 결과를 가져올 수 있는 바탕을 제공하였다. 지속적으로 프로세스를 개선하고 진료의 결과와 효율성을 측정하기 위한 세부적인 질 관리 지표들을 관리함으로써 UCLA는 일견 기적으로 보이는 케서린의 생존을 가능하게 한 핵심적인 기반을 구축하였다. 본질적으로 케서린의 수술과 수술 후 치료는 '최고의 자리에 안주하지 말라'는 세 번째 UCLA 원칙을 지키고자 하는 리더들의 의지를 보여준다.

곤잘레스 박사는 케서린에 대한 시술이 다른 병원에서는 시도조차 어려웠을지도 모른다고 생각한다. 그는 고난도 수술을 감행한 자신의 의지에 대해 이렇게 이야기한다.

"그것이 바로 우리가 여기서 하는 일입니다."

이 말은 진료에 대해 책임을 지면서 과학적 기반에 근거하여 기존 진료의 한계를 초월하고자 하는 UCLA의 헌신을 단적으로 보여준다. 혁신의 정신에 있어서 곤잘레스 박사는 오히려 '여기서 하지 않는다면 어디서 하겠습니까?'라고 반문한다. 미래의 외과 의사들이 그의 작은 손놀림 하나까지 지켜보고 있는 상황에서 수술을 감행하기로 한 그의 계산된 결정에는 UCLA의 네 번째 원칙인 '주도적으로 미래를 창조하라' 는 태도를 견지하고자 하는 그의 의지가 담겨있다.

진심이 담긴 진료가 지속적으로 제공되면서 울프 가족과 경비원부터 신경외과 의사에 이르기까지 모든 계층의 UCLA 직원들 사이에는 강한 유대관계가 형성되었다. 직원들은 UCLA의 CICARE 모델에 부합하는 서비스를 지속적으로 제공하였고 제이와 케서린으로 하여금 진정한 관계에 기반을 둔 경험을 하도록 하였다. 병원에 입원해있는 동안 제이와 케서린에게 희망을 불어넣어 주었고, 그들의 말을 경청했으며, 많은 시간을 함께해주었고, 그들이 원하는 것을 해주고, 그들 스스로 자신의 일을 할 수 있도록 도와주었다. 이러한 직원들의 행동에는 본질적으로 '환자를 위해 모든 것을 쏟아라' 라는 UCLA 첫 번째 원칙이 각인되어있다.

제이와 케서린은 UCLA의 브랜드 대사로 활동하고 있다. 그들은 지역사회의 열렬한 지지를 받으며 여러 형태의 대중 모임에 참석하고, 파워 블로거로서 활동하며 페이스북에도 많은 팔로어들을 가지고 UCLA의 서비스 질에 대한 메시지를 솔직하게 전파하고 있다. 케서린이 뇌출혈로 쓰러진 지 1년째 되는 날 그녀가 전한 감사의 메시지가 한 블로그에 올라와있는데, 그 글을 통해서 그녀의 너무도 긍정적인 삶에 대한 태도와 UCLA를 지원하고자 하는 의지를 엿볼 수 있다. 1년 전 그 비극적인 순간에 다가온 자신의 행운에 대해 이야기하면서 케서린은 다음과 같이 적고 있다.

"평소에 주로 학교에서 점심을 먹던 남편이 그날따라 제가 쓰러지기 직전에 점심을 먹으러 집으로 왔습니다. 그가 바로 앰뷸런스를 불렀고

낮잠을 자고 있던 아기를 데리고 병원으로 향했습니다. 그리고 앰뷸런스가 도착한 곳이 미국 최고의 병원 중 하나인 UCLA였습니다. 네스터 곤잘레스 박사님이 16시간에 걸쳐서 수술을 시행하였는데 그는 신경외과와 영상의학과 전문의 자격을 동시에 가지고 있는 몇 안 되는 의사였습니다. 그런 능력을 지닌 의사를 만난 것은 저에게 너무나 큰 행운이었습니다. … 쓰러지기 전에 저는 TV 게임쇼에 나가서 5만 달러의 상금을 받게 되었는데 병원에 입원한 직후 그 돈이 저에게 지급되었습니다. 그 돈이 있었기에 제이가 아무 걱정 없이 제 옆을 계속 지켜줄 수 있었습니다."

케서린의 솔직하면서 가슴에 사무치고, 감사가 넘치면서 영감을 주는 글은 그녀의 블로그에 방문하는 수많은 사람들에게 UCLA에 대한 좋은 인상을 각인시켜주었으며 '최고의 서비스는 기업을 살찌운다'는 UCLA 다섯 번째 원칙을 확인시켜준다.

자, 그렇다면 이제 이러한 UCLA의 리더십을 어떻게 당신의 기업에 적용할 것인가? '안전을 중시하는 문화'를 확립한다는 관점에서 기업의 안전과 관련된 현재의 프로세스를 면밀히 검토하는 것이 될 것인가? 아마 당신은 사람이기 때문에 어쩔 수 없이 나타나게 되는 안전문제를 예방하기 위한 기술적 장치의 통합을 고려하게 될 것이다. 아니면 상품의 질을 향상시키고자 하는 기본으로 돌아가는 것을 강조할 것인가? 그렇게 된다면 당신은 회사에서 제공하는 서비스의 일관성에 대해 검토할 것이고 그러한 일관된 서비스가 제공되기 위해 직원들에게 요구되는 서비스 행동을 정의하고 이를 관리할 수 있는 행정 관리자 회진이나 수행 추적 시스템 같은 프로세스를 확립하게 될 것이다.

여러분 중 일부는 '서비스service'와 '경험experience'의 차이를 강조할 수도 있을 것이고 혹은 재정적 이익과 브랜드 차별화를 기대하면서 고객 경험을 향상시키는 것에 투자할 것을 담당자에게 요청할 수도 있을 것이다. 모든 회의를 고객 경험 사례를 제시하는 것으로 시작할 수도 있고 직원들에게 서비스의 실례를 보여주는 데 보다 많은 시간을 할애하여 그들로 하여금 그 사례에서 영감을 받도록 할 수도 있을 것이다. 혹자는 다섯 가지의 관계에 기반을 둔 진료 프로세스에 대한 토론을 시작할 수도 있을 것이고 혹은 '고객'이나 '지역사회'에 대한 개념을 보다 넓게 정의하려고 할 수도 있을 것이다.

하지만 이렇게 여러분들이 앞으로 어떤 것들을 하겠다고 결심하는 것보다 더욱 중요한 것은 실제 행동으로 옮기는 것이다. 영국의 생물학자인 토마스 헉슬리는 '위대한 인생은 앎이 아니라 행함으로 이루어진다'라는 말로 이것의 중요성을 잘 지적하고 있다.

그렇다면 이제 여러분은 UCLA의 사례에서 얻어진 지식들을 통해서 어떤 행동을 취할 것인가? 지금까지 나는 각 장 말미에 그 장의 내용을 요약한 일종의 행동지침 성격의 '실천을 위한 요약'을 수록하였다. 하지만 이 장에서는 그 요약 부분을 빈칸으로 남겨놓으려 한다. 종이에 연필로 적든, 페이스북에 포스팅을 하든, 시간을 가지고 여러분의 '실행 계획'을 문서의 형태로 완성하기 바란다. 그 계획을 꿋꿋이 실행에 옮김으로써 여러분은 한 고객, 한 고객을 대할 때마다 여러분 기업의 서비스 수준을 향상시키게 될 것이고, UCLA의 CEO인 파인버그 박사의 말을 빌어서 이야기하자면 이를 통해서 '바로 다음 고객이 당신의 가장 중요한 고객'이 될 것이다!

## 당신의 실행 계획

▶

▶

▶

▶

▶

▶

▶

▶

▶

▶

## UCLA 헬스시스템 산하 연구소 및 센터

UCLA AIDS Institute
UCLA Brain Research Institute
California NanoSystems Institute
Center for Neurobiology of Stress
Crump Institute for Molecular Imaging
Doris Stein Eye Research Center
Edie and Lew Wasserman Eye Research Center
Inflammatory Bowel Disease(IBD) Center
Institute for Molecular Medicine
Institute of Urologic Oncology at UCLA
Jules Stein Eye Institute
Pfleger Liver Institute
Jane and Terry Semel Institute for Neuroscience and Human Behavior at UCLA

## 전문센터

Aging : UCLA Center on Aging
AIDS : CARE Center/Center for Clinical AIDS Research and Education
Alzheimer's disease : Mary S. Easton Center for Alzheimer's Disease Research at UCLA
Blood donations : Blood and Platelet Center
Breast cancer : Revlon/UCLA Breast Center
Cancer : Jonsson Comprehensive Cancer Center
Cancer : Simms/Mann UCLA Center for Integrative Oncology

Cerebral palsy : UCLA/Orthopaedic Hospital Center for Cerebral Palsy
Children's health : Witherbee Foundation Children's Health Center
Children's health : Marion Davies Children's Center
Dermatology : UCLA Dermatology Center
Diabetes : Gonda(Goldschmied) Diabetes Center
Diabetes : Larry L. Hillblom Islet Research Center at UCLA
Digestive Disease : CURE: Digestive Diseases Research Center
Ear : Victor Goodhill Ear Center
East-West medicine : UCLA Center for East-West Medicine
Esophageal : UCLA Center for Esophageal Disorders
Family health : UCLA Family Health Center, UCLA Family Medicine
Genetics : Center for Society and Genetics
Genetics : Gonda(Goldschmied) Neuroscience and Genetics Research Center
Hand : UCLA Hand Center
Heart : Ahmanson/UCLA Adult Congenital Heart Disease Center
Heart : Ahmanson-UCLA Cardiomyopathy Center
Heart : UCLA Cardiac Arrhythmia Center
Hyperbaric : UCLA Gonda Center for Wound Healing and Hyperbaric Medicine
Hyperbaric : Gonda(Goldschmied) Wound Treatment and Clinical Tissue Engineering Center at UCLA
Imaging : Laboratory of Neuro Imaging(LONI)
Medical research : Gordon and Virginia MacDonald Medical Research Laboratories
Muscular dystrophy : UCLA Duchenne Muscular Dystrophy Reseach Center

Muscular dystrophy : Center for Duchenne Muscular Dystrophy at UCLA
Neurology : Clarence C. Reed Neurological Research Center
Neuroscience : Neuroscience Research Building
Nutrition : UCLA Center for Human Nutrition
Orthopaedics : Orthopaedic Hospital Research Center
Outpatient surgery : Ambulatory Surgery Center at UCLA
Robotics : CASIT/Center for Advanced Surgical and Interventional Technology
Spine : UCLA Comprehensive Spine Center
Student health : Arthur Ashe Student Health and Wellness Center
Stroke : UCLA Stroke Center
Transplant : Dumont-UCLA Transplant Center
Urology : Frank Clark Urology Center
Vascular : Gonda(Goldschmied) Vascular Center
Vascular : UCLA Gonda Venous Center & APU
Voice : UCLA Voice Center for Medicine and the Arts
Women's health : Iris Cantor-UCLA Women's Health Center

### 자료센터
Advance directives : Center for Human and Ethical Medical Care(CHEC)
Cancer : Simms/Mann UCLA Center for Integrative Oncology
Ethics : UCLA Ethics Center
Library : Louise M. Darling Biomedical Library
Mental health : Nathanson Family Resource Center
Pediatric hematology/oncology : Hope Family Resource Room and Library
Rape treatment : UCLA Rape Treatment Center
Women's health : Iris Cantor-UCLA Women's Health Education & Resource Center(WHERC)

Jane and Terry Semel Institute for Neuroscience and Human Behavior at UCLA Research Centers
Ahmanson-Lovelace Brain Mapping Center
Center for Addictive Behaviors
Center for Autism Research and Treatment
Center for Community Health
Center for Culture and Health Services Research
Center for Neurobehavioral Genetics
Norman Cousins Center for Psychoneuroimmunology
Stefan and Shirley Hatos Center for Neuropharmacology
Stem Cell Research Center
Intellectual and Developmental Disabilities Research Center

통합센터
Integrated Substance Abuse Program
Memory and Aging Reaserch Center
Tennenbaum Center for the Biology of Creativity

## 부록 B

다음 글은 UCLA 헬스시스템이 출판하여 배포하는 인쇄물에서 발췌한 것들이다.

    THE UCLA HEALTH SYSTEM
    직원 오리엔테이션 핸드북
    2010년 1월

### 환자의 개인정보 보호

모든 환자들은 자신의 프라이버시를 보호받을 권리를 가지고 있으며 환자의 개인정보를 보호하는 것은 모든 직원들의 의무입니다. 이는 환자와 그 환자에게 제공된 의료에 대한 모든 정보가 개인정보임을 의미합니다. 연방법(의료보험의 연속성 및 책무성에 관한 법률, Health Insurance Portability and Accountability Act, HIPAA)과 캘리포니아 주법은 모든 개인 식별 정보와 환자의 신원을 확인하는 데 사용될 수 있는 모든 영상과 기타 정보들을 포함한 모든 환자의 의료정보를 보호하도록 규정하고 있습니다. 이와 같은 개인정보 보호법은 모든 형태의 환자의 의료정보에 적용되며 이는 종이문서, 전자문서, 구두정보 모두를 포함합니다. 정식으로 인가받지 않은 상태로 부적절하게 UCLA 정보 시스템에 접근하여 환자의 의료정보나 개인정보를 열람하거나 공개한 경우 처벌(최고 파면)을 받게 되며 이러한 사실은 정부와 면허기관에 통보되고, 민형사상 책임을 지게 될 수 있습니다. 비밀번호는 본인 이외의 사람에게 절대로 알려주지 않아야 하며 워크스테이션을 떠날 때는 반드시 시스템에서 로그오프하여야 합니다.

직원들은 본인의 업무를 수행하고 책임을 완수하는 데 필요한 최소한의 정보만을 사용하여야 합니다. 직원들은 자신이 직접 진료를 담당하거나 자신의 업무상 접근이 필요한 환자의 정보에만 접근하여야 합니다.
보호되어야 하는 정보의 범위는 매우 광범위한데 다음과 같은 것들을 포함합니다.

- 진찰권번호, 이름, 생년월일, 사회보장번호, 주소, 전화번호, 이메일, 사진 및 기타 환자 개인을 식별하는 데 사용될 수 있는 코드나 특성 정보를 포함한 모든 환자 식별정보
- 진단명 및 환자의 상태(특히 에이즈, 정신질환, 유전질환, 혹은 알코올 및 약물 중독)에 대한 자세한 내용
- 치료에 대한 정보
- 의료진이 환자에 대해 기록한 노트
- 진료비 정보
- 환자와 의료진 간의 대화 내용

환자의 이름과 상태 등 병동이나 병실에 기록되어있는 환자에 대한 일반적인 정보는 캘리포니아 주법 및 연방법에 따라 환자의 동의 없이 공개될 수 있으나, 이 경우도 환자가 이의 삭제를 요청한 경우는 공개할 수 없습니다. 각 부서는 부서별로 이와 같은 일반 정보 공개에 대한 특별 규정을 가지고 있습니다. 환자의 일반적인 정보를 공개할 때는 부서 상급자나 부서 책임자와 미리 상의하시기 바랍니다.

주법과 연방법에 따라서 환자들은 자신의 의료정보를 통제할 수 있는 권리를 가지고 있는데 이에 따라서 자신의 의료정보를 열람하고 복사를 요청할 수 있으며, 다른 자료를 추가하거나 내용을 수정하도록 요청할 수 있고, 자신의 정보가 열람되는 방식이나 열람자를 제한하도록 할 수 있으며, UCLA 헬스시스템이 그들의 정보를 제공한 개인이나 기관의 목록을 요구할 수 있습니다. 이러한 권리는 의료정보와 진료비 정보 모두에 적용됩니다.

입원 시와 외래 초진 시, 환자들은 'UCLA 헬스시스템의 개인정보 보호지침'을 배부받으며 여기에는 UCLA 헬스시스템이 환자의 정보를 어떠한 식으로 사용하며 자신의 의료정보에 대해서 환자들은 어떠한 권리를 가지고 있는지가 기술되어있습니다.

프라이버시 보호 및 정보 보안 규정

환자의 프라이버시 보호에 대한 UCLA 헬스시스템 및 캘리포니아 대학의 현행 규정은 UCLA 헬스시스템 웹사이트에서 접근 가능한 감사 담당 부서의 웹사이

트에서 확인할 수 있습니다. 이 웹사이트에는 환자들이 자신의 프라이버시 및 개인 의료정보를 보호하기 위해서 어떠한 권리를 행사할 수 있는지에 대한 정보가 수록되어있으며 환자들의 정보를 보호하기 위해서 직원들에게 법적으로 요구되는 사항들에 대한 교육 자료들도 함께 수록되어있습니다.

환자 개인정보 보호를 위한 가이드라인
연방정부의 HIPAA 규정은 의료정보가 안전하게 보호될 수 있도록 모든 직원들에게 물리적, 기술적 안전장치를 사용하도록 하고 있습니다.

- 모든 기록들을 보호하여야 한다. 모든 기록들은 보안이 확보된 장소에 보관하여야 하며 인가받은 인력만이 진료나 진료비 계산, 기타 의료 관련 정당한 목적이 있을 때만 기록에 접근하도록 하여야 한다.
- 모든 환자정보는 외부에 노출되어서는 안 된다. 환자정보가 컴퓨터 화면에 표시된 상태로 자리를 비우면 안 된다. 종이로 된 문서든 전자문서든 의무기록은 인가받은 인력만 열람하여야 한다.
- 공공장소에서는 환자에 대한 대화를 나누어서는 안 된다. 환자나 방문객, 직원을 포함한 다른 사람들이 엿들을 수 있는 곳에서는 환자의 개인정보와 관련된 이야기를 하지 않도록 주의하여야 한다.
- 전화나 팩스, 이메일을 사용할 때 주의하여야 한다. 환자정보를 전송하거나 저장하는 데 사용되는 모든 프린터, 팩스, 기타 장치들의 보안 상태를 항상 확인하여야 한다.
- 개인 컴퓨터의 비밀번호는 노출되지 않도록 잘 보호하여야 하며 다른 사람과 공유해서는 안 된다.
- 환자의 개인정보가 적혀있는 폐기물은 보안문서 처리 장소에 처리하거나 파쇄하여야 한다.
- 본인의 업무와 관련이 없는 정보를 열람해서는 안 된다.
- 임상정보의 완결성을 보호하기 위해서 암호화된 플래쉬드라이버나 USB만 사용해야 한다.
- 정보 보안이나 개인정보 침해 사례가 의심되는 경우 보고체계나 핫라인을 통해서 상급자에게 보고하거나 감사실로 보고하여야 한다.

## 정보 보안 서약서

UCLA 헬스시스템

아래의 규정은 UCLA 헬스시스템의 모든 직원들에게 적용되며 여기에는 다음 사람들이 포함된다. : 직원, 의료진, 자원봉사자, 용역업체 직원, 임시직, 교육훈련생, 학생, 전공의(UCLA 소속 전공의와 다른 기관 소속 파견 전공의 모두 포함)

위에서 기술된 바와 같이 환자와 직원, 기업의 정보를 보호하는 것은 직원, 의료진, 학생, 자원봉사자를 포함한 모든 UCLA 헬스시스템 직원들의 의무입니다. 연방법(의료보험의 연속성 및 책무성에 관한 법률, Health Insurance Portability and Accountability Act, HIPAA)과 캘리포니아 주법(의료정보 보호법, Confidentiality of Medical Information Act)은 병원이나 의료기관이 환자 개인을 식별할 수 있는 정보를 공개하는 것에 대한 규정을 담고 있습니다. 다른 주법(정보처리법, Information Practices Act)에서는 개인에 대한 정보를 취득하고 사용하는 것에 대한 규정을 담고 있습니다. 이들 법들에 의해서 여러 가지 형태의 의료 및 개인정보 보호에 대한 규정이 확립되어있으며 이들 정보가 법이나 환자 혹은 개인에 의해서 허가된 사람을 제외한 사람들에게는 공개될 수 없음을 명확히 하고 있습니다.

보호가 필요한 환자의 진료정보 : 환자의 병력, 정신적 및 신체적 상태, 치료 내용, 환자 가족에 대한 정보, 검사 결과, 의료진과의 대화 내용, 진료비와 관련된 사항 등을 포함하여 의료제공자가 소유하고 있는 개인을 식별할 수 있는 모든 형태의 정보(이들 정보들은 개인정보 보호 규칙에 '보안이 필요한 의료정보'로 정의되어있습니다). 그 예 중 일부는 다음과 같은 것들을 포함합니다.

- 종이, 사진, 비디오, 진단 및 치료기록, 검사 및 병리 샘플을 포함한 의무기록
- 환자의 보험 및 진료비 청구 기록
- 전산상에 보관된 환자의 정보
- 환자가 진료를 받는 현장 관찰 내용
- 환자의 말이나 환자에 대한 구두 대화 내용

보호가 필요한 직원 및 기업의 정보(아래 내용에 국한되지 않음)

- 직원의 집 전화와 주소
- 배우자와 친척들의 이름
- 사회보장번호
- 인사고과 정보
- 공개될 경우 프라이버시를 침해할 우려가 있는 기타 정보, 또는 UCLA 헬스 시스템에 해가 될 수 있는 기업정보

저는 아래의 내용들을 이해하였음을 확인합니다.

1. 환자 진료나 동료 심사 과정에서 알게 되거나 취득한 환자 의무기록을 포함한 모든 정보의 보안을 유지하겠습니다.

2. 환자와 직원들, 의료진들에 대한 사업정보, 고용정보, 의료정보를 포함한 UCLA 헬스시스템 및 그 부속기관과 관련된 모든 의무기록과 지적재산권 정보 및 기타 비밀정보에 대해서 프라이버시와 보안을 지키는 것은 저의 법적, 윤리적 의무입니다.

3. 저에게 부여된 업무 수행을 위해 필요하고 법률에 의해서 접근이 허가된 경우에 한해서, UCLA 헬스시스템의 공식 규정에 따라 환자 진료정보에 접근할 것이며 공식 규정이 없는 경우에는 상급자나 관련 당사자의 허가를 받고 환자 진료정보에 접근하겠습니다. 또한 환자 진료와 동료 심사 과정에서의 토의 내용, 환자 진료 기록 및 기타 어떠한 정보도 UCLA 헬스시스템의 업무체계상 그 정보를 받도록 허가된 사람을 제외한 누구에게도 자발적으로 공개하지 않겠습니다.

4. UCLA 헬스시스템은 부적절한 접근이 있었는지를 확인하기 위해서 감사 및 의무기록 검토를 시행합니다.

5. 사용자 ID는 전자의무기록에 접근할 때마다 전산에 기록으로 남게 되며 개인의 사용자 ID는 본인 개인에 의해서만 사용되어야 합니다. 사용자 ID 사용 및 관리에 대한 책임은 본인에게 있습니다. 제 자신의 업무나 다른 사람의 요청에 의한 업무 수행에 최소한으로 필요한 정보에만 접근하겠습니다.

6. 보안이 필요한 정보가 포함된 대화는 업무 공간 내에서, 해당 정보가 꼭 필요한 경우에만 할 것이며 업무 공간 이외에서나 해당 정보와 관련이 없는 사람들이 들을 수 있는 상황에서는 하지 않을 것을 동의합니다.

7. 에이즈 감염 여부 및 치료 경과를 확인하기 위해서 실시되는 임상 검사 및 검사실 검사 등을 포함한 모든 정보는 법에 의해서 보호되며 허가받지 않고 이러한 개인정보를 유포할 경우 법적인 처벌을 받을 수 있음을 이해하였습니다.

8. 정신질환과 약물 중독 기록은 법에 의해서 보호되며 허가받지 않고 이러한 개인정보를 유포할 경우 법적인 처벌을 받을 수 있음을 이해하였습니다.

9. 환자의 개인정보를 보호해야 하는 의무는 캘리포니아 대학과의 고용 관계가 종료된 이후에도 계속됩니다.

위의 정보를 읽고 이해하였으며 아래 서명을 통해서 이러한 규정을 준수할 것을 서약합니다. 이 규정을 위반하였거나 위반을 시도하였을 경우에는 관련 규정에 따라서 캘리포니아 대학이 파면을 포함한 처벌을 할 수 있음을 확인합니다.

날짜:                    서명:
성명:
부서:

### chapter 1
- UCLA 헬스시스템의 역사와 수상 내역에 대한 정보는 UCLA 헬스시스템 웹사이트(www.uclahealth.org)와 50주년 기념 사이트 (www.fiftyyears.healthcare.ucla.edu) 참조.
- "… 세계 의학의 메카 중 하나가 될 것이라는" *Los Angeles Times*(1886-Current File), November 30, 1950; ProQuest Historical Newspapers, *Los Angeles Times*(1881~1969).

### chapter 2
- "한 웹사이트(Healthmedia.com)에 발표된 병원 재무책임자들에 대한 설문 결과를 보면 우수한 인력을 채용하고 고용을 유지하는 것이 향후 병원의 성패를 좌우할 가장 중요한 이슈로 선정되었다(비용 절감과 환자 중심 서비스가 그 다음으로 중요한 이슈로 선정되었다)." Health Leaders Media, www.healthleadersmedia.com/pdf/survey_project/2010/CEO_pages_2010.pdf.

### chapter 3
- "고객들의 사랑을 측정하기 위해서 리츠칼튼 호텔은 갤럽이 개발한 CE11이라는 도구를 활용하고 있는데, 이 도구는 고객들에게 해당 브랜드가 본인에게 완벽한 정도나 고객이 해당 브랜드를 자랑스럽게 생각하는 지지자인지 등을 묻는다. '저희가 제공한 서비스에 만족하십니까?' 같은 질문보다 훨씬 더 고객의 내부 깊숙이 들어가서 해당 고객이 당신의 회사에 얼마나 열정적인지를 측정한다."
Joseph A. Michelli, *The New Gold Standard: 5 Leadership*

*Principles for Creating a Legendary Customer Experience Courtesy of the Ritz-Carlton Hotel Company*(New York: McGraw-Hill, 2008).

- "예를 들면 UCLA 간호부는 크리에이티브 헬스케어 매니지먼트사에 의해 발전된 '관계에 기반을 둔 진료(relationship-based care)' 모형을 채택하여 적용하고 있다."
Creative Health Care Management사의 웹사이트(www.chcm.com) 참조.
- "이 모형은 유명한 간호학자인 진 왓슨 교수가 1970년대 말에 진료를 제공자와 수용자 양측의 시각에서 바라보고자 했던 연구들을 시작하면서부터 발전된 이론에 기초하고 있다."
www.watsoncaringscience.org 참조.
- "워싱턴 대학교 간호학과의 크리스텐 스완슨 교수에 의해 처음 고안된 이 모형은 아래와 같은 다섯 가지 핵심적인 프로세스를 담고 있다."
Kristen M. Swanson, Deaprtment of Parent and Child Nursing, University of Washington, Seattel, "Empirical Development of a Middle Range Theory of Caring," *Nursing Research* 40, no. 3(1991).
- "사람들에게 경청하는 방법을 가르치는 기관이 있었으면 좋겠다는 생각을 많이 합니다. 기업에서 일하는 사람들은 사람들의 이야기를 잘 들어야만 합니다. … 너무 많은 사람들이 진정한 의사소통은 양방향이라는 사실을 망각하고 있습니다."
Lee Iacocca and Catherine Witney, *Where Have All the Leaders Gone?*(New York: Scribner's 2007).
- "어떤 사람이 자신의 말이 경청되고 있다고 느끼는 것은 단지 자신의 생각을 다른 사람이 듣고 있다는 것을 넘어서 아주 많은 의미를 가집니다. 그것은 일종의 존중의 표시이고 사람들로 하여금 자신이 가치 있는 사람으로 대우받고 있다는 생각을 하게 만듭니다."
Deborah Tannen, Leadership Now, Leading Thoughts, Quotes on Listening, www.leadershipnow.com/listeningquotes.html.
- "UCLA 헬스시스템은 점점 더 많은 사람들에게서 좋은 평을 받고 있는데 그

예로 고객들이 자신의 경험을 공유하는 인터넷 사이트에 다음과 같은 글들이 올라오고 있다."
Yelp, "Real People Real Reviews" www.yelp.com.

## chapter 4

- "1943년 심리학자인 에이브라함 메슬로는 인간의 욕구에는 계층이 있다는 이론을 발표하였는데, 이에 따르면 안전에 대한 욕구는 인간의 존재를 위한 가장 기본적인 욕구로 다른 어떤 욕구보다도 선행한다고 하였다."
Abraham H. Maslow, "A Theory of Human Motivation," *Psychological Review 50*(1943), pp.370-396.
- "만일 기업들이 그들의 직원들이나 고객들, 더 나아가 기업이 위치한 지역사회의 안전문제를 등한시함으로써 비용을 절감할 수 있다고 믿는다면 큰 착각을 하고 있는 겁니다. … (안전문제에 세심한 주의를 기울이는 것이) 회사에 실질적인 이익을 가져올 뿐만 아니라 기업의 평판을 유지하고, 직원들의 안전과 건강을 지킴으로써 의료비나 직원의 이직에 따른 재교육 비용 등을 절감하게 됩니다. 고객들을 지속적으로 유지할 수 있음은 물론이고요. 안전이라는 것 자체가 훌륭한 사업전략인 셈이죠." President Warren K. Brown, American Society of Safety Engineers, December 2008.
- "안전을 중시하는 문화는 업무를 수행하는 과정에서 직원들이나 고객들이 아무런 물리적 해를 입지 않는 것이 다른 어떤 것보다 중요하다는 가치와 신념을 직원들과 중간관리자들, 그리고 최고경영진 모두가 공유하는 것이다." Sara J. Singer and Anita L. Tucker, "Creating a Culture of Safety in Hospitals," http://iis-bd.stanford.edu/events/4218/Creating_Safety_Culture-SSingerRiP.pdf, p.2.
- "비전과 환상의 차이는 얼마나 많은 사람들이 그것을 볼 수 있느냐에 있다." Terry Paulson, Ph.D., CSP, CPAE, *The Optimism Advantage: 50 Simple Truths to Transform Your Attitudes and Actions into Results*(Hoboken, N.J.: Wiley, 2010).
- "이전의 책에서 나는 '집단숭배(cult)'와 '조직문화(culture)' 사이에는 미묘한 차이가 있다고 언급한 바 있다."
Joseph A. Michelli, *The New Gold Standard: 5 Leadership

*Principles for Creating a Legendary Customer Experience Courtesy of the Ritz-Carlton Hotel Company*(New York: McGraw-Hill, 2008).

## chapter 5

- "사회적 증거의 법칙" Robert B. Cialdini, *Influence: The Psychology of Persuasion*, rev. ed.(New York: Harper Paperbacks, 2006), pp. 114~166.
- "사업을 하고 있는 주변의 동료들이나 당신의 경험이 증명하듯이 경영의사결정이라고 하는 것이 희망이나 불안, 다른 사람들이 하고 있을 것 같은 것들, 전임자가 했을 것 같은 것들, 혹은 본인의 주관적인 생각에 기초하고 있는 경우가 많다. 다시 말해서 객관적 사실이 아닌 다른 많은 주관적인 것들에 기초하고 있는 경우가 대부분이라는 것이다. 근거 중심의 사례(evidence-based practice)가 의료에 적용되었고 교육에도 이제 막 적용되려고 하지만 경영에는 아직 별다른 영향을 미치지 못하고 있다. 만일 의사들이 지금 일반 회사들이 하고 있는 것과 같은 방식으로 환자들을 진료한다면 많은 환자들이 오히려 병이 악화되거나 죽게 될 것이고 많은 의사들이 감옥에 가게 될 것이다." Jeffrey Pfeffer and Robert Sutton, *Hard Facts, Dangerous Half-Truths and Total Nonsense*(Boston: Harvard Business School Press, 2006).
- 로널드 레이건 UCLA 메디컬센터의 건축과 관련된 정보는 직원들로부터 얻어졌으며 UCLA 헬스시스템 웹사이트 (www.uclahealth.org와 www.fiftyyears.healthcare.ucla.edu)도 참조하였다.

## chapter 6

- "연방 의료연구 및 질 관리기구(Agency for Healthcare Research and Quality, AHRQ)는 탁월한 의료를 '적합한 환자에게 적합한 행위를, 적합한 시간에 시행하여 최상의 결과를 얻는 것'으로 정의한다."
"Your guide to Choosing Quality Health Care," Agency for Healthcare Research and Quality, www.ahrq.gov/consumer/qnt/qntqlook.htm
- "미국 의학한림원에 따르면 제품과 서비스에 있어서 다음과 같은 요소들이

갖추어져 있을 때 양질의 의료가 제공되었다고 이야기할 수 있다."
The Committee on Quality of Health Care in America, Institute of Medicine, "Crossing the Quality Chasm: A New Health System for the Twenty First Century"(National Academy's Press, 2001).

- "유에스뉴스& 월드리포트(U.S. News & World Report)는 미국의 병원들을 비교할 수 있는 신뢰성 있는 지표를 개발하여 매년 약 5000개 병원들의 순위를 매기고 있는데 여기에 사용되는 지표들은 다음과 같다."
Emily McFarlane, Joe Murphy, Murrey G. Olmsted, Edward M. Drozd, and Craig Hill, "2009 Methodology: 'America's Best Hospitals,'" RTI International, 2009, http://static.usnews.com/documents/health/2009-best-hospitals-methodology.pdf.

- "2009년을 예로 들면 UCLA는 존스 홉킨스 병원과 메이요 클리닉에 이어 미국 전체에서 3위 병원으로 꼽혔다."
*U.S. News & World Report*, Health, http://health.usnews.com/best-hospitals/rankings.

- "뉴욕에 있는 스토니브룩 대학병원 응급의학과의 피터 비첼리오 박사 같은 이는 병원에 입원하는 환자들은 가능한 빨리 그 환자를 치료할 과로 이송되어야 하며…"
Jessica Berthold, "Making Room for More Patients," American College of Physicians(ACP), February 2007.

## chapter 7

- "… '린 사고' …"
Yasuhiro Monden, *Toyotal Production System: An Integrated Approach to Just-in-Time*, 3rd ed.(Norcross, Ga.: Engineering and Management Press, Institute of Industrial Engineers, 1998).
- "의사들의 회진 형식은 1950년대 존스 홉킨스 병원에서 전공의들의 교육을 돕기 위해서 만들어진 것이었는데 이와 같은 50년이 넘는 전통이 현재에 와서는 오히려 병원의 효율성을 떨어뜨리고 있는 것이다."

Johns Hopkins Medicine Web site, www.hopkinsmedicine.org/about/history/history3.html.
- "효율은 이미 하고 있는 일을 더욱 잘하는 것이다."
Peter F. Drucker, *The Effective Executive: The Definitive Guide to Getting the Right Things Done*, rev. ed.(New York: Harper Paperbacks, 2006).
- "도나의 이러한 이야기는 공평한 진료가 무엇인지를 보여주는 가장 좋은 사례임과 동시에 앞 장에서 언급한 연방 의료연구 및 질 관리기구(AHRQ)에서 말하는 바람직한 의료의 정의인, 다른 외부적인 요소를 고려하지 않고 '적합한 환자에게 적합한 행위를 적합한 시간에 시행하여 최상의 결과를 얻는 것'에도 부합하는 것이라 하겠다."
"Your guide to Choosing Quality Health Care," Agency for Healthcare Research and Quality, www.ahrq.gov/consumer/qnt/qntqlook.htm.
- "2008년 UCLA의 세계적으로 유명한 간이식 전문의인 로날드 버스틸 박사의 기사가 신문에 났을 때의 일이 그런 예가 될 것이다. 버스틸 박사는 폭력조직의 일본인 보스를 포함한 4명의 일본인 조직폭력배에게 간이식을 시행한 일로 인해서 언론의 비판을 받게 되었다."
Associated Press, "Report: UCLA Gave Transplants to Japanese Gang Boss, Other Gang Figures," FoxNews.com, May 30, 2008.
- "국적의 문제는 이미 UNOS의 가이드라인에 포함되어있는데 미국 시민이 아닌 사람들의 장기기증을 장려하기 위해서 비국적자에게도 전체의 약 5% 정도의 장기를 이식받을 수 있도록 하고 있다."
Gerald S. Levey, "'Bad Guy' Transplants," *Los Angeles Times*, Jun 6, 2008.

## chapter 8

- "예를 들면 톰 피터스와 로버트 워터먼이 써서 경영학의 고전이 된 《초우량 기업의 조건》에 등장하는 기업들 중 많은 기업들은 책이 나온 지 2년도 되지 않아 선두에서 밀려났으며 일부 기업은 문을 닫기도 하였다."
Thomas J. Peters and Robert H. Waterman, *In Search of*

*Excellence: Lessons from America's Best-Run Companies*(New York: Grand Central Publishing, 1988).
- "실제로 1984년 11월 경제주간지 〈비즈니스위크〉는 "초우량기업들은 다 어디 갔을까?"라는 특집 기사를 실으면서 《초우량기업의 조건》에 등장한 43개 초우량기업들 중 1/3은 재정 상태가 악화되어 위기를 겪고 있다고 보도하였다."
  "Oops. Who's Excellent Now?" *Business Week*, November 5, 1984, pp.76-88.
- "이러한 것들은 스티븐 코비가 《성공하는 사람들의 7가지 습관》에서 언급한 습관 중 하나인 '목표를 확립하고 행동하라'에 부합하는 것들이라고 할 수 있다."
  Stephen R. Covey, *The 7 Habits of Highly Effective People*(Running Press, 2000).
- "TV와 비만의 관련성 - 광고가 그 원인"
  Tara Parker-Pope, "Commercials Are the Culprit in TV-Obesity Link," *New York Times*(online), February 9, 2010.
- "지중해식 식사가 치매를 예방, UCLA 연구 결과"
  Elizabeth Landau, "Mediterranean Diet May Help Prevent Dementia, Study Says," CNN Health(online), February 8, 2010.
- "시각처리 체제가 신체변형장애 발생에 중요한 역할"
  Robert Preidt, "Visual Processing Plays Role in Body Dysmorphic Disorder," MSN Health and Fitness(online), February 3, 2010.
- "버지니아 대학의 영문과 교수였던 데이비드 모리스는 2005년 생명과학 잡지인 〈사이언티스트〉에 기고한 글에서 '고통이 없으면 성취도 없다는 말은 미국의 근대를 집약적으로 보여주는 문장일 것이다. 이는 또한 고난이 없이는 어떠한 성취도 이룰 수 없다는 것을 잘 알고 있었던 선구자들의 생애를 압축적으로 보여준다'라고 썼다."
  David Morris, "Belief and Narrative," *The Scientist*, March 28, 2005.
- "이후 제약회사의 연구비 지원이 재개되었고 마침내 슬라몬 박사는 HER-2

양성인 유방암 환자(전체 유방암 환자의 약 25% 차지)들에게 획기적인 치료 효과를 나타내는 헐셉틴을 개발하였다."
Lisa M. Jarvis, "Battling Breast Cancer," *Chemical and Engineering News*, August 7, 2006.

- "당신이 헐셉틴 같은 성공을 이끌어낼 수 있을 정도로 운이 좋다면 그때부터는 밖으로 연구비를 모으러 다니지 않아도 저절로 연구비가 모일 것입니다. 실제로 헐셉틴의 효과는 극적이었고 우리가 처음 이 약의 아이디어를 냈을 당시에 비해 많은 사람들이 우리의 아이디어를 지지하고 연구비도 지원해주고 있습니다. 하지만 가장 절실하게 도움이 필요했던 시기는 바로 연구 초기였다는 것이 문제입니다. 그때 적절한 연구비를 지원받을 수 있었더라면 이 약은 7년 정도 먼저 세상에 나올 수 있었을 것이고 나왔어야만 했습니다. 그나마 여러 기부자들의 지원이 없었다면 아마 지금보다 5~7년 정도 더 늦어졌을 것입니다."
Eli Dansky, "Dennis Slamon: From New Castle to New Science," *Stand Up to Cancer*(online), www.standup2cancer.org/node/194.

- "레브론에서 지원된 연구비로 의학의 신기원을 열 수 있었습니다. 연방정부의 연구비에 계속 의존했다면 아마 헐셉틴은 세상에 나올 수 없었을 것입니다. 정부 연구비에 지원하고 심사를 거쳐서 실제로 연구비가 지원되기까지의 과정이 너무 오래 걸릴 뿐만 아니라 그 과정에서 기존의 연구 성과들에 기반을 둔 연구를 진행할 것을 요구받게 됩니다. 완전히 혁신적인 연구들이 연구비를 지원받기는 사실 매우 힘듭니다."
Eli Dansky, "Dennis Slamon: From New Castle to New Science," *Stand Up to Cancer*(online), www.standup2cancer.org/node/194.

- "영화〈리빙 프루프〉를 보면서 흐르는 눈물을 참을 수 없었습니다. 헐셉틴 개발 과정이 얼마나 험난했는지 그리고 FDA로부터 승인을 받기까지 슬라몬 박사가 얼마나 고군분투하였는지를 알게 되었습니다. FDA로부터 승인을 받는 데 필요한 임상시험에 지원했던 용감한 여성들에게 경의를 표합니다. 또한 레브론이라는 회사를 다시 보게 되었습니다. 슬라몬 박사가 연구비가 없어서 어려움을 겪을 때, 레브론은 연구를 계속할 수 있도록 200만 달러가 넘는 돈을 지원하였습니다. … 헐셉틴이 없었다면 제가 이 세상에 존재할 수

있었을까 하는 생각을 합니다. 만약에 20년 전에 유방암 진단을 받았다면 지금 이렇게 글을 쓰고 있을 수 있었을까요? … 처음 진단을 받았을 때, 주치의가 저한테 새로 개발 중인 약이 있는데 이 약의 임상시험에 참여하지 않겠느냐고 물었습니다. 저는 전혀 관심이 없다고 하였습니다. 너무 무서웠거든요. 하지만 이 임상시험에 참여했던 용기 있는 사람들이 아니었다면 우리는 지금 이 세상에 없을 겁니다. 슬라몬 박사를 도왔던 모든 사람들에게 감사드립니다."

Jill Zocco, "Thank You, Dr. Slaman," Sharing my Cancer Crapness blog, http://cancercrapness.blogspot.com/2009/01/thank-you-dr-slamon.html, January 1, 2009.

- "방금 〈리빙 프루프〉를 네 번째 보았습니다. 극장에서 상영 중일 때 이미 3일 밤 연속으로 세 번이나 보았습니다. 저는 2005년 7월에 HER-2 양성인 유방암 2기로 진단받았고 당시 임신 6개월이었습니다. 수술을 받은 직후 곧 죽을지도 모른다는 공포에 휩싸여있는 저에게 의사가 매우 운이 좋다고 이야기하더군요. 헐셉틴을 저와 같은 유방암 환자에게 사용해도 좋다는 허가가 바로 지난달에 났다고 하였습니다. 어떻게 그때의 마음을 표현할 방법이 없습니다. 저는 항암치료와 방사선치료를 하면서 헐셉틴을 52회 투여받았고 3년 반이 지난 지금 건강하게 살아있습니다. 이 영화를 보면서 감정이 북받쳐서 수없이 울었습니다. 그리고 저 같은 유방암 환자에게 이 약이 투여될 수 있도록 하기 위해서 쏟아진 모든 시간들과 정열에 감사할 따름입니다."

"Dr. Dennis Slamon: The Search for a Cure for Breast Cancer," My Lifetime(online), www.mylifetime.com/moview/dr.-dennis-slamon-search-cure-breast-cancer.

- "헐셉틴은 이제 유방암뿐만 아니라 전체 환자의 20%에서 HER-2 호르몬이 과다 분비되는 위암 등으로 적용이 확대되었다."

Herceptin.net Web site, HER2-positive gastric cancer.

- "도미니크 베이크웰과 같은 환자들의 경우…"

Mark Wheeler, "The Surgeon Scientist," *UCLA Today Faculty and Staff News*(online), December 7, 2009.

- "류 박사의 환자인 스캇 버크도…"

Mark Wheeler, "The Surgeon Scientist," *UCLA Today Faculty and Staff News*(online), December 7, 2009.

## chapter 9

- "《리더십 혁신의 시작》의 저자인 오린 우드워드와 크리스 브래디는 '리더십의 영향'은 기업의 성공에 있어 핵심적인 요소로서, 리더가 쏟아붓는 노력에 그 노력이 미치는 범위를 곱한 것으로 측정할 수 있다고 말하였다."
Orrin Woodward and Chris Brady, *Launching a Leadership Revolution*(New York: Business Plus, 2005)

- "마그넷 레코그니션 프로그램에서 요구하는 광범위한 조직 관련 인증 기준 중 권한 위임과 관련된 기준을 몇 개 살펴보면 다음과 같다."
"System Eligibility Requirements," American Nurses Creentialing Center,
http://www.nursecredentialing.org/Magnet/ApplicationProcess/EligibilityRequirements/SysEligibilityRequirements.aspx.

- "우리의 궁극적인 목표는 새로 엄마와 아빠가 된 이들이 UCLA를 나서면서 그들 스스로 자신들의 아기를 잘 돌볼 수 있다는 자신감을 가지게 하고 모유 수유와 관련된 충분한 정보를 습득하게 하는 것입니다."
"RRUCLA Delivers Baby-Friendly Practices for Breastfeeding," *UCLA Health Systems Employee News*(online), February 2010.

- "UCLA에 현재와 같은 PAC 프로그램이 만들어지기 전과 만들어지는 과정에서 저와 동료들 모두 그 프로그램이 긍정적인 효과가 있을 것이라는 직감 같은 것이 느껴졌습니다. 물론 '강아지 회진'이라는 것이 외부에서 볼 때 그냥 단순한 쇼라고 생각할 수도 있지만 옆에서 지켜보면서 쇼 이상의 무언가가 틀림없이 있다는 확신을 갖게 되었습니다. 그러한 확신이 인간과 동물의 유대가 가져오는 심리적, 생리적 효과를 보여줄 수 있는 과학적인 근거들을 만드는 것이 아주 중요하다고 믿게 만들었습니다."
Ruth Kleinpell, RN, Ph.D., "Evidence-Based Review and Discussion Points," *American Journal of Critical Care* 16, no. 6(2007), pp.587~588.

- "이를 위해서 캐시는 근거 중심 사례 책임자인 애나 가린스키와 함께…"
Ruth Kleinpell, RN, Ph.D., "Evidence-Based Review and Discussion Points," *American Journal of Critical Care* 16, no. 6(2007), pp.587-588.

chapter 10
- "일부 연구에 의하면 CEO의 80%는 자신의 회사가 고객에게 최고의 경험을 제공하고 있다고 생각하고 있지만 자신이 최고의 경험을 제공받았다고 생각하는 고객은 고작 8%에 불과하다고 한다."
Customer Focus Inc. blog, "Are You Owning the Customer's Experience?"
http://www.customerfocusinc.com/index/php?option=com_content&view=category&layout=blog&id=37&Itemid=123.
- "실제로 최고 수준의 고객 서비스를 제공하고 있는 리츠칼튼 호텔의 CEO인 사이먼 쿠퍼조차도 직원들이 '고객 경험의 극한'을 위해서 노력하고 있고, 또한 그 극한을 넘어서 새로운 기준을 만들도록 지속적으로 독려하고 있다고 이야기한다."
Joseph A. Michelli, *The New Gold Standard: 5 Leadership Principles for Creating a Legendary Customer Experience Courtesy of the Ritz-Carlton Hotel Company* (New York: McGraw-Hill, 2008).
- "1981년 모리스 홀브룩과 엘리자베스 허쉬만은 제품이나 서비스의 마케팅과 판매에 있어서 감정적 경험의 중요성에 대한 논문을 발표하였다."
Morris B. Holbrook and Elizabeth C. Hirschman, *Symbolic Consumer Behavior* (Ann Arbor, Mich.: Association for Consumer Research, 1981)
- "경기가 좋지 않을 때도 보다 나은 서비스 경험에 따르는 추가적인 지불을 한다." Customer Focus Inc. blog.
- "상품 자체의 문제로 재구매를 하지 않는 고객은 14%에 불과하다."
"Seven Key Findings in Customer Service Research," Customer Focus, Inc., February 12, 2010, http://article.trdunya.com/seven-key-findings-in-

customer-service-research.html.
- "직원들에게 제대로 대우받지 못한 고객 중에 68%는 고객 관계를 단절한다."
"Seven Key Findings in Customer Service Research," Customer Focus, Inc., February 12, 2010, http://article.trdunya.com/seven-key-findings-in-customer-service-research.html.
- "고객들과 기능적, 감정적 유대관계를 맺는 데 성공한 기업들은 그렇지 않은 기업들에 비해서 높은 고객유지율(84% 대 30%)과 교차판매율(82% 대 16%)을 보인다."
Shaun Smith, "Winning Customer Loyalty in an Economic Crisis," *Customer Management*(online), http://www.customermanagementiq.com/article.cfm?externalid=676, April 27, 2009.
- "평균적인 고객 가치는 그 고객의 최초 구매액의 10배 정도이다."
"Seven Key Findings in Customer Service Research," Customer Focus, Inc., February 12, 2010, http://article.trdunya.com/seven-key-findings-in-customer-service-research.html.
- "새로운 고객을 유치하는 데는 기존 고객을 유지하는 데 드는 비용의 6배 정도가 든다."
"Seven Key Findings in Customer Service Research," Customer Focus, Inc., February 12, 2010, http://article.trdunya.com/seven-key-findings-in-customer-service-research.html.
- "서비스의 질이 낮은 기업들은 이익률과 시장점유율이 매년 각각 1%, 2%씩 감소한다."
Jim Jackson, "Leading Customer Service with Motivation," Jim Jackson Motivational Blog, September 14, 2009.
- "서비스의 질이 높은 기업들은 평균 이익률이 12%에 달하고 매년 6%씩 성장한다."

Jim Jackson, "Seven Key Findings in Customer Service Research," Customer Focus, Inc., February 12, 2010, http://article.trdunya.com/seven-key-findings-in-customer-service-research.html.
- "이와 같은 맥락에서 스티브 다운턴, 힐브랜드 러스테마, 얀 반 빈은 자신들이 쓴 《서비스 경제학》을 통해서 오라클로부터 지원을 받아 3년 동안 진행한 서비스 산업에 대한 그들의 연구 결과를 보여주고 있다."
Steve Downton, Hillbrand Rustema, and Jan Van Veen, *Service Economics*, July 2010.
- "대부분의 산업에서는 고객에 대한 서비스를 향상시키면 고객 충성도와 매출이 증가하여 회사의 재무적 건전성이 향상된다는 사실을 이미 받아들이고 있다. 하지만 의료 부문에서는 다음과 같은 몇 가지 이유에서 이러한 개념을 받아들이기를 주저하고 있다."
John Goodman, BS, MBA, and Dianne Ward, BS, MA, "Satisfied Patients Lower Risk and Improve the Bottom Line," *Patient Safety and Quality Healthcare*, April 2008.
- "다른 비의료 부문과 마찬가지로 의료 부문에서도 40% 이상의 고객들은 이미 인터넷이나 SNS를 통해서 병원들에 대한 정보를 얻고 있고 이들 중 60%는 이러한 검색을 통해서 얻은 정보를 실제 의사나 병원을 선택하는 데 이용하고 있다."
Jessica Kronstadt, Adil Moiduddin, and Will Sellheim, "Consumer Use of Computerized Applications to Address Health and Health Care Needs," prepared for U.S. Deaprtment of Health and Human Services, March 2009, ASPE.hhs.gov/sp/reports/2009/consumerhit.report.shtml.
- "우리 회사의 미션과 목표를 보면 내가 하고 있는 업무가 중요하다고 생각하게 된다."
Rodd Wagner, Ph.D., and James K. Harter, 12: *The Elements of Great Managing* (New York: Gallup Press, 2006)

## chapter 11
- "사실 이러한 것은 1914년 헨리 포드가 직원들에게 당시 자동차 공장 근로자

임금의 두 배에 달하는 5달러의 일당을 지급한 배경이기도 하다."
Lindsay-Jean Hard, "The Rouge: Yesterday, Today, and Tomorrow," *University of Michigan Urban & Regional Planning Economic Development Handbook*, December 4, 2005.

- "말와 나임은 그녀의 얼굴과 그녀의 인생이 미국의 한 외과 의사에 의해 바뀌는 경험을 했다. 그녀를 LA로 데려온 것은 포탄의 파편이었다. 뜨겁고 날카로운 파편은 그녀의 다리와 위장, 그리고 그녀의 오른손을 관통했다. 그 파편은 그녀의 깊은 갈색 눈을 담은 그녀의 얼굴을 짓이겼고 코는 떨어져나갔다. … UCLA 병원과 성형외과 과장인 팀 밀러는 무료 진료를 통해서 그녀의 얼굴을 되찾아주었다."
Kurt Streeter, "Helping One Girl Face the Future with Hope," *Los Angeles Times*, October 15, 2006.

- "자신의 카츠 패밀리 재단을 통해 이 프로그램에 소요되는 비용의 일부를 지원하고 있는 로날드는 Operation Mend를 'UCLA 헬스시스템과 브룩 군병원 간의 협력이 성공한 놀라운 예'라고 말한다."
"About Operation Mend," UCLA Health System, http://operationmend.ucla.edu

- "UCLA 간이식 프로그램의 임상전문간호사인 패티 테일러와 그녀의 퀼트 그룹이 Operation Mend 환자들이 사용할 퀼트 침구를 만든 것이나, 지역사회의 자원봉사자들이 버디 가족을 자청하여 극진한 보살핌을 베푼 것이나, 밀러 박사 같은 사람이 최고 수준의 의술을 제공한 것이나 UCLA의 리더들은 이러한 모든 자원들을 하나로 묶어서 국가를 위해 헌신한 이들에게 최고의 보살핌을 베풀었다."
"Nurse Stitches American Quilt to Honor Burned Soldier," *Newswise*, UCLA Healthcare, November 6, 2007.